DENKEN UND RECHNEN

3

Erarbeitet von:

Christiane Gans

Ute Hentschel

Ute Höffer

Steffi Knebel

Sabine Altmann

Annette Winkler

Illustriert von:

Friederike Großekettler

Christine Kleicke

Elisabeth Lottermoser

Martina Theisen

Dorothea Tust

westermann

Der Stoffverteilungsplan im Lehrermaterial kennzeichnet die unverzichtbaren und die zusätzlichen Seiten.

Der Stoffverteilungsplan im Lehrermaterial kennzeichnet die unverzichtbaren und die zusätzlichen Seiten.

Spaßbad „Welle"

2-Stunden-Karte:
Erwachsene   9 €
Kinder   5 €

Tageskarte:
Erwachsene   12 €
Kinder   8 €

1 Welche Frage passt jeweils? Rechnet und antwortet.

a)

Wir möchten jeder eine Tageskarte.

A   Reicht das Geld?

B   Wie viel müssen sie insgesamt bezahlen?

C   Wie lange bleiben sie im Spaßbad?

b)

Bitte eine 2-Stunden-Karte.

A   Wie viel kostet eine Tageskarte für Erwachsene?

B   Wie alt ist Frau Lack?

C   Wie viel Geld bekommt sie zurück?

c)

Drei Tageskarten bitte.

A   Wie viel kostet der Eintritt für alle zusammen?

B   Wie viel Geld bekommen sie zurück?

C   Wie viel Geld hat Max dabei?

2 Welche Rechengeschichte passt zur Aufgabe? Fragt, rechnet und antwortet.

a) **3 · 5 €**

A   Elif hat 5 € dabei. Sie kauft sich im Spaßbad ein Eis für 3 €.

B   Lea, Greta und Niko kaufen jeweils eine 2-Stunden-Karte im Spaßbad.

b) **50 € – 12 €**

A   Herr Lange hat noch 50 €. Er kauft eine Tageskarte im Spaßbad.

B   Frau Blase kauft eine 2-Stunden-Karte. Sie bezahlt mit einem 20-€-Schein.

c) Erfindet eine Rechengeschichte zu dieser Aufgabe.

2 · 8 € + 12 €

3 a) Dilek tauchte 12 Meter weit.
Leonie schaffte es sogar doppelt so weit wie Dilek.
Wie weit tauchte Leonie?

b) Jana tauchte 14 Meter weit.
Tom schaffte drei Meter weniger als Jana.
Lara tauchte halb so weit wie Jana.
Wie weit tauchten Tom und Lara?

1 Passende Frage auswählen. Rechnung und Antwort im Heft notieren.
2 Passende Rechengeschichte auswählen. Rechnung und Antwort im Heft notieren.
c) Evtl. Rechengeschichte auf einer Karteikarte notieren und zum Rechnen weitergeben.

 a) Wie viele Würfel wurden für jede Pyramide gebraucht?

3. Pyramide

2. Pyramide

1. Pyramide

$1 + 9$ $1 + 9 +$ ___ $1 +$ _____

 b) Wie viele Würfel werden für die 4. Pyramide gebraucht?

2 a) Wie viele Kugeln wurden für diese Pyramiden gebraucht?

D

A   B   C

$1 + 4$ $1 + 4 +$ ___ $1 +$ _____ $1 +$ _____

 b) Wie viele Kugeln werden für die 5. Pyramide gebraucht?

3 a)

a)
$$7 + 2$$
$$17 + 12$$
$$27 + 22$$
$$37 + 32$$
___ $+$ ___

b)
$$76 - 4$$
$$76 - 14$$
$$76 - 24$$
$$76 -$$ ___
$-$ ___

c)
$$6 + 23$$
$$16 + 23$$
$$26 + 23$$
$$36 +$$ ___
___ $+$ ___

d)
$$85 - 11$$
$$83 - 11$$
$$81 - 11$$
$$79 -$$ ___
___ $-$ ___

e) Welches Päckchen beschreibt Josefine?

„Die erste Zahl wird immer um 2 kleiner.
Die zweite Zahl bleibt gleich.
Deshalb wird das Ergebnis immer um 2 kleiner."

f) Welches Päckchen beschreibt Hassan?

„Die erste und die zweite Zahl werden
jeweils um 10 größer.
Deshalb wird das Ergebnis immer um 20 größer."

 g) Sucht andere Päckchen aus. Beschreibt sie euch gegenseitig.

1 Evtl. nachbauen und fortsetzen.
2 Kopfgeometrie. Diff.: Weitere Anzahlen bestimmen.

1

Mein Weg:

56 + 29
56 + 30 = 86
86 – 1 = 85
Lisa

56 + 29
56 + 20 = 76
76 + 9 = 85
Daniel

2 Rechne auf deinem Weg.

a) 27 + 19   b) 46 + 25   c) 37 + 48   d) 59 + 23   e) 74 + 18

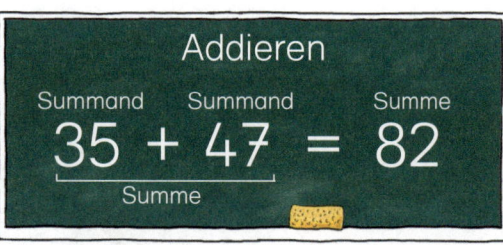

Addieren

Summand   Summand   Summe
35 + 47 = 82
Summe

3
a)	b)	c)
15 + 15	25 + 25	18 + 18
15 + 16	25 + 26	18 + 19
15 + 14	26 + 26	18 + 17
35 + 35	45 + 45	16 + 16
35 + 36	45 + 46	16 + 17
35 + 34	46 + 46	16 + 14

29 30 30 31 32 33 35 36 37 50 51 52 69 70 71 89 90 91 92

Eine Kontrollzahl bleibt übrig.

4

a)
7 + 8
17 + 18
27 + 28
37 + 38
___ + ___

b)
16 + 7
16 + 27
16 + 47
16 + 67
___ + ___

c)
9 + 18
19 + 18
29 + 18
39 + 18
___ + ___

d)
25 + 28
23 + 30
21 + 32
19 + 34
___ + ___

e) Welches Päckchen beschreibt Josefine?

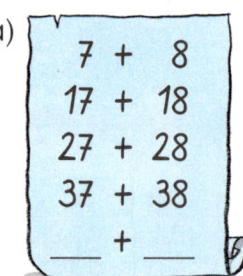

„Der erste Summand wird immer um 10 größer.
Der zweite Summand bleibt gleich.
Deshalb wird die Summe immer um 10 größer."

 f) Sucht andere Päckchen aus und beschreibt sie euch gegenseitig.

5

a)
16 + 15
___ + ___
___ + ___
___ + ___
___ + ___

Tim beschreibt sein Päckchen so:

„Der erste Summand bleibt gleich.
Der zweite Summand wird immer um 5 größer.
Deshalb wird die Summe immer um 5 größer."

Setze Tims Päckchen fort. Rechne.

 b) Erfindet eigene Päckchen. Beschreibt sie euch gegenseitig.

1

Mein Weg:

76 – 59
76 –   9 = 67
67 – 50 = 17

Tim

76 – 59
76 – 60 = 16
16 +   1 = 17

Malin

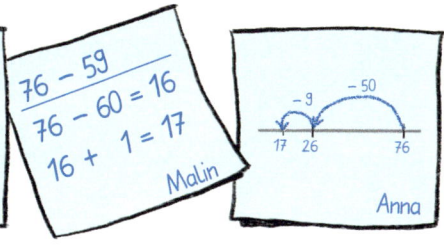

Anna

2 a) 80 – 30   b) 50 – 23
　　　 80 – 35　　　　 51 – 23
　　　 85 – 35　　　　 52 – 23

　　　 70 – 20　　　　 60 – 32
　　　 70 – 23　　　　 62 – 33
　　　 73 – 23　　　　 64 – 34

3 a) 25 – 18   b) 36 – 29   c) 100 – 55
　　　 34 – 18　　　　 47 – 29　　　　 110 – 55
　　　 43 – 18　　　　 58 – 29　　　　 120 – 55

　　　 52 – 18　　　　 89 – 29　　　　 130 – 55
　　　 61 – 18　　　　 95 – 29　　　　 140 – 55
　　　 70 – 18　　　　 96 – 29　　　　 150 – 55

7 7 16 18 25 27 28 28 29 29 29 30 34 43 45 45 47 50 50 50 50 52 55 60 65 66 67 75 85 95

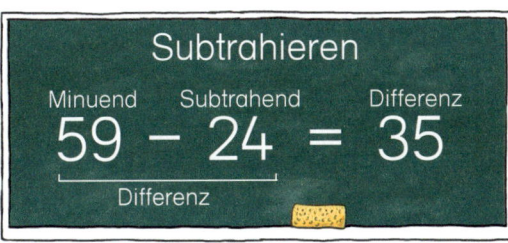

Subtrahieren

Minuend   Subtrahend   Differenz

$$59 - 24 = 35$$

Differenz

4 Zahlenrätsel

a) Meine Zahl erhältst du, wenn du von der Zahl 75 die Zahl 14 subtrahierst.

b) Meine Zahl ist die Differenz der Zahlen 51 und 36.

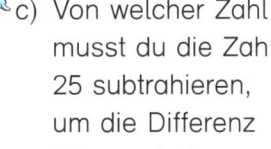 c) Von welcher Zahl musst du die Zahl 25 subtrahieren, um die Differenz 56 zu erhalten.

5

a)
52 – 20
52 – 22
52 – 24
52 – ___
___ – ___

b)
80 – 30
81 – 32
82 – 34
83 – ___
___ – ___

c)
45 – 29
55 – 29
65 – 29
75 – ___
___ – ___

d)
___ – ___
___ – ___
___ – ___
___ – ___
___ – ___

 e) Beschreibt Päckchen b).

„Der Minuend _____ .
Der Subtrahend _____ .
Deshalb wird die Differenz _____ ."

6 Erfinde ein Päckchen, das zu Gretas Beschreibung passt.

„Der Minuend wird immer um 2 kleiner.
Der Subtrahend bleibt gleich.
Deshalb wird die Differenz immer um 2 kleiner."

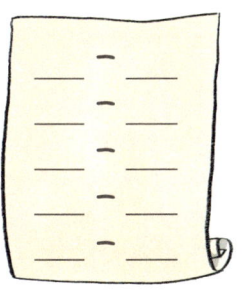

1 a) Rechnet. Erkennt ihr ein Muster? Setzt fort.

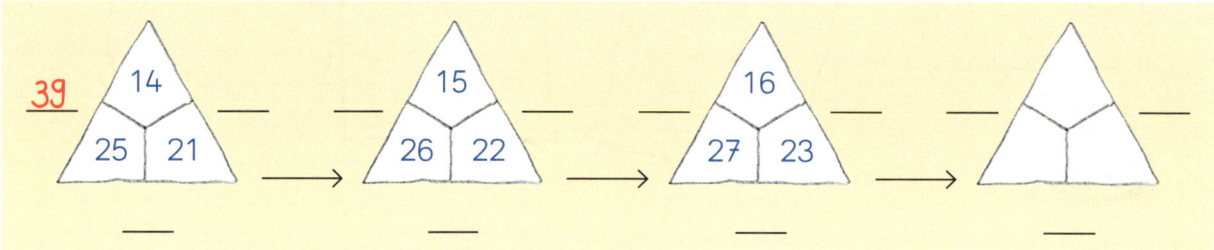

b) Beschreibt, wie sich die Rechendreiecke verändern.

„Jede Zahl innen wird immer _____ .

Deshalb wird jede Zahl außen immer _____ ."

2 a)

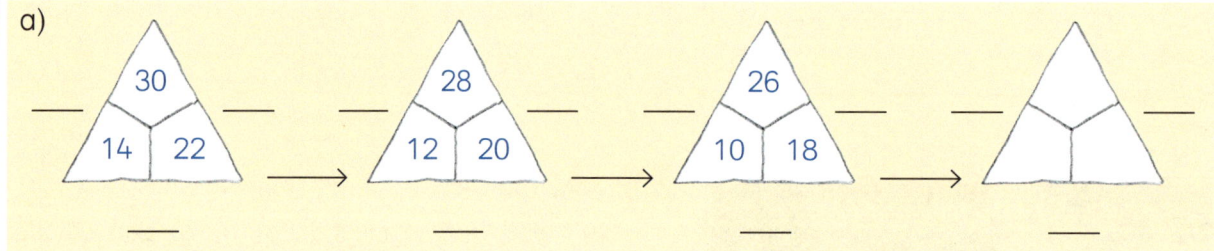

b) Beschreibt und erklärt, wie sich die Rechendreiecke verändern.

3 Amira beschreibt das Muster so:

„Jede Zahl innen wird immer um 3 größer.

Deshalb wird jede Zahl außen immer um 6 größer."

Setzt Amiras Muster fort. Rechnet.

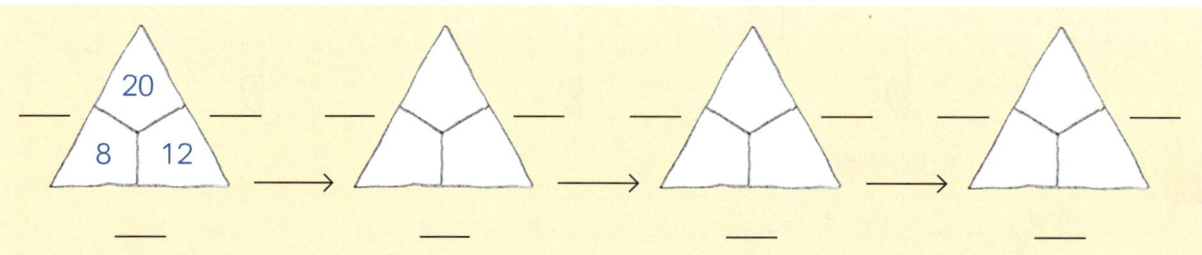

4 Erfindet ein eigenes Muster. Rechnet. Beschreibt.

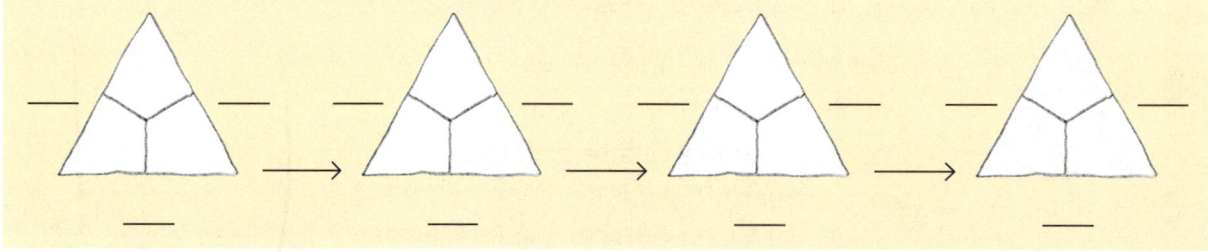

1 bis 4 Kopiervorlage nutzen. Beschreiben und begründen, wie sich die Rechendreiecke verändern.
4 Offene Aufgabe.

1 a) Rechnet. Erkennt ihr ein Muster? Setzt fort.

b) Beschreibt, wie sich die Zahlenmauern verändern.

„Die unteren Zahlen werden jeweils _____ .

Deshalb wird die Zielzahl _____ .“

2 a)

b) Beschreibt, wie sich die Zahlenmauern verändern.

3  Eman beschreibt das Muster so:

„Die Zahlen in der unteren Reihe werden jeweils um 2 kleiner.
Deshalb wird die Zielzahl jeweils um 16 kleiner.“

Setzt Emans Muster fort. Rechnet.

4 Erfindet ein eigenes Muster.
Rechnet. Beschreibt.

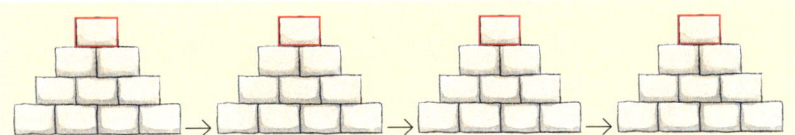

5  Vertauscht die vier Steine
in der unteren Reihe.

a) Wann erreicht ihr die **größte** Zielzahl?
b) Wann erreicht ihr die **kleinste** Zielzahl?

1 bis 5 Kopiervorlage nutzen. Beschreiben und begründen, wie sich die Zahlenmauern verändern.
5 Immer mit der ersten Mauer vergleichen.

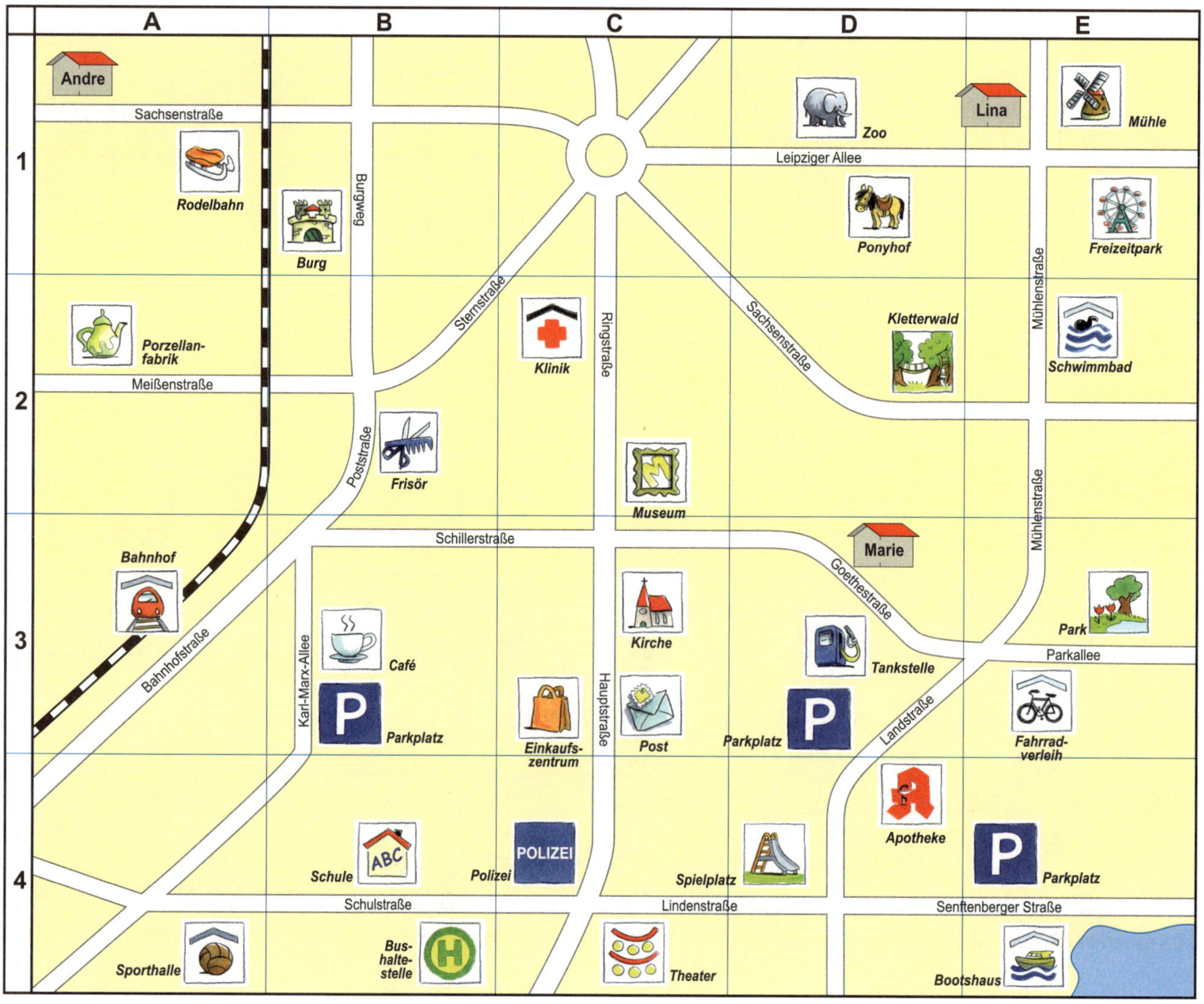

	A	B	C	D	E
1	Andre · Sachsenstraße · Rodelbahn	Burgweg · Burg		Zoo · Leipziger Allee · Ponyhof	Lina · Mühle · Freizeitpark
2	Porzellanfabrik · Meißenstraße	Poststraße · Frisör	Sternstraße · Klinik · Ringstraße · Museum	Sachsenstraße · Kletterwald	Mühlenstraße · Schwimmbad
3	Bahnhof · Bahnhofstraße	Karl-Marx-Allee · Café · Parkplatz	Schillerstraße · Kirche · Hauptstraße · Einkaufszentrum · Post	Marie · Goethestraße · Tankstelle · Parkplatz · Landstraße	Park · Parkallee · Fahrradverleih
4	Schule · Schulstraße · Sporthalle	Polizei · Bushaltestelle	Lindenstraße · Spielplatz · Theater	Apotheke · Senftenberger Straße · Parkplatz	Bootshaus

1 In diesem Stadtplan siehst du viele Zeichen. Welche davon kennst du? Erzähle.

2 Suche diese Zeichen. Schreibe auf, was sie bedeuten.

a)  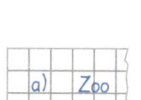
a) Zoo

b)

c)

d)

e)

f)

g)

h)

i)

j)

k)

l)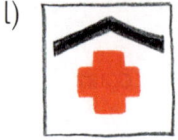

m)

n)

o)

 **3** Bringt eigene Ortspläne mit. Stellt euch gegenseitig Suchaufgaben.

4 Der Stadtplan ist in Planquadrate eingeteilt.
Suche die Gebäude und Orte.
Schreibe dazu die Planquadrate auf.

Der Zoo liegt im Planquadrat D1.

a) Burg 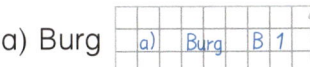   b) Mühle   c) Tankstelle   d) Schule

e) Café   f) Apotheke   g) Polizei   h) Frisör   i) Museum

 j) Ponyhof   k) Post   l) Fahrradverleih   m) Bushaltestelle   n) Park

5 Beschreibe die Schulwege der Kinder.
Schreibe die Straßennamen auf.

a) Linas
Schulweg

b) Andres
Schulweg

c) Maries
Schulweg

 6 Aufgaben der Kinder.

Tim wohnt in der Poststraße. Er geht nach rechts in die Sternstraße. Am Kreisverkehr geht er in die 2. Straße nach rechts, dann in die erste Straße links und wendet sich sofort nach rechts. Was sieht er?   Felix

Charlotte wohnt neben der Rodelbahn in der Sachsenstraße. Sie biegt in die 1. Straße rechts ein, überquert eine Straße und kommt in die Poststraße. Dann geht sie nach links in die Karl–Marx–Allee. Das nächste Gebäude auf der linken Seite ist ihr Ziel.

Romy

Annas Vater wohnt in der Karl–Marx–Allee. Auf dem Weg zur Arbeit biegt er hinter dem Café rechts ab. Er überquert die folgende Straße und fährt die nächste Straße links. Gleich hinter der übernächsten Kreuzung befindet sich auf der rechten Seite seine Arbeitsstelle.   Lena

Luca will vom Bootshaus nach Hause. Er geht zunächst immer geradeaus, an der 2. Kreuzung nach rechts, dann an der nächsten Kreuzung nach links. In welcher Straße wohnt er?

Justin

5 Diff.: Eigene Wege zur Schule besprechen und aufschreiben.
6 Diff.: Eigene Aufgaben schreiben.

1 · 5 = _____
2 · 5 = _____
5 · 5 = _____
10 · 5 = _____

1 Von den Kernaufgaben zu den anderen Aufgaben.

a) 2 · 4
2 · 4
_____
4 · 4

b) 10 · 8
1 · 8
_____
9 · 8

c) 5 · 6
1 · 6
_____
6 · 6

d) 1 · 9
2 · 9
_____
3 · 9

e) 5 · 7
2 · 7
_____
7 · 7

10 · 4
2 · 4
_____
8 · 4

5 · 8
1 · 8
_____
4 · 8

10 · 6
1 · 6
_____
9 · 6

2 · 9
5 · 9
_____
7 · 9

10 · 7
1 · 7
_____
9 · 7

2 Rechne die Kernaufgabe und die Nachbaraufgabe.

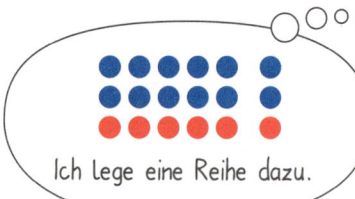

Ich lege eine Reihe dazu.

a) 2 · 6
3 · 6

b) 5 · 10
6 · 10

c) 2 · 4
3 · 4

d) 5 · 7
6 · 7

e) 2 · 8
3 · 8

f) 5 · 8
6 · 8

g) 2 · 9
3 · 9

h) 5 · 9
6 · 9

i) 2 · 7
3 · 7

j) 5 · 5
6 · 5

3 Rechne die Kernaufgabe und die Nachbaraufgabe.

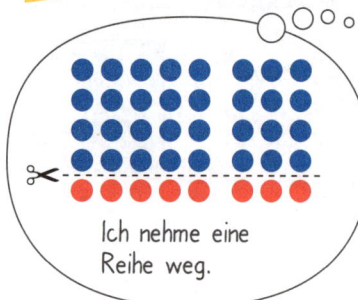

Ich nehme eine Reihe weg.

a) 5 · 8
4 · 8

b) 10 · 7
9 · 7

c) 5 · 9
4 · 9

d) 10 · 6
9 · 6

e) 5 · 6
4 · 6

f) 10 · 9
9 · 9

g) 5 · 7
4 · 7

h) 10 · 8
9 · 8

i) 10 · 5
9 · 5

j) 10 · 3
9 · 3

4 Rechne die Aufgabe oder die Tauschaufgabe.

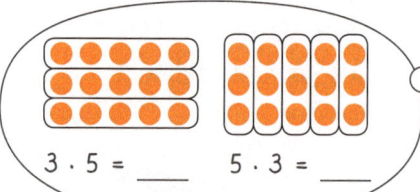

3 · 5 = _____   5 · 3 = _____

a) 3 · 5
6 · 5
9 · 5
2 · 5

b) 8 · 2
8 · 10
8 · 5
8 · 1

c) 2 · 7
5 · 7
5 · 3
3 · 10

d) 9 · 10
10 · 6
7 · 10
10 · 4

e) 6 · 2
2 · 9
10 · 2
2 · 2

Multiplizieren

Faktor Faktor
3 · 2 = 6
Produkt   Produkt

5 a) Multipliziere die Zahl 9 mit der Zahl 7. Welches Produkt erhältst du?

b) Mit welcher Zahl musst du die Zahl 8 multiplizieren, um das Produkt 32 zu erhalten?

1 bis **3** Von Kernaufgaben ausgehend Zusammenhänge nutzen.
6 Fachbegriffe Multiplikation wiederholen.

1  Findet möglichst viele Multiplikationsaufgaben zu diesen Ergebnissen.

a) 20 b) 16 c) 24 d) 30 e) 80 f) 100

g) Zu welcher Zahl habt ihr die meisten Aufgaben gefunden?

2

a) 3 · 2 b) 4 · 8 c) 8 · 2 d) 7 · 2 e) 9 · 2 f) 6 · 2
  3 · 4   4 · 4   8 · 4   7 · 4   9 · 4   6 · 4
  3 · 8   4 · 2   8 · 8   7 · 8   9 · 8   6 · 8

3

a) 5 · 3 b) 7 · 3 c) 9 · 9 d) 8 · 9 e) 4 · 9 f) 2 · 3
  5 · 6   7 · 6   9 · 3   8 · 3   4 · 6   2 · 6
  5 · 9   7 · 9   9 · 6   8 · 6   4 · 3   2 · 9

4 Finde die Regel. Setze fort.

a) 5, 10, 15, ____, ____, ____, 35   Regel: immer + 5

b) 3, 6, 9, ____, ____, ____, 21   Regel: _____

c) 9, ____, 27, 36, ____, ____, 63   Regel: _____

d) 27, 24, ____, 18, ____, ____, ____   Regel: _____

e) 48, ____, 32, ____, 16, ____, ____   Regel: _____

 f) 12, 24, ____, 48, ____, ____, 84   Regel: _____

5 Finde die Regel. Setze fort.

a) $\overset{\cdot 2}{\frown}\overset{-1}{\frown}\overset{\cdot 2}{\frown}\overset{-1}{\frown}$
3, 6, 5, 10, 9, ____, ____, ____   Regel: erst · 2, dann − 1

b) 6, 12, 7, 14, 9, ____, ____, ____   Regel: _____

c) 2, 6, 4, 12, 10, ____, ____, ____   Regel: _____

6 Welche Rechengeschichte passt zur Aufgabe? Fragt, rechnet und antwortet.

5 · 6

A   Fünf Kinder spielen auf dem Schulhof Fußball. Sechs Kinder spielen mit dem Springseil.

B   In der Klasse 3b arbeiten immer sechs Kinder zusammen. Es sind fünf Gruppen.

7 Kombiniere: Von jeder Farbe eine Karte. Immer das gleiche Ergebnis.

a)
18	5	25
15	8	11	**40**
24	0	14

b)
24	9	36
32	16	32	**72**
27	0	40

c)
35	12	63
18	10	24	**90**
54	9	45

1 Für wie viele Tage reichen die Äpfel?

a) 12 Äpfel — Wenn ich jeden Tag … — Oder wenn ich …

b) 18 Äpfel

c) 16 Äpfel

2 Rechne zur Probe die Umkehraufgabe.

a) 12 : 3 ○○○   … denn 4 · 3 = 12
   18 : 3
   27 : 3

   21 : 3
   15 : 3
    3 : 3

b) 16 : 4
   32 : 4
   36 : 4

   24 : 4
    0 : 4
   20 : 4

c) 24 : 8
   48 : 6
   16 : 2

   32 : 8
   35 : 7
   42 : 6

d) 14 : 7
    9 : 1
   50 : 5

    0 : 6
   64 : 8
   56 : 7

e) 25 : 5
   45 : 9
   36 : 9

   54 : 6
   49 : 7
   72 : 8

3 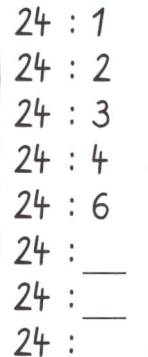 a)
24 : 1
24 : 2
24 : 3
24 : 4
24 : 6
24 : ___
24 : ___
24 : ___

Aufgaben ohne Rest.

b)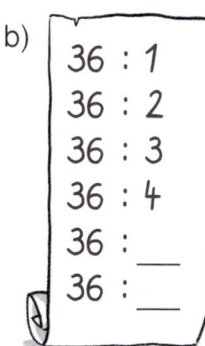
36 : 1
36 : 2
36 : 3
36 : 4
36 : ___
36 : ___

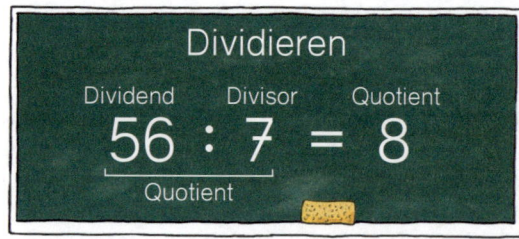

Dividieren
Dividend Divisor Quotient
56 : 7 = 8
Quotient

4 a) Dividiere die Zahl 63 durch 9.
Wie heißt der Quotient?

b) Durch welche Zahl musst du
32 dividieren, um 8 zu erhalten?

5 Der Clown isst jeden Tag gleich viele Kekse.

a) Ich habe 20 Kekse für vier Tage.

b) Ich habe 40 Kekse. Sie reichen für 8 Tage.

c) Ich verbrauche 49 Kekse in 7 Tagen.

d) Ich habe für 3 Tage noch 9 Kekse.

e) Ich habe 54 Kekse für 9 Tage.

f) Ich habe 37 Kekse für 5 Tage.

1 Offene Aufgabe. **5** f) Mit Rest.
Fachbegriffe Division wiederholen.

1 Opa will gerecht **verteilen.**

16 : 3 = 5 **Rest** ___

2 a) Verteile immer an drei Kinder.

A   B   C   D   E

b) Verteile immer an vier Kinder.

3 Setze fort. Erkläre.

a)
```
18 : 3
19 : 3
20 : 3
21 : 3
22 : 3
23 : 3
```

b)
```
20 : 4
21 : 4
22 : 4
23 : 4
24 : 4
25 : 4
```

c)
```
30 : 5
31 : 5
32 : 5
33 : 5
34 : 5
```

d)
```
10 : 2
10 : 3
10 : 4
10 : 5
```

e)
```
20 : 2
20 : 3
20 : 4
```

4 Mit und ohne Rest.

a)	b)	c)	d)	e)
20 : 7	36 : 5	28 : 3	50 : 10	48 : 5
30 : 7	36 : 6	28 : 4	50 : 9	48 : 6
40 : 7	36 : 7	28 : 5	50 : 8	48 : 7
50 : 7	36 : 8	28 : 6	50 : 7	48 : 8
60 : 7	36 : 9	28 : 7	50 : 6	48 : 9
70 : 7	36 : 10	28 : 8	50 : 5	48 : 10
71 : 7	37 : 10	29 : 6	52 : 7	49 : 5
72 : 7	38 : 10	29 : 7	52 : 6	49 : 6
73 : 7	39 : 10	29 : 8	52 : 5	49 : 7

14 : 7

5 Teile jede Zahl durch 8, durch 7, durch 9 und durch 6.

a) 10   a) `1 0 : 8 =`   `1 0 : 7 =`   b) 15   c) 26   d) 33   e) 45   f) 55

1 und **2** Auch eigene Plätzchen in der Tischgruppe gleichmäßig verteilen.
3 Muster erkennen, fortsetzen und beschreiben.

1 a) Rechnet. Erkennt ihr ein Muster? Setzt fort.

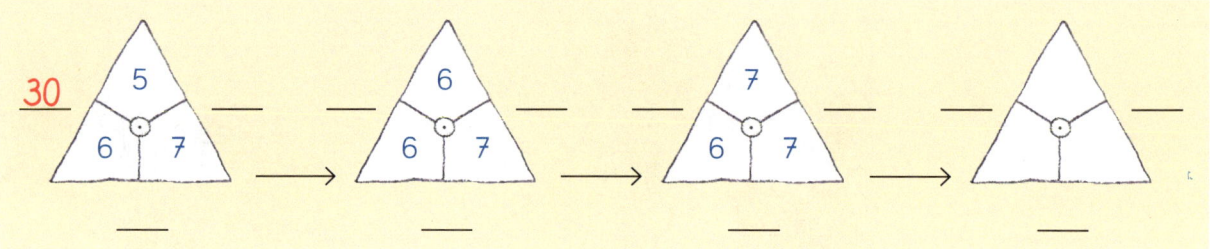

b) Beschreibt, wie sich die Rechendreiecke **verändern.**

„Eine Zahl innen wird immer _____ . Zwei Zahlen innen _____ .
Deshalb wird eine Zahl außen _____ , die zweite Zahl außen _____
und die dritte Zahl außen _____ .“

2 a)

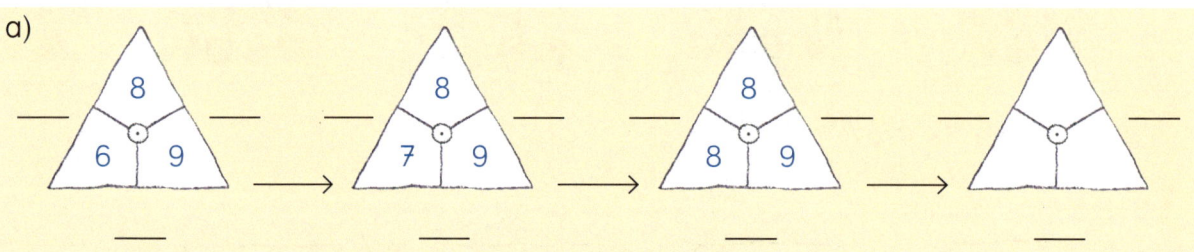

b) Beschreibt und erklärt, wie sich die Rechendreiecke verändern.

3 Nele beschreibt das Muster so:

„Eine Zahl innen wird immer um 1 kleiner. Zwei Zahlen innen bleiben gleich.
Deshalb werden zwei Zahlen außen immer um 6 kleiner.
Eine Zahl außen bleibt gleich.“

Setzt Neles Muster fort. Rechnet.

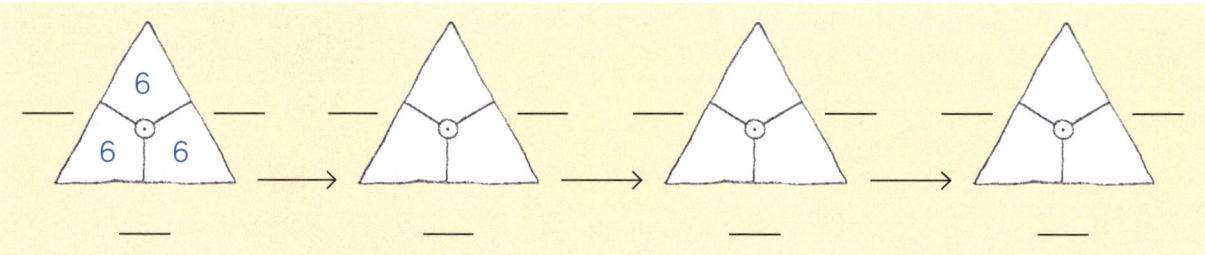

4 Erfindet ein eigenes Muster. Beschreibt. Erklärt.

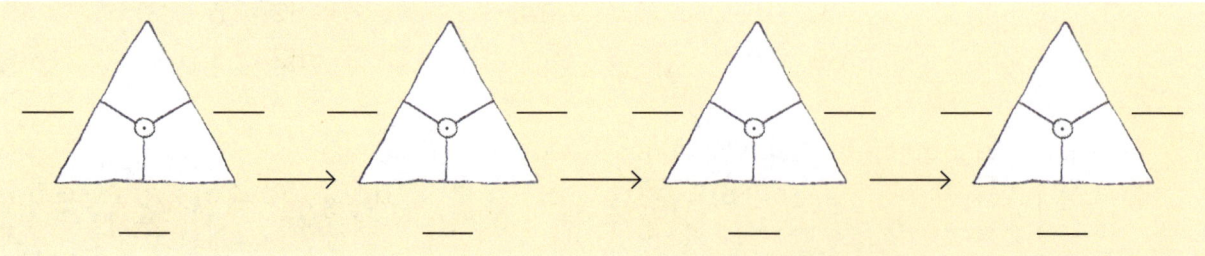

 **1** a) Die Klasse 3b hat zu jeder Einmaleinsaufgabe ein Rechteck ausgeschnitten.
Was fällt euch auf?

b) Zeichnet die Quadrate. Rechnet die Multiplikationsaufgaben.
Setzt fort.

$1 \cdot 1 = 1$ $2 \cdot 2 = 4$ $3 \cdot 3 =$ ___ $4 \cdot 4 =$ ___

Die Zahlen 1, 4, 9, 16, …
heißen **Quadratzahlen**.
Warum heißen sie so?

2 Welche Zahlen sind Quadratzahlen?
Schreibe nur zu den Quadratzahlen die Multiplikationsaufgaben.

a) 100  a) $1\,0\,0 = 1\,0 \cdot 1\,0$ b) 25   c) 42   d) 81   e) 16

f) 12   g) 32   h) 9   i) 1   j) 90   k) 4

3 Zeichne. Rechne. Setze fort.

a)

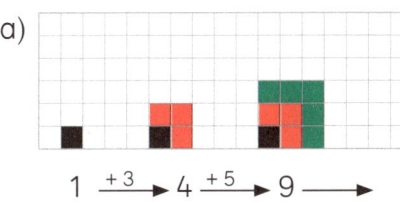

$1 \xrightarrow{+3} 4 \xrightarrow{+5} 9 \longrightarrow$

b)

$1 \xrightarrow{+8} 9 \xrightarrow{+16} 25 \longrightarrow$

4

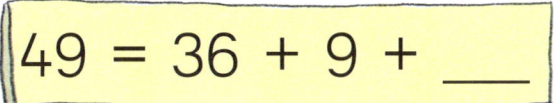
$$49 = 36 + 9 + \underline{\hphantom{00}}$$

Kann man Quadratzahlen **immer**
in Quadratzahlen zerlegen?
Probiere.

1 a) Thematisieren: Quadrate sind auch Rechtecke.

1

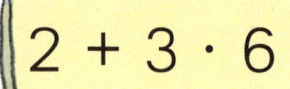
$$2 + 3 \cdot 6$$

Probiert. Rechnet erst „plus", dann „mal".

Rechnet erst „mal", dann „plus".

Was stellt ihr fest?

Erst mal, dann plus – das ist ein Muss.

Vereinbarung:

Punktrechnung $\odot\,\odot$ geht

vor Strichrechnung $\ominus\,\oplus$

2

a)	b)	c)	d)	e)
3 + 6 · 2	4 · 2 + 3	8 · 3 − 2	20 − 2 · 2	10 + 3 · 3
4 + 3 · 3	5 · 3 + 2	6 · 3 − 1	30 − 4 · 1	20 + 5 · 3
2 + 5 · 4	3 · 2 + 6	2 · 5 − 10	40 − 3 · 4	30 + 4 · 4
6 + 3 · 4	6 · 1 + 8	7 · 2 − 9	50 − 5 · 5	40 + 3 · 6

0 5 10 11 12 13 14 15 16 17 17 18 19 22 22 25 26 28 35 46 58

3

a)	b)	c)	d)	e)
20 + 16 : 2	21 : 7 + 15	50 − 16 : 8	36 : 4 − 8	10 − 14 : 7
30 + 14 : 2	16 : 4 + 28	40 − 18 : 9	45 : 5 − 6	20 − 27 : 3
25 + 12 : 3	10 : 5 + 70	30 − 24 : 6	5 : 5 − 0	30 − 30 : 10
35 + 16 : 4	18 : 6 + 55	20 − 35 : 7	36 : 9 − 2	40 − 49 : 7

0 1 1 2 3 8 11 15 18 26 27 28 29 32 33 37 38 39 48 58 72

4 a) Welche Aufgabe passt?

Frage, rechne und antworte.

b) Erfinde eine Rechengeschichte zu dieser Aufgabe.

$$4 \cdot 6 + 3$$

A	3 + 7 + 2
B	3 + 2 · 7
C	3 · 7 + 2
D	3 · 7 · 2

5 ## Zahlen treffen

Würfele. Rechne mit den drei Zahlen.

Versuche immer eine Zahl zu treffen.

$5 \cdot 3 - 2 = 13$

---

1 Aus verschiedenen Ergebnissen ergibt sich die Notwendigkeit einer Vereinbarung.

5 Addieren, subtrahieren, multiplizieren oder dividieren.

1 Vergleiche. Schreibe < oder = oder >.

a) $3 \cdot 8$ (<) 48 b) $9 \cdot 6$ ◯ 30 c) $5 \cdot 7$ ◯ 30 d) $9 \cdot 8$ ◯ $7 \cdot 10$

$4 \cdot 8$ ◯ 48 $7 \cdot 6$ ◯ 30 $3 \cdot 9$ ◯ 27 $8 \cdot 6$ ◯ $4 \cdot 8$

$5 \cdot 8$ ◯ 48 $5 \cdot 6$ ◯ 30 $4 \cdot 6$ ◯ 25 $7 \cdot 4$ ◯ $3 \cdot 10$

$6 \cdot 8$ ◯ 48 $3 \cdot 6$ ◯ 30 $8 \cdot 3$ ◯ 30 $5 \cdot 9$ ◯ $8 \cdot 7$

2

$$a \cdot 6 < 40$$

0   1   2   3   4   5   6   7   8   9   10

Rechen-konferenz

Welche Zahlen kannst du einsetzen?

3 Kleiner als.

a) $m \cdot 5 < 40$

b) $n \cdot 8 < 60$

c) $o \cdot 7 < 50$

d) $p \cdot 6 < 20$

e) $q \cdot 1 < 10$

f) $r \cdot 4 < 30$

g) $s \cdot 8 < 40$

a)	m:	0, 1, 2, 3, 4, 5, 6, 7

4 Größer als.

a) $x \cdot 8 > 50$

b) $y \cdot 5 > 40$

c) $z \cdot 6 > 30$

d) $m \cdot 3 > 20$

e) $n \cdot 4 > 10$

f) $o \cdot 7 > 30$

g) $p \cdot 9 > 60$

a)	x:	7, 8, 9, …

5 Finde jeweils fünf passende Multiplikationsaufgaben.

a) $x \cdot y < 50$ b) $m \cdot n < 40$ c) $r \cdot s < 70$ d) $v \cdot w < 20$

6 Welche Rechenzeichen passen? (+) (−) (·) (:)

a) 6 (+) $6 = 12$ b) 8 ◯ $8 = 64$ c) 7 ◯ $7 = 49$

6 ◯ $6 = 36$ 8 ◯ $8 = 16$ 7 ◯ $7 = 14$

6 ◯ $6 = 1$ 8 ◯ $8 = 0$ 7 ◯ $7 = 0$

6 ◯ $6 = 0$ 8 ◯ $8 = 1$ 7 ◯ $7 = 1$

7

a) 18 ◯ $6 = 4$ ◯ 6 b) 8 ◯ $4 = 29$ ◯ 3 c) 64 ◯ $8 = 5$ ◯ 3 d) 70 ◯ __ = __ ◯ __

48 ◯ $6 = 12$ ◯ 4 50 ◯ $1 = 7$ ◯ 7 100 ◯ $10 = 2$ ◯ 5 __ ◯ $8 = $ __ ◯ __

8 Hier fehlen immer zwei Rechenzeichen.

Eine Aufgabe ist nicht lösbar.

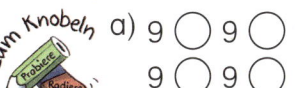

a) 9 ◯ 9 ◯ $9 = 90$ b) 7 ◯ 7 ◯ $7 = 42$ c) 6 ◯ 6 ◯ $6 = 30$ d) 8 ◯ 8 ◯ $8 = 8$

9 ◯ 9 ◯ $9 = 72$ 7 ◯ 7 ◯ $7 = 8$ 6 ◯ 6 ◯ $6 = 6$ 8 ◯ 8 ◯ $8 = 32$

9

1 Los	2 €
3 Lose	5 €
8 Lose	10 €

Auf der Kirmes werden Lose verkauft.

Lisa möchte 7 Lose kaufen.

Anna sagt: „Nimm lieber 8 Lose, das ist billiger."

Hat Anna Recht? Erkläre.

1 a) Sind es mehr als 100 oder weniger als 100 Menschen? Schätzt.

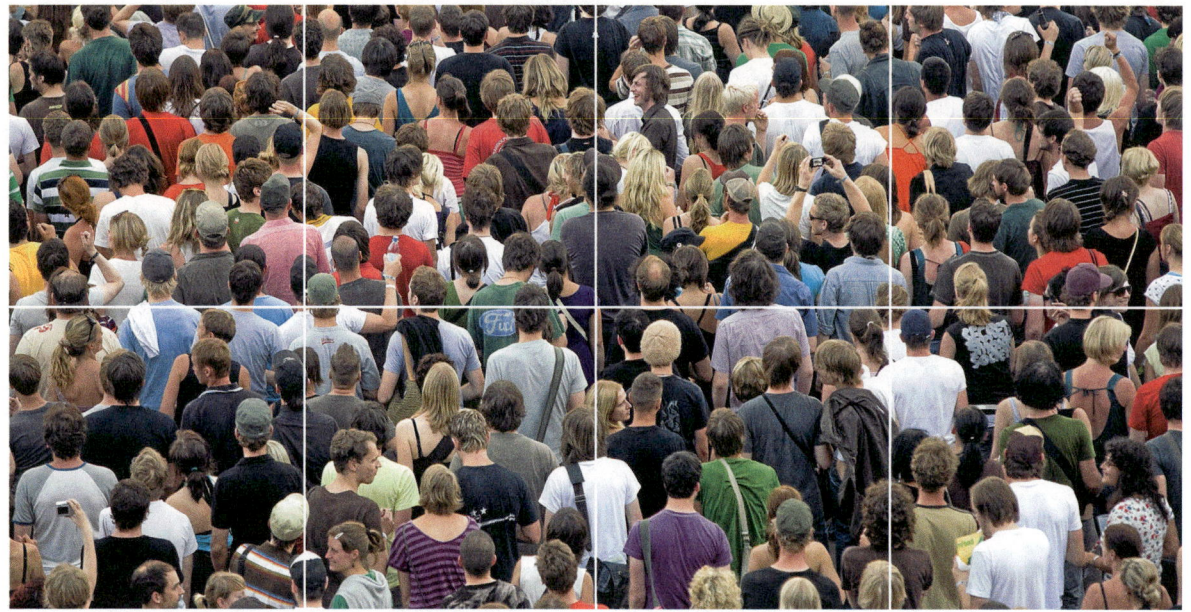

b) Wie viele grüne Salatköpfe sind es? Schätzt.

c) Wie viele Bücher sind es? Schätzt.

2 Wie viele Erbsen sind es jeweils? Schätzt. Begründet.

1 Ein Feld (eine Reihe, einen Regalboden) auszählen und auf das Ganze schließen.

1 Wie viele Würfel sind es? Schätze erst.

Geordnet geht es besser.

2 Wie viele Würfel sind gebündelt?

a)

_____ Würfel

b)

Hunderterplatte

_____ Würfel

3

1 Tausender = _____ Hunderter = _____ Zehner = _____ Einer

4 Wie viele kleine Würfel fehlen am Tausender?

a)   b)   c)   d)

e)   f)   g)   h)

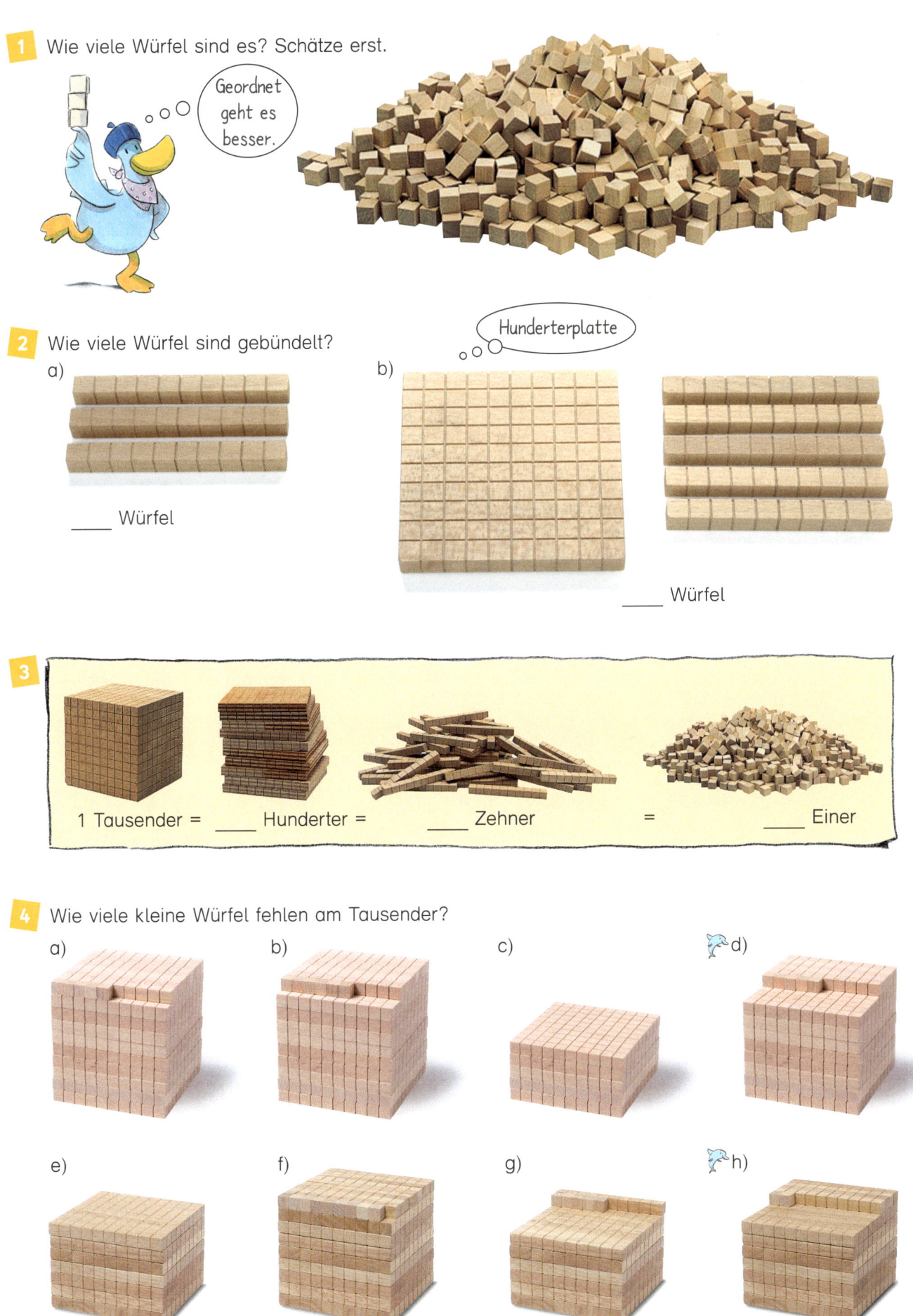

4 Diff.: Feststellen, wie viele Würfel jeweils verbaut wurden.

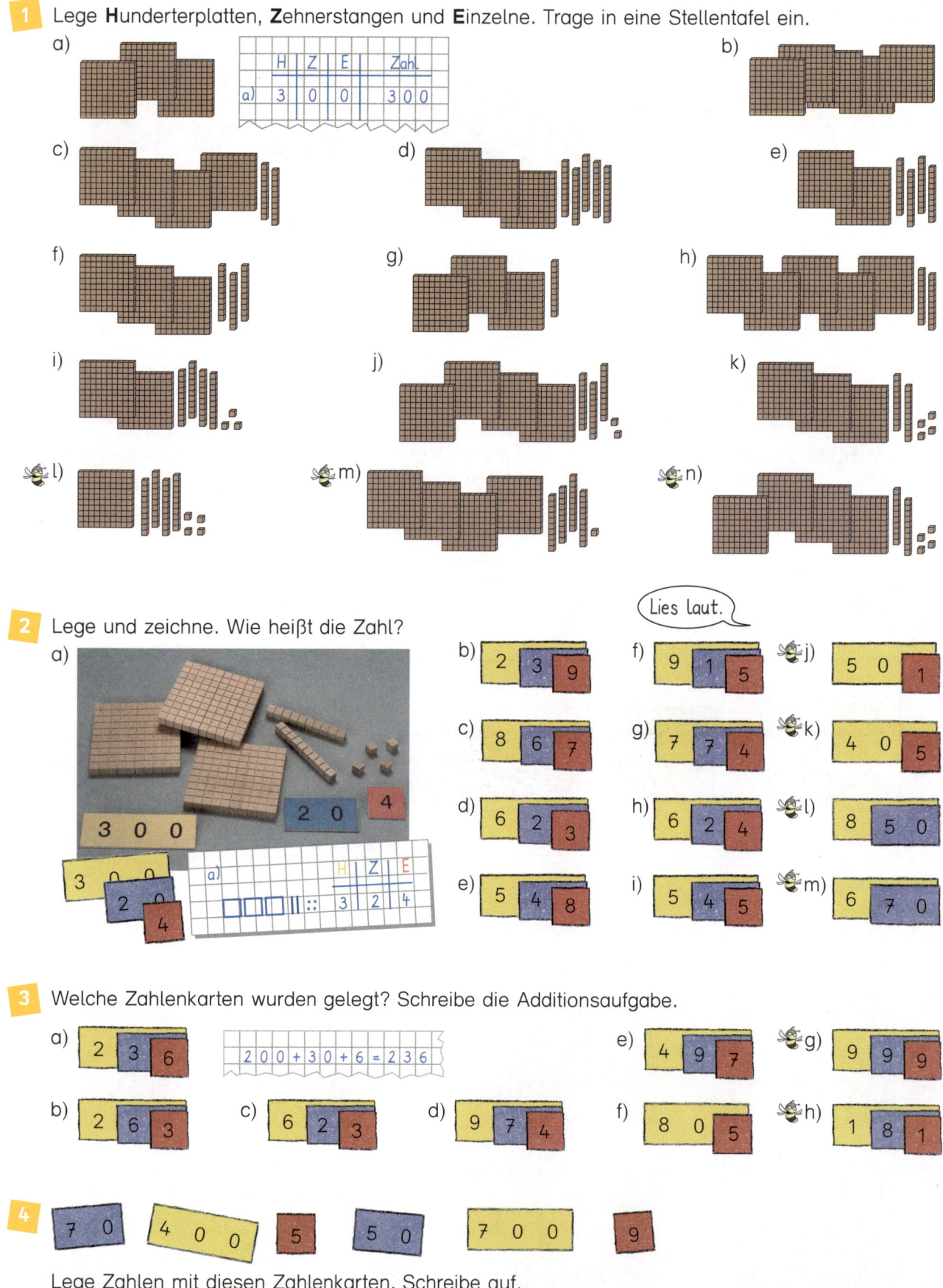

1 Lege **H**underterplatten, **Z**ehnerstangen und **E**inzelne. Trage in eine Stellentafel ein.

	H	Z	E	Zahl
a)	3	0	0	300

2 Lege und zeichne. Wie heißt die Zahl?

Lies laut.

a) 3 0 0   2 0 4

	H	Z	E
a)	3	2	4

b) 2 3 9
c) 8 6 7
d) 6 2 3
e) 5 4 8

f) 9 1 5
g) 7 7 4
h) 6 2 4
i) 5 4 5

j) 5 0 1
k) 4 0 5
l) 8 5 0
m) 6 7 0

3 Welche Zahlenkarten wurden gelegt? Schreibe die Additionsaufgabe.

a) 2 3 6   200 + 30 + 6 = 236

b) 2 6 3
c) 6 2 3
d) 9 7 4

e) 4 9 7
f) 8 0 5

g) 9 9 9
h) 1 8 1

4 7 0   4 0 0   5   5 0   7 0 0   9

Lege Zahlen mit diesen Zahlenkarten. Schreibe auf.

a) fünf verschiedene Zahlen

b) die größte Zahl

c) die kleinste Zahl

d) alle Zahlen, die größer als 700 sind

2 bis 4 Evtl. Material legen, Zahlen laut lesen

1 Trage in die Stellentafel ein.

a) 2 H 3 Z 4 E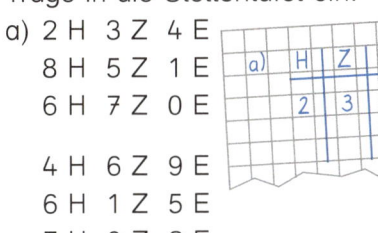
   8 H 5 Z 1 E
   6 H 7 Z 0 E

   4 H 6 Z 9 E
   6 H 1 Z 5 E
   7 H 0 Z 2 E

b) 4 H 3 Z 2 E
   5 H 1 Z 7 E
   8 H 5 E

   1 H 3 E
   9 H 8 Z
   7 H 6 Z

c) 6 Z 4 H 3 E
   8 E 9 H
   2 H 1 Z 5 E

   7 E
   3 H 5 E 6 Z
   2 Z 5 E 7 H

 d) 1 E 2 H
   6 Z 3 E
   4 Z 9 H

   2 H 5 Z
   4 E 8 Z
   6 Z

2 a) 1 H 26 Z   4 E
      3 H   2 Z 19 E
      7 H 11 Z   2 E

      6 H 20 Z   3 E
      4 H 17 Z   9 E
      5 H 13 Z   1 E

b) 4 H 48 Z 16 E
   2 H 12 Z 39 E
   3 H 22 Z 22 E

   1 H 11 Z 11 E
   2 H 34 Z 68 E
   6 H 15 Z 27 E

c) 13 Z 58 E
    8 Z 17 E
    2 H 26 E

    6 H 30 E
   37 Z 44 E
   48 Z 48 E

d) 20 E   5 Z
    3 H   7 Z
   58 Z

   47 E
    9 H 99 E
   12 E   7 H

3 Schreibe die Zahlen mit Ziffern.

   a) fünfhundertdreiundzwanzig
   c) zweihundertfünfundfünfzig
   e) vierhundertzweiunddreißig
   g) siebenhundertvierzig

   b) achthundertneunzig
   d) fünfhundertsieben
   f) neunhundertneunundneunzig
   h) dreihundertsechsundsechzig

Wer erreicht die höhere Hausnummer?

4 Partnerspiel mit drei Würfeln.

 a) Würfelt abwechselnd.
   Nach jedem Wurf trägt jeder die Ziffern so in seine Stellentafel ein,
   dass eine möglichst große Zahl entsteht.

   Beispiel:

   b) Wer erreicht die niedrigere Hausnummer?
      Würfelt, tragt ein, vergleicht.

Das Spiel wird noch spannender, wenn ihr mit nur einem Würfel spielt und nach jedem Wurf eintragt.

5 Ordne die Zahlen nach der Größe. Beginne mit der kleinsten Zahl.

a) | 930 | 390 | 630 | 360 |

e) | 653 | 635 | 563 | 365 | 565 |

b) | 840 | 480 | 120 | 210 |

f) | 212 | 231 | 321 | 123 | 312 |

c) | 695 | 965 | 565 | 599 |

g) | 550 | 444 | 39 | 93 | 735 | 53 | 505 |

d) | 250 | 500 | 750 | 125 |

h) | 61 | 16 | 916 | 619 | 36 | 961 | 691 |

1

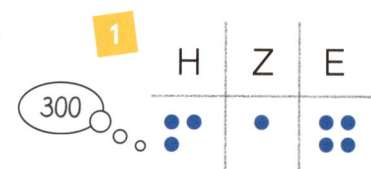

a) Wie heißt die Zahl?
b) Lege **ein Plättchen dazu**.
   Welche Zahlen können entstehen?

2 Legt **zwei Plättchen dazu**. Welche Zahlen können entstehen?

 a) 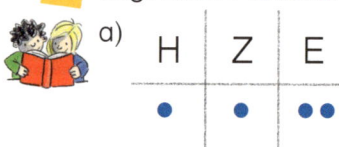 b)  c)  d)

3 Nehmt jeweils **ein Plättchen weg**. Welche Zahlen können entstehen?

a)  b)  c) 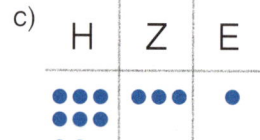 d)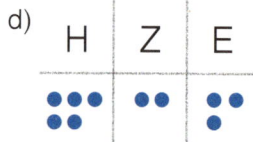

4 a)

b) Wie viele Plättchen
   könnten es sein?
   Es sind doppelt so viele
   Einer wie Zehner.
   Es sind doppelt so viele
   Zehner wie Hunderter.

5 a)

Meine Zahl
hat 5 Zehner,
7 Einer und
2 Hunderter.

b)

Meine Zahl hat
9 Zehner und 3 Einer.
Die Hunderterziffer
ist doppelt so groß
wie die Einerziffer.

c)

Meine Zahl
hat 4 Hunderter,
6 Einer und halb
so viel Zehner wie
Hunderter.

d)

Meine Zahl hat
4 Hunderter und doppelt
so viele Zehner
und Einer.

6 a)

b)

1 **Freundlicher Fahrer gesucht!** IVZ

Die Eltern von Lisa Sommer möchten sich bei dem Autofahrer bedanken, der Lisa am 12. Februar geholfen hat, als sie mit dem Fahrrad gestürzt war. Das Mädchen erinnert sich nur noch an das Kennzeichen **K-ER** und die Ziffern **6, 2** und **1**. Die Reihenfolge hat sie leider vergessen.

Welche dreistellige Zahl könnte auf dem Nummernschild gestanden haben?

2 a) Bildet aus den Ziffern 4 5 6 alle **geraden** dreistelligen Zahlen, die möglich sind.

b) Bildet alle **ungeraden** dreistelligen Zahlen, die möglich sind.

3 Schreibt alle dreistelligen Zahlen auf, die **gleich viele** Hunderter, Zehner und Einer haben. Wie viele gibt es?

 4 Lia legt mit den Ziffern 0 2 3 die Zahl 230.

a) Nun tauscht sie die 3 gegen eine 5 aus. Um wie viel größer ist die neue Zahl?

b) Nun tauscht sie die 2 gegen eine 1 aus. Um wie viel kleiner ist die neue Zahl?

 5 Bildet aus den Ziffern 1 3 4 8 alle möglichen **vierstelligen** Zahlen.

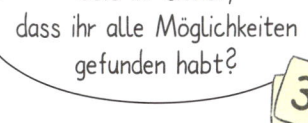
Seid ihr sicher, dass ihr alle Möglichkeiten gefunden habt?

 6 a) Bildet aus den Ziffern 0 2 6 7 alle möglichen vierstelligen Zahlen.

b) Gibt es mehr gerade oder mehr ungerade vierstellige Zahlen? Vermutet erst.

 7 a)

Meine Zahl hat gleiche Ziffern an der Zehnerstelle und an der Einerstelle. Die Hunderterziffer ist doppelt so groß.

b)

Ich denke mir eine Zahl. Die Hunderterziffer ist doppelt so groß wie die Zehnerziffer. Die Zehnerziffer ist doppelt so groß wie die Einerziffer.

c)

Ich denke mir eine Zahl. Die Einerziffer ist dreimal so groß wie die Hunderterziffer. Die Zehnerziffer ist um 7 kleiner als die Einerziffer.

d)

Bei meiner Zahl ist die Zehnerziffer halb so groß wie die Einerziffer. Die Einerziffer ist viermal so groß wie die Hunderterziffer.

1, **2**, **5** und **6** Jede Ziffer nur einmal verwenden. **5** 24 Möglichkeiten.
6 a) 18 Möglichkeiten. **7** a), b) und d) Mehrere Möglichkeiten.

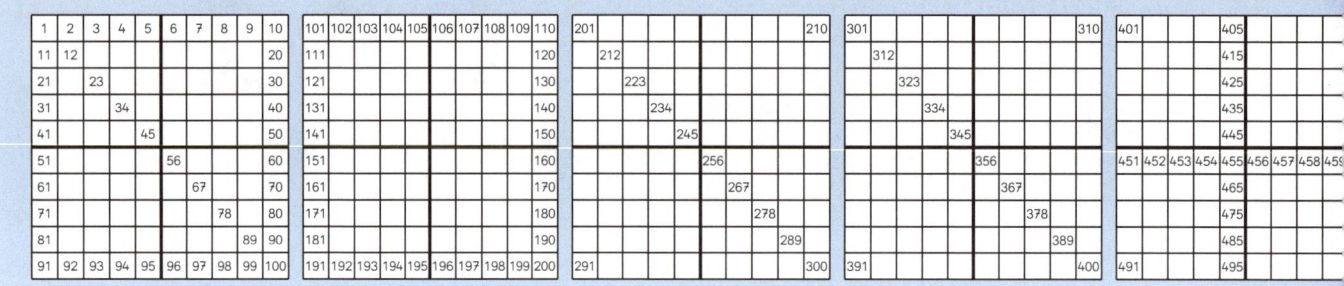

1 Lest die Zahlen und zeigt sie im Tausenderstreifen.

a) 55 · 155 · 255 · 355 · 455 · 555 · 655 · 755 · 855 · 955

b) 79 · 132 · 205 · 292 · 368 · 424 · 468 · 583 · 617 · 712 · 863 · 937 · 784 · 908

2 Kreise die Zahlen in einem Tausenderstreifen ein. Setze fort.

a) rot 100, 200, 300, …
b) grün 1, 101, 201, …
c) gelb 50, 150, 250, …

d) orange 99, 199, 299, …
e) blau 25, 50, 75, …
f) lila 62, 162, 262, …

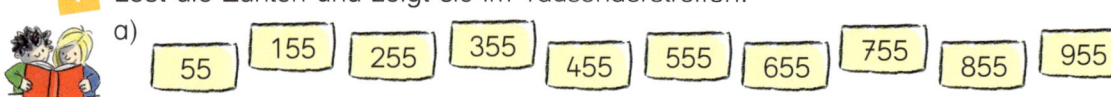
g) grau 60, 120, 180, …
h) rosa 90, 180, 270, …
i) braun 99, 198, 297, …

3 Schreibt zu jedem Muster die Zahlen auf.

a)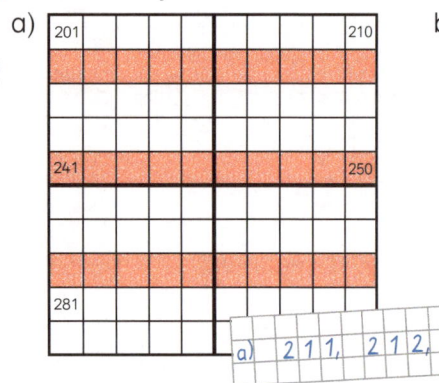

b)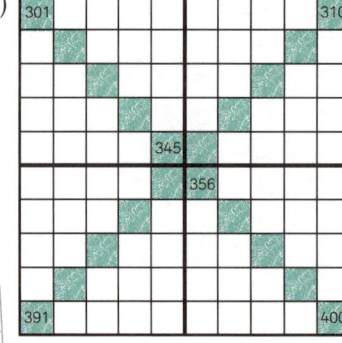

c) Malt eigene Muster auf Kästchenpapier. Gebt sie zum Aufschreiben der Zahlen an ein anderes Kind weiter.

a) 211, 212,

4 Kreise diese Zahlen in einem Tausenderstreifen ein. Welche Muster entstehen?

a) rot 23, 28, 33, 34, 38, 43, 45, 48, 53, 56, 58, 63, 67, 68, 73, 78
b) blau 217, 227, 237, 247, 257, 267
c) gelb 335, 336, 344, 353, 363, 374, 385, 386
d) grün 422, 425, 432, 434, 442, 443, 452, 453, 462, 464, 472, 475

W

5
a)	b)	c)	d)	e)
$12 + 6 \cdot 3$	$7 \cdot 4 + 11$	$40 - 4 \cdot 4$	$8 \cdot 7 - 23$	$20 - 21 : 3$
$23 + 6 \cdot 4$	$7 \cdot 8 + 23$	$50 - 5 \cdot 5$	$7 \cdot 6 - 41$	$30 - 18 : 3$
$34 + 6 \cdot 7$	$7 \cdot 9 + 37$	$60 - 7 \cdot 7$	$6 \cdot 9 - 52$	$40 - 27 : 3$
$45 + 6 \cdot 6$	$7 \cdot 3 + 48$	$70 - 8 \cdot 8$	$9 \cdot 8 - 69$	$50 - 24 : 3$

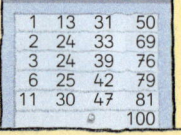

1	13	31	50
2	24	33	69
3	24	39	76
6	25	42	79
11	30	47	81
			100

2 Kopiervorlagen nutzen und eigenen Tausenderstreifen erstellen.
3 und **4** Evtl. Kopiervorlage nutzen.

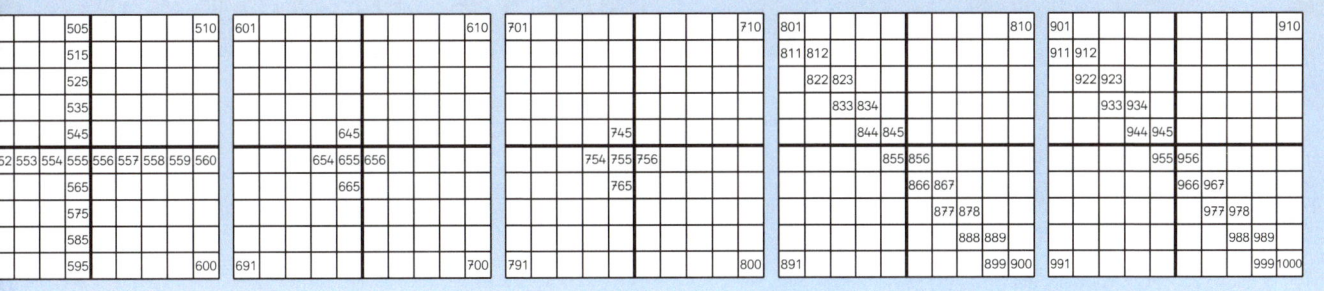

 6 Wie viele Zahlen bis 1000 gibt es jeweils

a) mit der Ziffer 5 an der Einerstelle?

b) mit der Ziffer 0 an der Zehnerstelle?

c) mit der Ziffer 6 an der Hunderterstelle?

d) die ungerade sind?

e) die gerade sind?

f) mit drei gleichen Ziffern?

g) mit zweimal der Ziffer 4?

h) mit zwei gleichen Ziffern und einer 1?

i) bei denen an der Hunderterstelle, Zehnerstelle und Einerstelle die gleiche Ziffer steht?

7 Welche Zahlen fehlen?

a)

101		
111	112	
121		

b)

106		
	117	
		128

c)

206		
	217	
		228

d)

	308	
	318	
	328	

e) 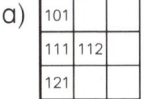   f) 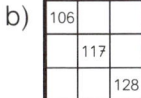   g) 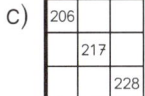   h) 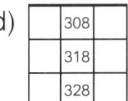   i)   j)

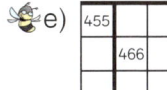 e)

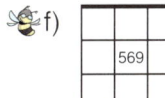 f)

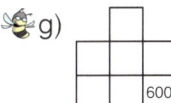 g)

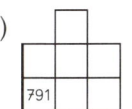 h)

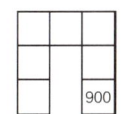 i)

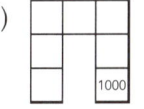 j)

8 Springe in vier Richtungen. Wo landest du?

a)

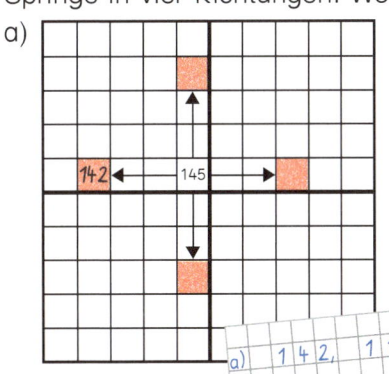

b)

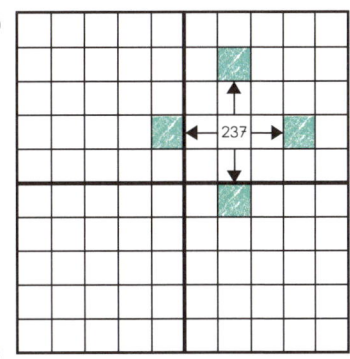

c)

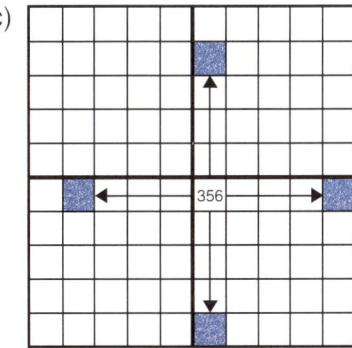

9 ❓ Kann das stimmen?

a) „Wenn man im Hunderterfeld ein Feld nach rechts springt, verändert sich der Einer um 1."

b) „Wenn man im Hunderterfeld zwei Felder nach unten springt, verändert sich der Hunderter um 1."

c) „Es gibt im Tausenderstreifen mehrere Zahlen mit drei gleichen Ziffern."

d) „Die kleinste Zahl im dritten Hunderter ist die 301 und die größte die 400."

7 und **8** Evtl. Kopiervorlage nutzen.

1

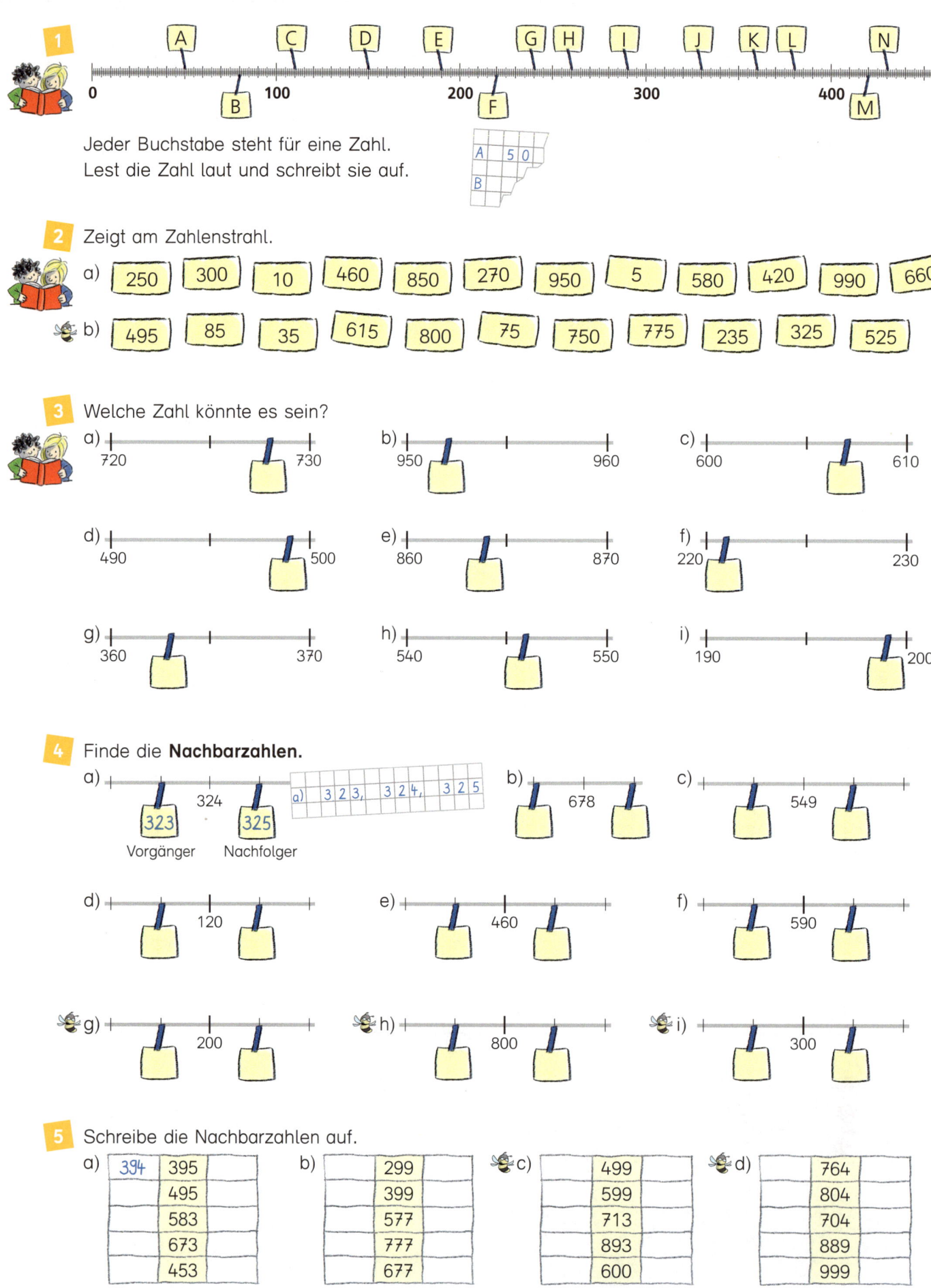

Jeder Buchstabe steht für eine Zahl.
Lest die Zahl laut und schreibt sie auf.

A | 5 0
B |

2 Zeigt am Zahlenstrahl.

a) 250 300 10 460 850 270 950 5 580 420 990 660

b) 495 85 35 615 800 75 750 775 235 325 525

3 Welche Zahl könnte es sein?

a) 720 — 730

b) 950 — 960

c) 600 — 610

d) 490 — 500

e) 860 — 870

f) 220 — 230

g) 360 — 370

h) 540 — 550

i) 190 — 200

4 Finde die **Nachbarzahlen.**

a) 323 324 325   a) 3 2 3, 3 2 4, 3 2 5
Vorgänger Nachfolger

b) 678

c) 549

d) 120

e) 460

f) 590

g) 200

h) 800

i) 300

5 Schreibe die Nachbarzahlen auf.

a)
394	395	
	495	
	583	
	673	
	453	

b)
	299	
	399	
	577	
	777	
	677	

c)
	499	
	599	
	713	
	893	
	600	

d)
	764	
	804	
	704	
	889	
	999	

3 und 4 Zahlenstrahlausschnitte.

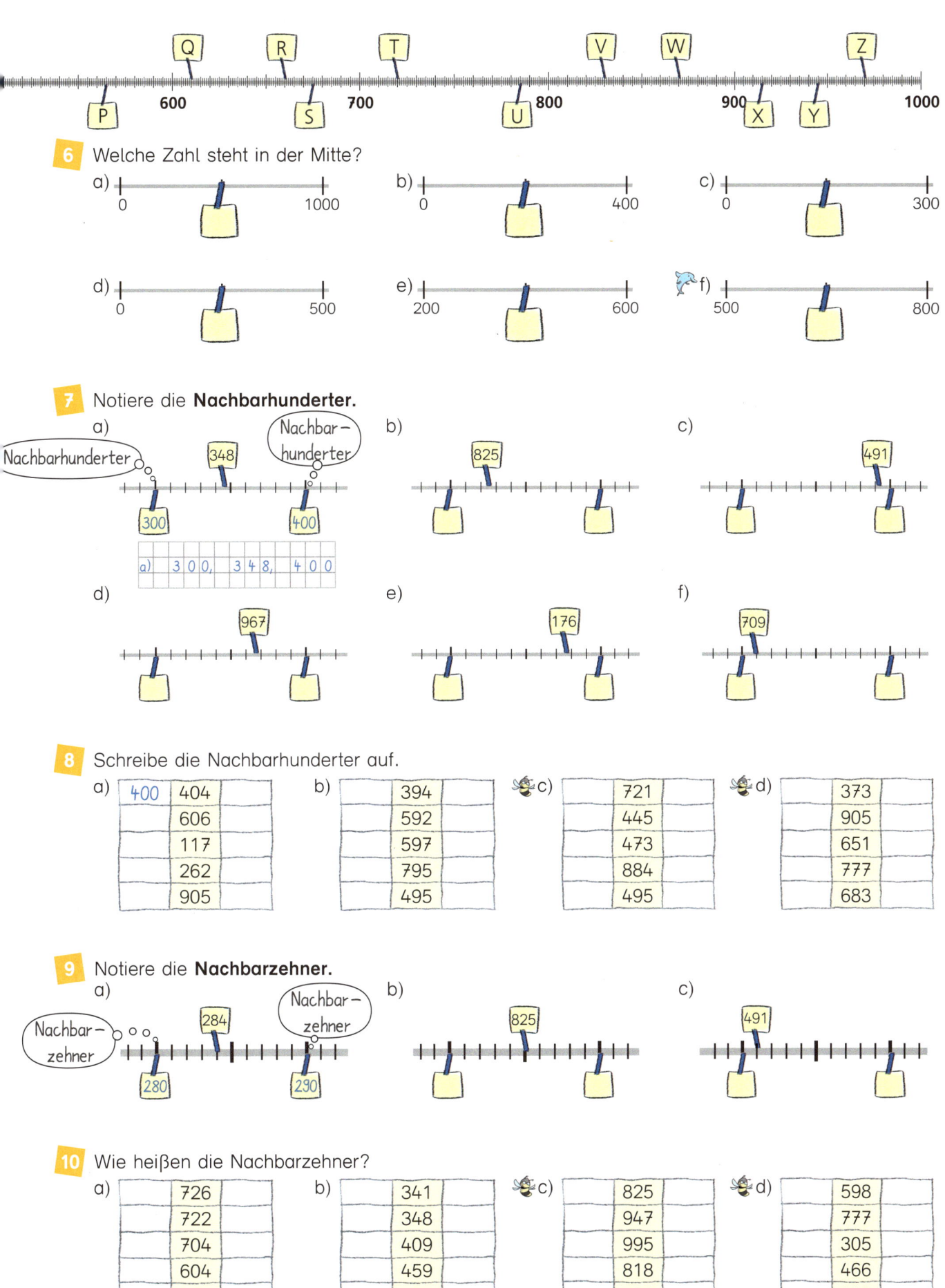

P · Q 600 R · S 700 T · U 800 V · W 900 X · Y Z 1000

6 Welche Zahl steht in der Mitte?

a) 0 — 1000   b) 0 — 400   c) 0 — 300

d) 0 — 500   e) 200 — 600   f) 500 — 800

7 Notiere die **Nachbarhunderter.**

a) Nachbarhunderter — 348 — Nachbarhunderter — 300 · 400

a)	3 0 0,	3 4 8,	4 0 0

b) 825   c) 491

d) 967   e) 176   f) 709

8 Schreibe die Nachbarhunderter auf.

a)	400	404	
		606	
		117	
		262	
		905	

b)	394	
	592	
	597	
	795	
	495	

c)	721	
	445	
	473	
	884	
	495	

d)	373	
	905	
	651	
	777	
	683	

9 Notiere die **Nachbarzehner.**

a) Nachbarzehner — 284 — Nachbarzehner — 280 · 290

b) 825   c) 491

10 Wie heißen die Nachbarzehner?

a)	726	
	722	
	704	
	604	
	99	

b)	341	
	348	
	409	
	459	
	499	

c)	825	
	947	
	995	
	818	
	81	

d)	598	
	777	
	305	
	466	
	222	

a) Auf welche Zahlen hat die Redaktion gerundet?

b) Weshalb genügen gerundete Zahlen?

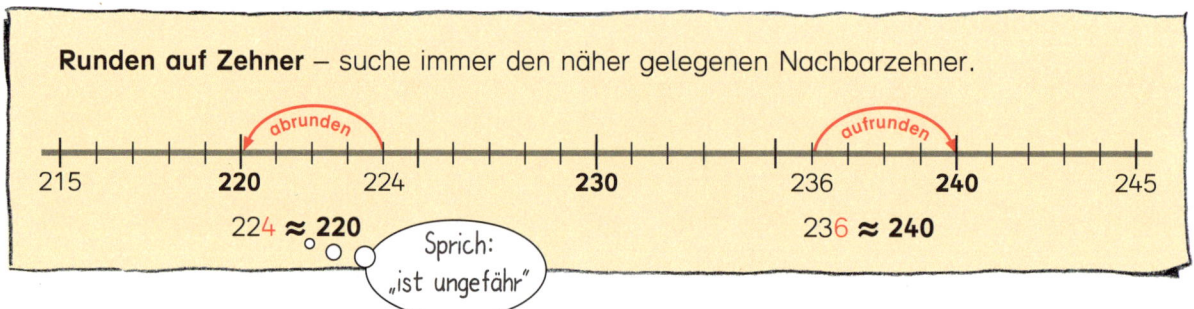

Runden auf Zehner – suche immer den näher gelegenen Nachbarzehner.

abrunden · aufrunden

215 · **220** · 224 · **230** · 236 · **240** · 245

224 ≈ 220 · 236 ≈ 240

Sprich: „ist ungefähr"

2 Das Osnabrücker Blatt möchte wissen, wie viele Kinder ungefähr in den Schulen sind. Runde auf Zehnerzahlen.

Nordschule 227 Kinder

Kästnerschule 211 Kinder

Südschule 313 Kinder

Domschule 179 Kinder

Pestalozzischule 456 Kinder

Deine Schule ___ Kinder

Grundschule Mitte 233 Kinder

Die Nordschule hat rund ____ Kinder.

Die Mathematiker haben festgelegt: Ab **5** wird **auf**gerundet.

360 · 36**5** · **370**

3 Runde auf Zehner.

a) 435	b) 746	c) 695
321	898	967
643	765	234
212	577	849
324	445	576

a) 4 3 5 ≈ 4 4 0

3 2 1 ≈

4 Runde auf Zehner.

a) 365	b) 215	c) 608	d) 446	e) 342	f) 888	g) 123
364	214	613	449	426	333	605
368	209	615	451	489	444	501
363	205	618	455	595	555	885

5 Die Zeitung hat die Zahlen auf Zehner gerundet. Wie viele Kinder sind es höchstens?

a) Die Grundschule Seehausen hat rund 440 Kinder.

b) Die Michaelschule hat ungefähr 370 Kinder.

c) Die Ludwigschule hat zirka 240 Kinder.

5 Mehrere Lösungen.

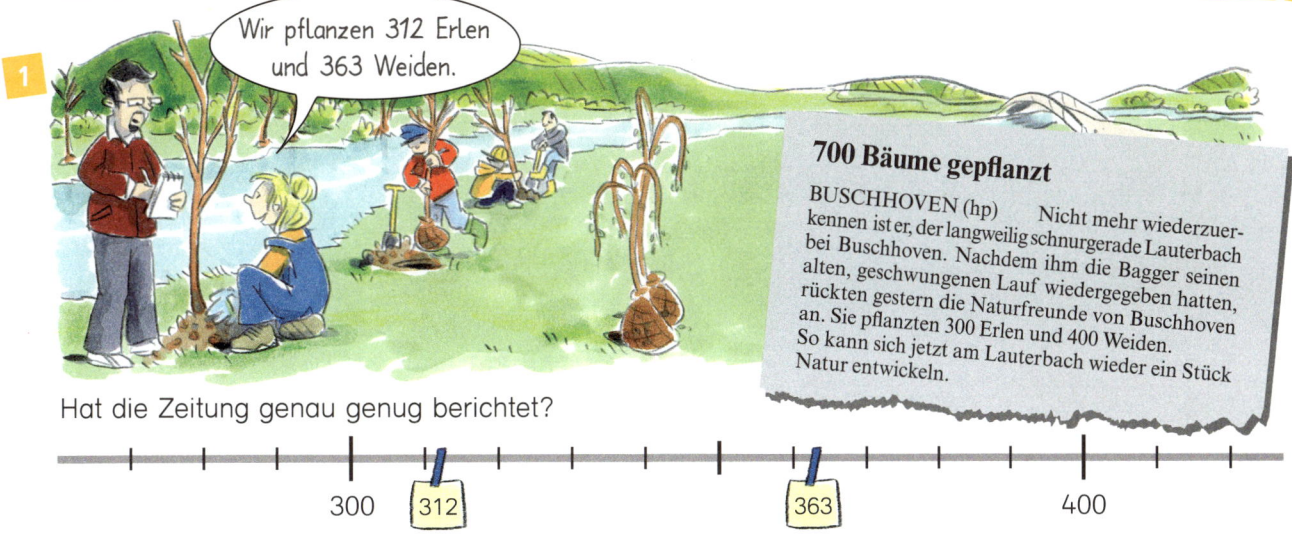

1 Wir pflanzen 312 Erlen und 363 Weiden.

700 Bäume gepflanzt

BUSCHHOVEN (hp) Nicht mehr wiederzuer-kennen ist er, der langweilig schnurgerade Lauterbach bei Buschhoven. Nachdem ihm die Bagger seinen alten, geschwungenen Lauf wiedergegeben hatten, rückten gestern die Naturfreunde von Buschhoven an. Sie pflanzten 300 Erlen und 400 Weiden. So kann sich jetzt am Lauterbach wieder ein Stück Natur entwickeln.

Hat die Zeitung genau genug berichtet?

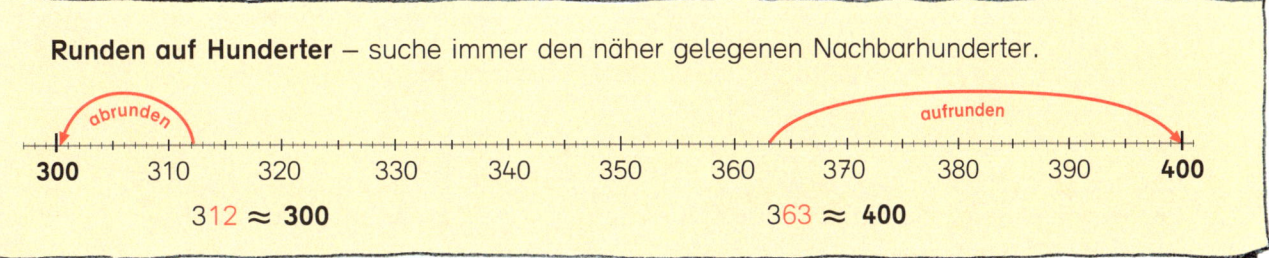

Runden auf Hunderter — suche immer den näher gelegenen Nachbarhunderter.

abrunden · aufrunden

300 310 320 330 340 350 360 370 380 390 400

312 ≈ 300   363 ≈ 400

2 Runde auf Hunderter.

a) 318
   460
   230
   570

a) 3 1 8 ≈ 3 0 0
   4 6 0 ≈

b) 674
   339
   181
   743

c) 614
   559
   919
   884

d) 973
   741
   111
   267

e) 222
   666
   888
   999

f) 815
   495
   190
   677

Die Mathematiker haben festgelegt:
Ab **50** wird **auf**gerundet.

400   450   500

3 Runde auf Hunderter.

a) 350
   250
   450
   750
   550

b) 653
   140
   859
   951
   39

c) 555
   355
   465
   765
   945

d) 865
   785
   225
   340
   610

4 Wie viele Bäume sind es ungefähr? Runde auf Hunderter.

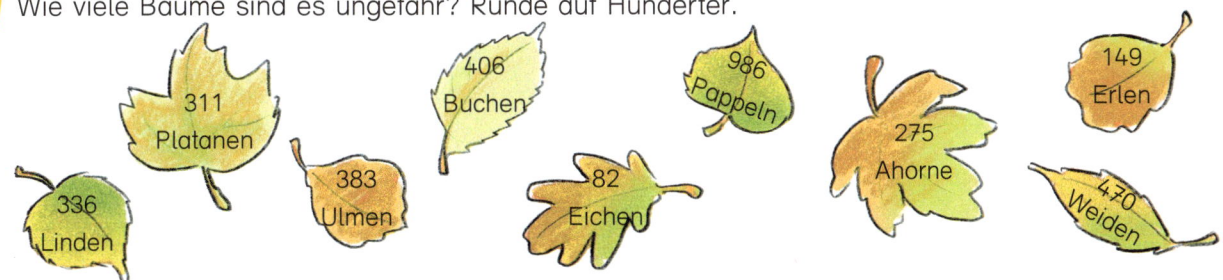

311 Platanen · 406 Buchen · 986 Pappeln · 149 Erlen · 275 Ahorne · 336 Linden · 383 Ulmen · 82 Eichen · 470 Weiden

5 Die Zeitung hat die Zahlen auf Hunderter gerundet. Wie viele Bäume sind es mindestens?

a) Im Kottenforst sind 200 Ulmen krank.

b) Im Stadtwald sollen etwa 400 Bäume gefällt werden.

c) Etwa 300 Straßenbäume müssen vom „Baumdoktor" untersucht werden.

1 Sprechweise für das Runden einführen. ≈ bedeutet zirka, ungefähr, rund, etwa.

1 Die Kinder der Turmschule wurden gefragt, wie sie zur Schule kommen.

⚲ 10 Kinder

zu Fuß	⚲⚲⚲⚲⚲ ⚲⚲⚲⚲⚲
Bus oder Bahn	⚲⚲
Fahrrad	⚲⚲⚲
Auto	⚲⚲⚲⚲⚲

a) Ungefähr wie viele Kinder kommen mit dem Fahrrad zur Schule?

b) Wie kommen die meisten Kinder zur Schule?

c) Ungefähr wie viele Kinder kommen **nicht** zu Fuß zur Schule?

d) Ungefähr wie viele Kinder gehen in die Turmschule?

🐝 e) Findet weitere Fragen und beantwortet sie.

2 Die Regenbogenschule hat ebenfalls ihre Kinder befragt, wie sie zur Schule kommen.

a) Rundet die Anzahlen der Kinder auf Zehner.

| zu Fuß: 85 Kinder | Fahrrad: 41 Kinder |
| Auto: 63 Kinder | Bus oder Bahn: 17 Kinder |

b) Zeichnet ein **Schaubild.**

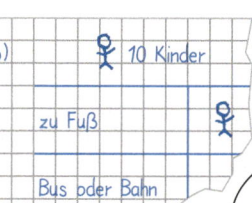

Wie kommst du zur Schule?

Ich gehe zu Fuß.

3 Wie kommt ihr zur Schule? Führt eine Umfrage an eurer Schule durch.

4 Das sind die Besucherzahlen der Bücherei Heepen.

a) Lest die gerundeten Zahlen ab und notiert.

b) An welchem Tag waren keine Besucher da? Begründet.

c) An welchem Tag waren doppelt so viele Besucher da wie am Mittwoch?

d) An welchem Tag waren es zehn Besucher mehr als am Mittwoch?

e) Wie viele Besucher waren es insgesamt in der Woche?

⚲ 10 Kinder

Montag	⚲⚲⚲
Dienstag	⚲⚲
Mittwoch	⚲⚲⚲⚲
Donnerstag	⚲⚲
Freitag	⚲⚲⚲⚲⚲ ⚲⚲⚲
Samstag	⚲⚲⚲⚲⚲
Sonntag	——

 W

5
a)	b)	c)
44 + 23	36 + 28	47 + 26
56 + 31	45 + 22	34 + 61
48 + 44	68 + 9	44 + 27
32 + 19	72 + 12	38 + 16
45 + 38	13 + 49	25 + 48
27 + 43	25 + 25	32 + 34

6
a)	b)	c)
40 − 18	62 − 28	36 − 18
60 − 25	74 − 35	42 − 19
90 − 33	51 − 44	71 − 26
43 − 12	54 − 29	92 − 34
58 − 36	81 − 18	64 − 39
49 − 61	75 − 37	71 − 28

7 Besucherzahlen der Bücherei Südstadt.

Monat	Jan	Feb	März	Apr	Mai	Juni	Juli	Aug	Sep	Okt	Nov	Dez
Besucher	223	212	228	179	143	117	168	0	103	184	248	233

a) Beschreibt. Findet ihr eine Erklärung für die unterschiedlichen Besucherzahlen?

b) Rundet die Besucherzahlen auf Zehnerzahlen.

c) Am Ende des Jahres werden die Zahlen in einem **Säulendiagramm** dargestellt.

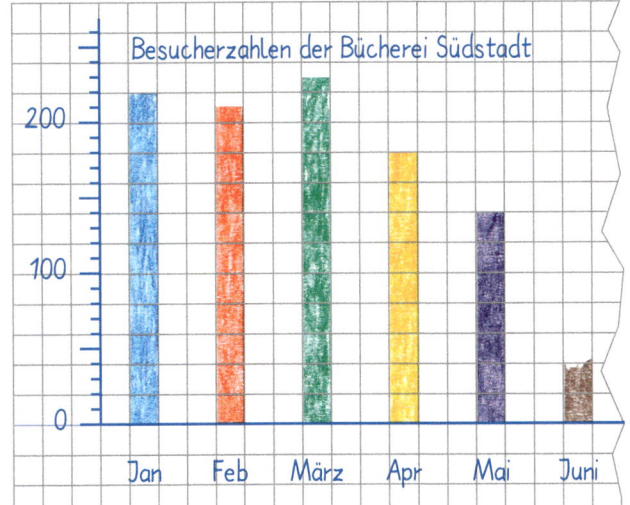

Zeichnet das Säulendiagramm für das ganze Jahr.

8

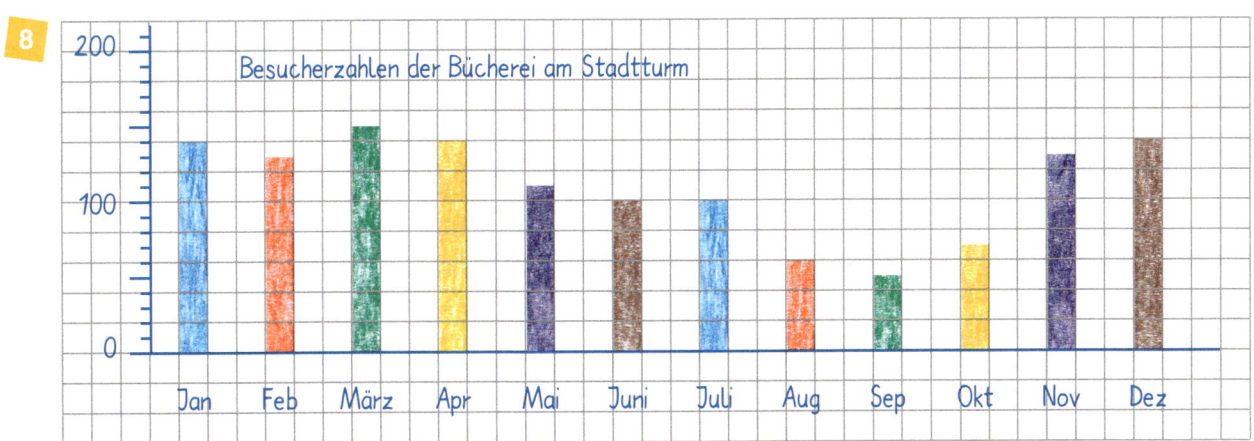

Legt zu diesem Säulendiagramm eine Tabelle an.

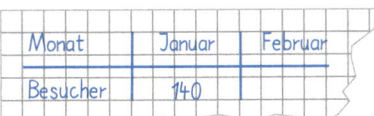

Monat	Januar	Februar
Besucher	140	

W

9

Rechne. Setze das Muster fort.

Beschreibe, wie sich die Zahlenmauern verändern.

1 Lege und addiere.

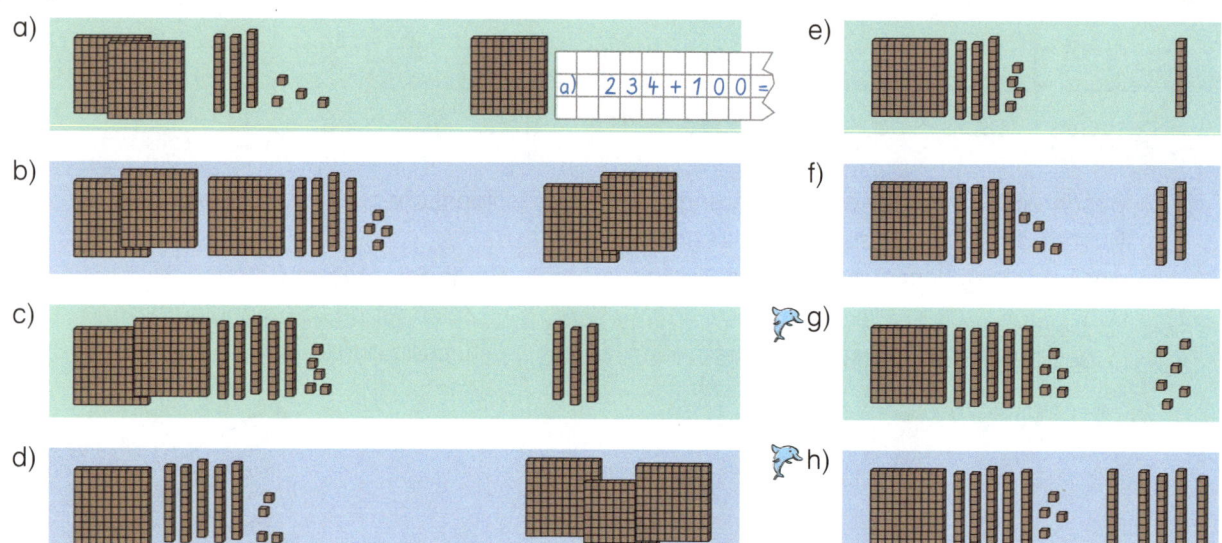

a) 2 3 4 + 1 0 0 =

2 Zeichne und addiere.

a) 132 + 200
132 + 20
132 + 2

a) | ▯▮▮▮ : ▯▯ |
132 + 200 =

b) 257 + 300
257 + 30
257 + 3

c) 631 + 400
631 + 40
631 + 4

d) 269 + 300
269 + 60
269 + 1

e) 463 + 300
463 + 400
463 + 500

f) 348 + 400
348 + 500
348 + 600

g) 445 + 10
445 + 20
445 + 30

h) 187 + 4
187 + 6
187 + 8

i) 175 + 30
175 + 40
175 + 70

3 Rechne.

a) 235 + 4
235 + 30
235 + 34

b) 400 + 200
30 + 50
430 + 250

c) 345 + 400
345 + 50
345 + 450

d) 200 + 600
80 + 50
280 + 650

e) 217 + 300
217 + 4
217 + 304

f) 100 + 500
80 + 40
180 + 540

g) 156 + 80
156 + 7
156 + 87

h) 300 + 40
70 + 5
370 + 45

i) 171 + 200
171 + 8
171 + 208

j) 100 + 600
86 + 70
186 + 670

4 Schreibe die passende Rechnung auf.

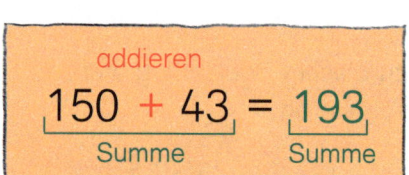

addieren
150 + 43 = 193
Summe   Summe

a) Addiere die Zahlen 720 und 60.
Welche Summe erhältst du?

b) Wie groß ist die Summe aus den
Zahlen 460 und 20?

c) Welche Zahl musst du zu 250 addieren,
um 300 als Summe zu erhalten?

d) Welche Zahl musst du zu 900 addieren,
um 1 000 als Summe zu erhalten?

e) Zu welcher Zahl musst du 150 addieren,
um 180 als Summe zu erhalten?

f) Addiere zu 200 das Doppelte
der Zahl 400. Wie groß ist die Summe?

g) Addiere zu 160 die Hälfte der Zahl 180. Welche Summe erhältst du?

3 Diff.: Material legen und evtl. nur jeweils zur letzten Aufgabe zeichnen.

1 Lege und subtrahiere.

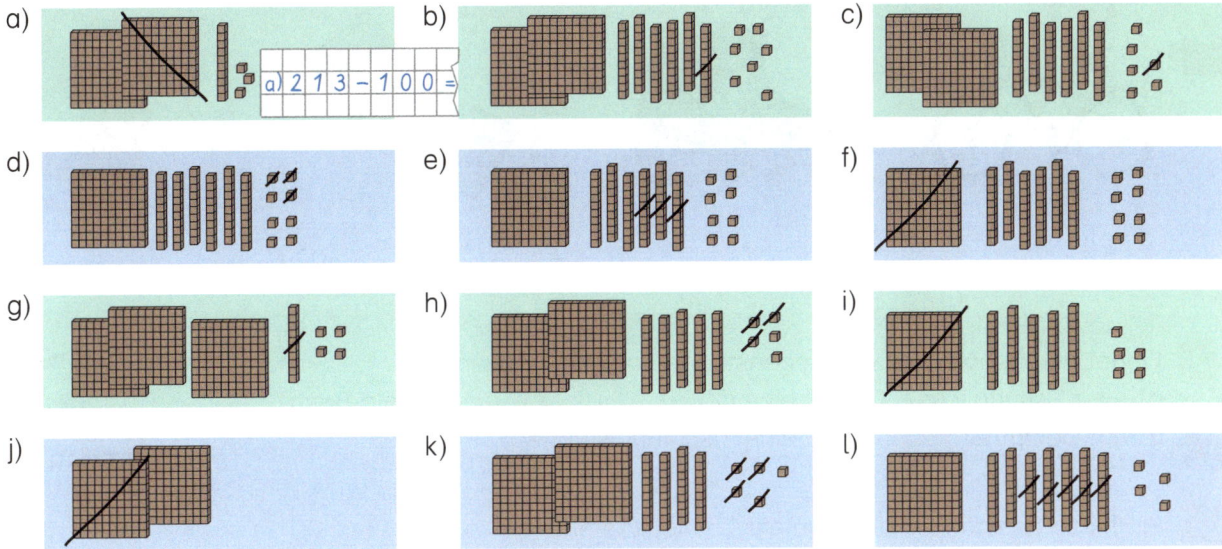

a) 213 − 100 =

2 Zeichne, streiche durch und subtrahiere.

a) 334 − 200
   334 − 20
   334 − 2

a) 334 − 200 =

b) 342 − 300
   342 − 30
   342 − 3

c) 468 − 2
   468 − 20
   468 − 200

d) 678 − 5
   678 − 50
   678 − 500

e) 486 − 30
   486 − 60
   486 − 90

f) 734 − 300
   734 − 400
   734 − 500

g) 347 − 100
   347 − 200
   347 − 300

h) 654 − 10
   654 − 30
   654 − 50

i) 157 − 4
   157 − 5
   157 − 7

3 Rechne.

a) 789 − 300
   789 − 40
   789 − 340

b) 600 − 200
   80 − 40
   680 − 240

c) 843 − 4
   843 − 20
   843 − 24

d) 700 − 300
   81 − 40
   781 − 340

e) 617 − 300
   617 − 4
   617 − 304

f) 900 − 500
   70 − 13
   970 − 513

g) 789 − 500
   789 − 30
   789 − 530

h) 300 − 100
   80 − 5
   380 − 105

i) 877 − 300
   877 − 8
   877 − 308

j) 300 − 100
   150 − 70
   450 − 170

4 Schreibe die passende Rechnung auf.

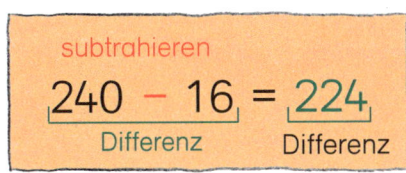

subtrahieren

240 − 16 = 224

Differenz   Differenz

a) Subtrahiere die Zahl 40 von der Zahl 380. Welche Differenz erhältst du?

b) Subtrahiere die Zahl 300 von der Zahl 1000. Welche Differenz erhältst du?

c) Welche Zahl musst du von 512 subtrahieren, um die Differenz 500 zu erhalten?

d) Welche Zahl musst du von 950 subtrahieren, um die Differenz 40 zu erhalten?

e) Von welcher Zahl musst du 30 subtrahieren, um die Differenz 600 zu erhalten?

f) Subtrahiere von der Zahl 70 die Hälfte der Zahl 40. Welche Differenz erhältst du?

g) Subtrahiere von 320 die Summe aus den Zahlen 50 und 90. Welche Differenz erhältst du?

3 Diff.: Material legen und evtl. nur jeweils zur letzten Aufgabe zeichnen.

1 Welche Preise könnten passen?

A

B

C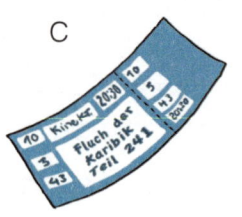

D

5 €   200 €   1 €   400 €   40 €

2 Findet heraus, wie viel die Gegenstände ungefähr kosten.

a) eine Schultasche   b) eine CD   c) ein Buch

d) ein Computer   e) eine Tischtennisplatte   f) ein Skateboard

3 Findet Gegenstände, die ungefähr so viel kosten.

a) 100 €   b) 250 €   c) 400 €   d) 600 €   e) 1000 €

4 Wie viel Geld ist es insgesamt?

Andere Euroscheine gibt es nicht.

5 Wie viel Geld ist es jeweils?

a)    b)    c)    d)

e)    f)    g)    h)

6 Lege Scheine und Münzen. Zeichne.

a) 410 €   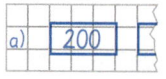   b) 510 €   c) 560 €   d) 1000 €

e) 492 €   f) 999 €   g) 366 €   h) 714 €   i) 822 €

1  „Ich habe 220 €. Es sind nur Scheine."

a) Wie viele Scheine können es sein? Findet verschiedene Möglichkeiten.

b) Wie viele Scheine sind es mindestens?

c) Wie viele Scheine sind es höchstens?

2 Legt und zeichnet Scheine. Findet verschiedene Möglichkeiten.

a) 100 €   b) 300 €   c) 250 €   d) 600 €   e) 280 €

3 Legt möglichst wenig Scheine und Münzen. Zeichnet.

a) 175 €   b) 463 €   c) 527 €   d) 707 €   e) 136 €

f) 399 €   g) 900 €   h) 666 €   i) 328 €   j) 998 €

4 Könnt ihr diesen Geldbetrag so legen?

500 €

a) mit einem Schein   b) mit zwei Scheinen   c) mit drei Scheinen
d) mit vier Scheinen   e) mit fünf Scheinen   f) mit sechs Scheinen

5 Könnt ihr diese Geldbeträge so legen?

a) 900 € mit 3 Scheinen, mit 2 Scheinen
b) 800 € mit 4 Scheinen, mit 3 Scheinen
c) 280 € mit 3 Scheinen, mit 4 Scheinen

d) 600 € mit 3 Scheinen, mit 4 Scheinen
e) 105 € mit 3 Scheinen, mit 4 Scheinen
f) 550 € mit 3 Scheinen, mit 4 Scheinen

6 Kann das stimmen?

a) „Ich kann mit zwei Geldscheinen 110 € legen."

b) „Ich kann mit zwei Geldscheinen 50 € legen."

c) „Ich habe vier Geldscheine. Der Gesamtwert ist geringer als 200 €."

d) „Ich kann 1000 € mit einem Geldschein legen."

e) „Ich habe fünf Geldscheine. Der Gesamtwert liegt zwischen 500 € und 1000 €."

W

7 Ergänze die Zahlenfolgen.

a) 7, 14, 21, ____, ____, 42
b) 18, 27, 36, ____, 54, ____
c) 28, 32, 36, ____, ____, 48
d) 18, 24, 30, ____, 42, ____

e) 72, 64, 56, ____, 40, ____
f) 81, 72, 63, ____, ____, 36
g) 55, 50, 45, ____, 35, ____
h) 36, 33, 30, ____, ____, 21

i) 90, 75, 60, ____, 30, ____
j) 80, 69, 58, ____, ____, 25
k) 70, 58, 46, ____, 22, ____
l) 100, 86, 72, ____, ____, 30

Aufgaben mit Rechengeld lösen. **5** Zum Teil nicht lösbar, zum Teil mehrere Lösungen.
6 c) und e) Mehrere Lösungen.

1 Die Kinder wollen für ein Klassenfrühstück Brötchen kaufen.

a) Welches Angebot ist billiger? Begründet.

b) Wie haben die Bäckereien die Preise aufgeschrieben? Vergleicht.

> 2 € 50 ct = 2,50 €
>
> Das Komma trennt Euro und Cent.

BÄCKEREI Lange
20 Stück
4,50 €

BACK STERN
10 Stück
2 € 50 ct

2 Schreibe alle Beträge mit Komma.

a)

Euro	Cent	
	Zehner	Einer
3	2	1
		5
5		6
	7	5
4		7
1	2	3
1		

3 € 21 ct

3,21 €

a) | 3,2 1 €
   | 0,0 5 €

Euro	Cent	
	Zehner	Einer
		6
43		
5	9	8
17	5	
52	9	5
71		
	6	6

3 Lege jeden Geldbetrag und trage in eine Tabelle ein.

a) 2 € 60 ct   b) 10 € 5 ct   c) 5 € 50 ct   d) 7 € 10 ct   e) 11 € 95 ct

4 Schreibe mit Komma.

a) 3 € 40 ct   b) 12 € 30 ct   c) 20 € 4 ct   d) 87 €   e) 77 ct
   3 € 5 ct a) 3,4 0 €   12 € 1 ct   20 € 10 ct   7 €   7 ct
   3 € 45 ct   3,0   80 € 27 ct   2 € 14 ct   80 €   70 ct
   6 € 20 ct   80 € 7 ct   21 € 40 ct   807 €   17 ct
   9 € 30 ct   82 € 17 ct   21 € 14 ct   870 €   1 ct

5 Schreibe als € und ct.

4 Euro 72 Cent

a) 4,72 €   b) 63,75 €   c) 202,01 €   d) 15,00 €   e) 840 ct
   4,70 € a) 4 € 7 2 ct   63,05 €   22,10 €   105,00 €   804 ct
   4,02 €   4 €   60,70 €   2,02 €   50,00 €   1000 ct
   47,20 €   67,00 €   122,21 €   999,00 €   999 ct

6 Ordne nach dem Wert. Beginne mit dem kleinsten Betrag.

a) 5 € 5 ct   55 ct   5,50 €   55 €

b) 8,40 €   0,84 €   84 €   8 € 14 ct

c) 99 ct   9 € 9 ct   720 ct   7 € 19 ct   0,98 €

1 Addieren im selben Hunderter

638 + 26

Ich lasse den Hunderter erst weg.

38 + 26

Erst zum Zehner und dann weiter.

638 + 26 =
638 + 2 = 640
640 + 24 =

Erst die Zehner, dann die Einer oder umgekehrt.

638 + 26 =
638 + 20 = 658
658 + 6 =

2 Wie rechnest du?

a) 276 + 6
358 + 17
428 + 30
546 + 27

b) 156 + 49
278 + 13
712 + 59
636 + 38

c) 249 + 8
411 + 26
237 + 53
715 + 45

d) 811 + 78
342 + 39
573 + 24
268 + 37

205   257   282   290   291   305   375   381   437   458   573   597   674   760   771   889

3 Subtrahieren im selben Hunderter

482 − 46

Ich rechne wieder ohne Hunderter.

82 − 46

Erst zum Zehner und dann weiter.

482 − 46 =
482 − 2 = 480
480 − 44 =

Erst die Zehner, dann die Einer oder umgekehrt.

482 − 46 =
482 − 40 = 442
442 − 6 =

4 Wie rechnest du?

a) 745 − 7
653 − 20
953 − 32
748 − 29

b) 659 − 43
872 − 57
354 − 16
174 − 38

c) 583 − 54
889 − 28
647 − 46
394 − 68

d) 278 − 39
657 − 48
575 − 38
741 − 23

136   239   326   338   529   537   601   609   616   633   718   719   738   815   861   921

5

403   20   40

615   20   25

6

895
40
3

682
60
6

7 Setze die Reihen fort.

216 — +20 → 236 — −7 → ☐ — +20 → ☐ — −7 → ☐ — + → ☐ — − → ☐

479 — +5 → 484 — −30 → ☐ — +5 → ☐ — −30 → ☐ — + → ☐ — − → ☐

1 Ergebnisse im nächsten Hunderter.

284 + 38

Zuerst zum Hunderter, dann weiter.

Zuerst die Zehner, dann die Einer oder umgekehrt.

Ich addiere erst ohne Hunderter.

Rechen-konferenz

284 + 38
284 + 16 + 22 =

284 + 38
284 + 30 = 314
314 + 8

284 + 38
280 + 30
4 + 8

84 + 38

2 Rechne auf deinem Weg.

a) 263 + 58   b) 627 + 85   c) 472 + 180   d) 745 + 109   e) 478 + 63

3 Rechne auf deinem Weg.

a) 157 + 46   b) 146 + 62   c) 237 + 104   d) 258 + 260   e) 525 + 157
   157 + 67   146 + 72   237 + 105   257 + 270   525 + 277
   157 + 69   146 + 73   337 + 105   457 + 250   535 + 367

   245 + 56   145 + 73   537 + 106   457 + 260   635 + 167
   245 + 66   147 + 72   537 + 105   457 + 280   635 + 257
   245 + 76   149 + 70   437 + 204   457 + 270   735 + 77

4

a)
133 + 50
133 + 60
133 + 70
133 + ___
___ + ___

b)
562 + 120
562 + 130
562 + 140
562 + ___
___ + ___

c)
272 + 608
372 + 507
472 + 406
572 + ___
___ + ___

d)
443 + 125
443 + 150
443 + 175
443 + ___
___ + ___

e) Beschreibe Päckchen c).

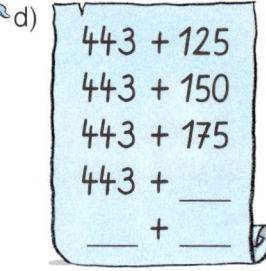

„Der erste Summand _____ .
Der zweite Summand _____ .
Deshalb wird die Summe immer um _____ ."

 f) Sucht andere Päckchen aus und beschreibt sie euch gegenseitig.

5 Kombiniere: Von jeder Farbe eine Karte. Immer das gleiche Ergebnis.

a)
526	21	10	
555	25	40	600
569	34	20	

b)
174	52	340	
435	66	560	800
328	25	420	

c)
278	65	640	
357	146	271	1000
583	82	578	

W

6 a)    b)

1 Ergebnisse im nächsten Hunderter.

715 – 56

Rechen-konferenz

715 – 56
715 – 15 – 41 =

Zuerst zum Hunderter, dann weiter.

715 – 56
715 – 6 = 709
709 – 50

Zuerst die Zehner, dann die Einer oder umgekehrt.

2 Rechne auf deinem Weg.

a) 543 – 68   b) 584 – 97   c) 561 – 74   d) 936 – 307   e) 718 – 150

3 Rechne auf deinem Weg.

a)	b)	c)	d)	e)
457 – 86	650 – 48	236 – 150	683 – 102	625 – 118
447 – 76	660 – 28	236 – 140	683 – 206	625 – 117
427 – 46	670 – 19	436 – 120	683 – 207	635 – 117
342 – 65	434 – 63	857 – 110	785 – 206	735 – 216
342 – 64	134 – 65	857 – 130	785 – 207	735 – 217
342 – 67	213 – 76	657 – 160	973 – 407	835 – 217

4

starke Päckchen 2

a)
```
486 – 52
486 – 54
486 – 56
486 – ___
___ – ___
```

b)
```
685 – 74
784 – 73
883 – 72
982 – ___
___ – ___
```

c)
```
863 – 106
863 – 206
863 – 306
863 – ___
___ – ___
```

d)
```
379 – 178
379 – 173
379 – 168
379 – ___
___ – ___
```

e) Welches Päckchen beschreibt Franz? Ergänze.

„Der Minuend wird immer um 99 größer.
Der Subtrahend wird immer um 1 kleiner.
Deshalb wird die Differenz immer um _____ ."

f) Sucht andere Päckchen aus. Beschreibt sie euch gegenseitig.

5

starke Päckchen 2

```
746 – 23
___ – ___
___ – ___
___ – ___
```

Lisa beschreibt ihr Päckchen so:

„Der Minuend wird immer um 1 kleiner.
Der Subtrahend wird immer um 2 größer.
Deshalb wird die Differenz immer um 3 kleiner."

Setze Lisas Päckchen fort. Rechne.

W

6 a) 8·7  5·6 7·9 ➕ 5·7 6·8 8·9   b)  9·8 6·9 8·5 ➖ 3·9 5·7 5·8 9·4

1 a) Finde die Zauberzahlen. Erkennst du ein Muster? Setze fort.

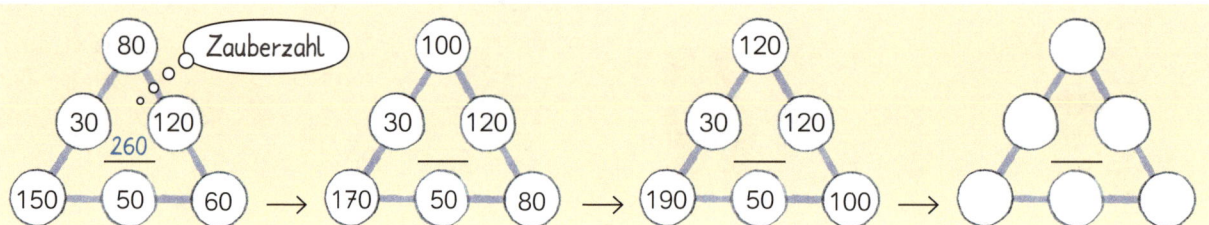

b) Beschreibt, wie sich die Zauberdreiecke verändern.
  „Die Eckzahlen werden jeweils _____ .
  Deshalb wird die Zauberzahl jeweils _____ .“

2 a)

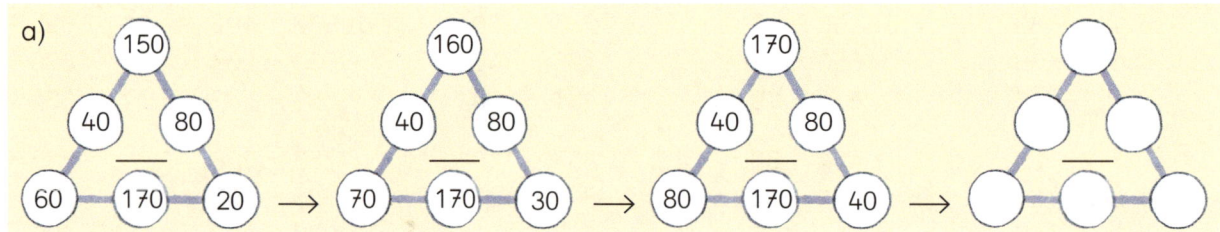

b) Beschreibe und erkläre, wie sich die Zauberdreiecke verändern.

3 Kian beschreibt das Muster so:

„Die Eckzahlen werden jeweils um 50 größer.
Deshalb werden die Zauberzahlen jeweils um 100 größer.“

Setze Kians Muster fort. Rechne.

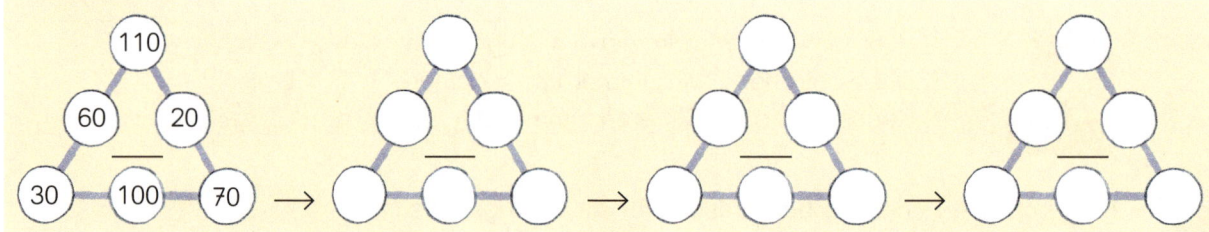

4 Erfinde ein eigenes Muster aus Zauberdreiecken. Rechne. Beschreibe.

5 In jeder Rechentafel sind fünf Fehler. Rechne richtig.

a)

·	10	5	4
2	20	10	40
4	50	20	16
8	80	40	33
7	70	45	27

a)	2 • 5 = 1 0

b)

·	3	6	9
4	14	24	36
7	21	45	73
9	27	46	81
8	24	48	82

c)

·	6	7	8
3	18	23	24
6	26	42	48
9	54	63	56
7	42	47	54

Schultüte

Dach

Kirchturmdach

Globus

Zelt

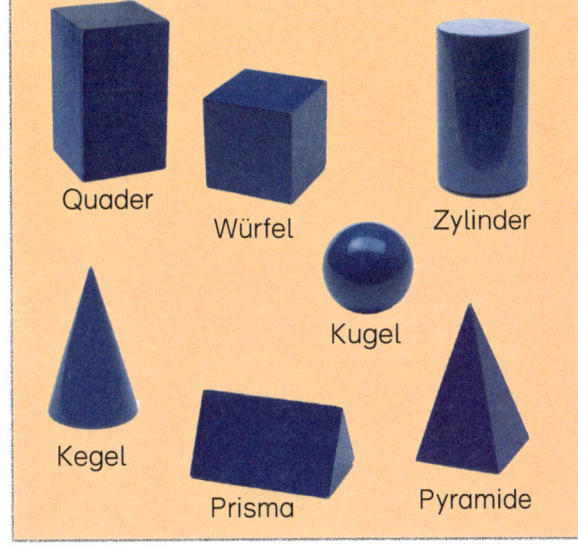

Quader

Würfel

Zylinder

Kugel

Kegel

Prisma

Pyramide

Zettelbox

Zahncremeschachtel

Aquarium

a) Welche geometrischen Körper erkennt ihr in den Gegenständen?

b) Legt eine Liste an.

Gegenstände	Körper
Schultüte	Kegel
Dach	

Torte

c) Sucht weitere Beispiele. Tragt sie ein.

Kerze

2

Welche Körperformen entdeckst du?

Schaue einmal aus einem Dachfenster oder von einem Balkon.

1 Kannst du diese Quader aus freier Hand zeichnen? Probiere.

A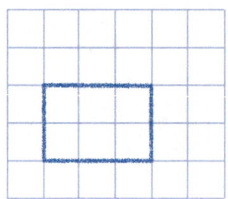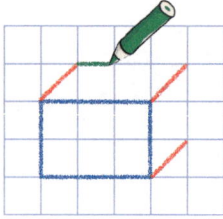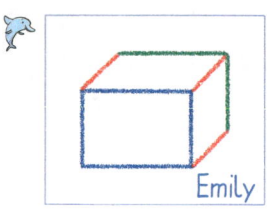

Emily

B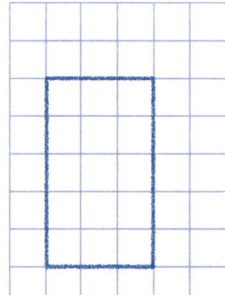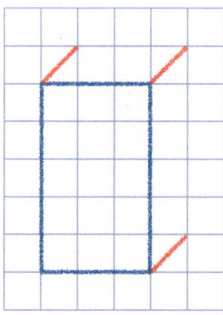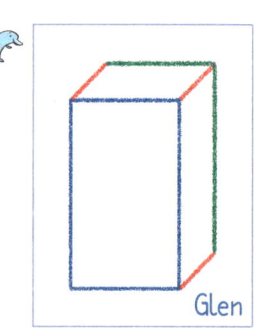

Glen

C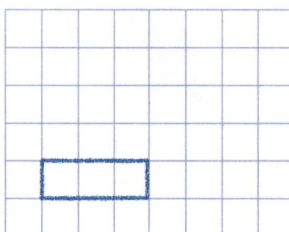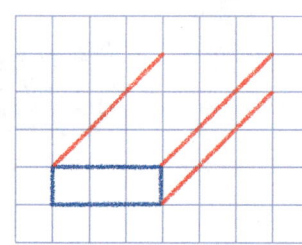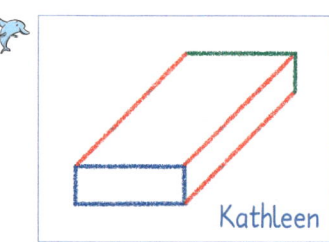

Kathleen

2 Kannst du diese Körper aus freier Hand zeichnen?

A  B  C  D 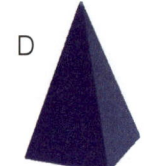 E

3 An welchen Körpern kommen diese Flächen vor?

� Rechteck	▪ Quadrat	▲ Dreieck	● Kreis
Quader,			

W

4 | 831 | 414 | 575 | 659 | 623 | 748 | 666 | 555 | 222 | 999 | 701 | 524 |

a) Ergänze zur nächsten Zehnerzahl.

b) Ergänze zur nächsten Hunderterzahl.

c) Runde auf Zehner.

d) Runde auf Hunderter.

 e) Ergänze zur übernächsten Zehnerzahl.

f) Ergänze zur übernächsten Hunderterzahl.

g) Wie viel fehlt jeweils bis 1000.

h) Wie viel fehlt jeweils bis 1234.

1 Klappt eine solche Schachtel auf.

ein Würfel

ein Würfelnetz

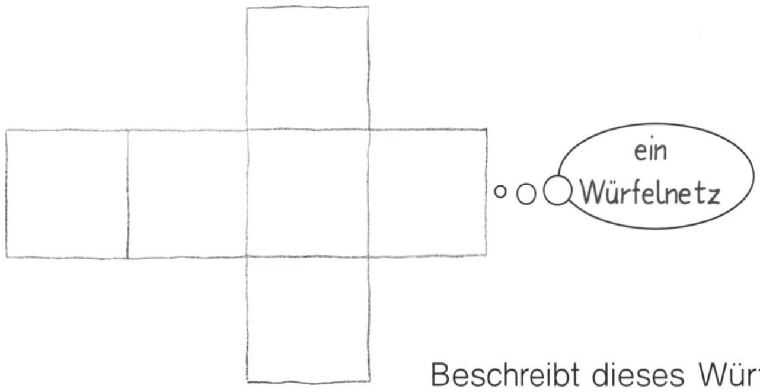

Beschreibt dieses Würfelnetz.

2 Nehmt immer sechs Quadrate. Legt diese Netze.
Klebt die Quadrate aneinander und überprüft.
Aus zwei Netzen kann man keinen Würfel bauen.

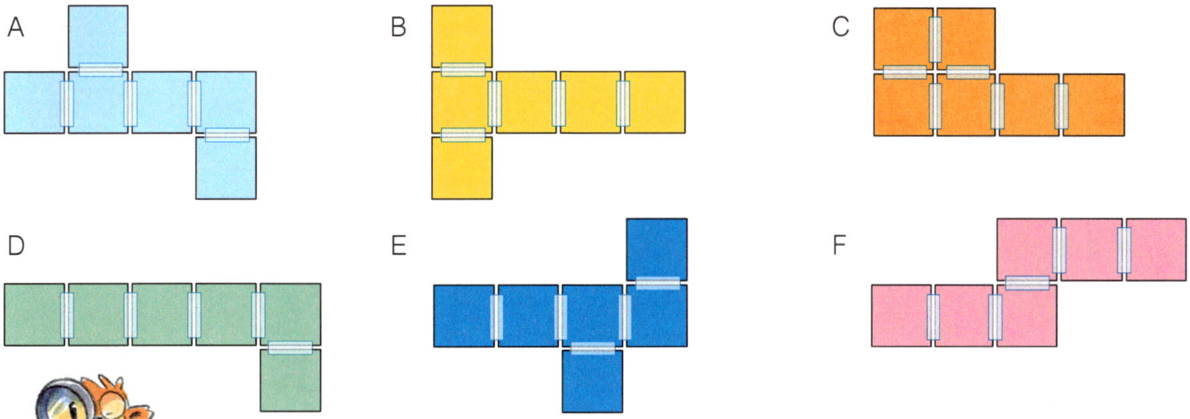

A

B

C

D

E

F

3 Forschungs- auftrag   Gibt es noch andere Würfelnetze?

4 Klappt eine solche Schachtel auf.

ein Quadernetz

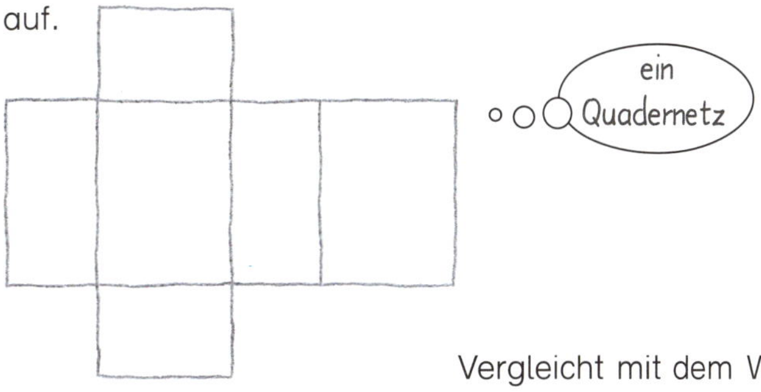

Vergleicht mit dem Würfelnetz.

5 Aus welchen Netzen kann man einen Quader bauen? Zeichne, schneide aus und prüfe.

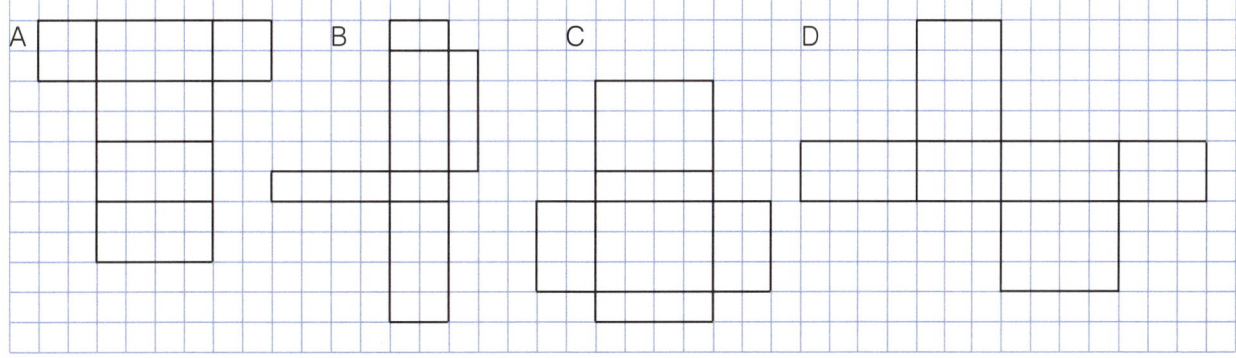

A   B   C   D

2 und 3 Evtl. Bierdeckel und Klebestreifen verwenden. 3 Insgesamt gibt es elf verschiedene Würfelnetze.
4 Eigenschaften des Quaders beschreiben.

1

Was fühlen die Kinder? Welche Körper sind es?

2

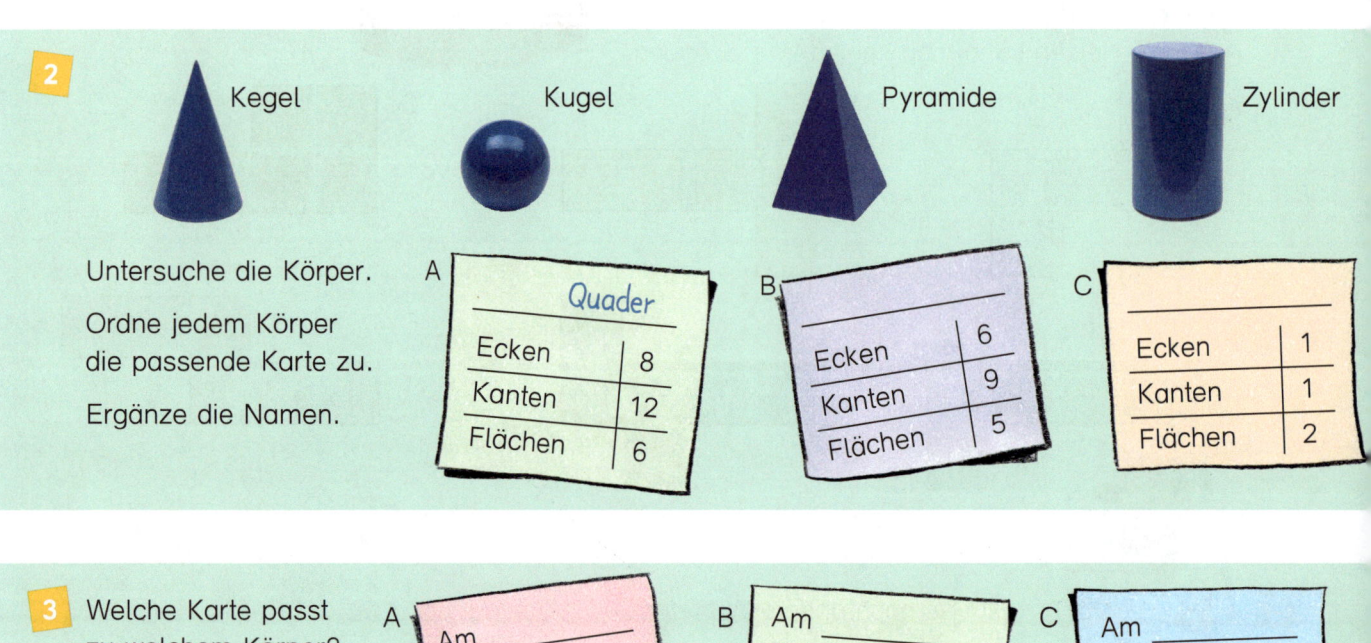

Kegel   Kugel   Pyramide   Zylinder

Untersuche die Körper.

Ordne jedem Körper die passende Karte zu.

Ergänze die Namen.

A

Quader	
Ecken	8
Kanten	12
Flächen	6

B

Ecken	6
Kanten	9
Flächen	5

C

Ecken	1
Kanten	1
Flächen	2

3 Welche Karte passt zu welchem Körper?

A Am _____ findet man sechs Rechtecke.

B Am _____ findet man zwei Dreiecke und drei Rechtecke.

C Am _____ findet man zwei Kreise.

4 a) Welche Körper kannst du aus diesen Netzen bauen?

b) Zu welchem Körper findest du kein Netz?

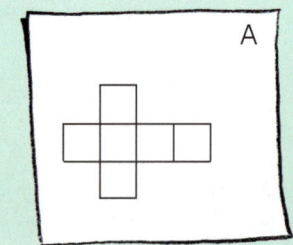 A

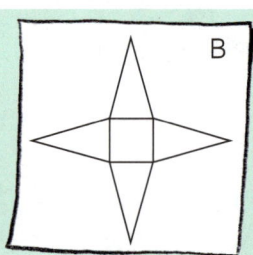 B

5 Welche Körper sind gemeint?

A Dieser Körper kann rollen.

B Dieser Körper kann rollen, aber er kann nicht geradeaus rollen.

C Diesen Körper kann man nur kippen, nicht rollen.

D Mit diesem Körper kann man Mauern bauen.

Ich fühle Ecken.

Sven   Lisa   Tim   Basil

Würfel   Prisma   Quader

D

Ecken	0
Kanten	0
Flächen	1

E

Ecken	0
Kanten	2
Flächen	3

F

Ecken	5
Kanten	8
Flächen	5

G

Ecken	8
Kanten	12
Flächen	6

D Am _____ findet man sechs Quadrate.

E Am _____ findet man genau einen Kreis.

F An der _____ findet man vier Dreiecke und ein Quadrat.

G An der _____ findet man keine Ecken und Kanten.

C   **D**   **E**   **F**

Dieser Körper steht auf einer quadratischen Fläche. Er hat fünf Ecken.

F Dieser Körper sieht aus allen Richtungen gleich aus.

G Dieser Körper steht auf einer Kreisfläche. Liegt er auf der Seite, rollt er leicht weg.

H Dieser Körper kann rollen und kippen.

5 Meist mehrere Möglichkeiten (außer B und E).

1

Turm 1 Turm 2 Turm 3

a) Tragt die Anzahl der verschiedenen
Bausteine in eine Tabelle ein.

	Turm 1	Turm 2	Turm 3
Würfel	4		
Quader			
Zylinder			
Kegel			
Prisma			
Pyramide			
Kugel			

b) Julius hat Turm 1 von vorn
aus freier Hand gezeichnet.
Probiert auch.

Julius

2

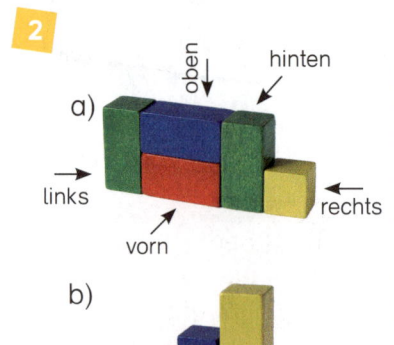

oben hinten

links rechts

vorn

a)

b)

c)

Welche Ansichten sind dargestellt?

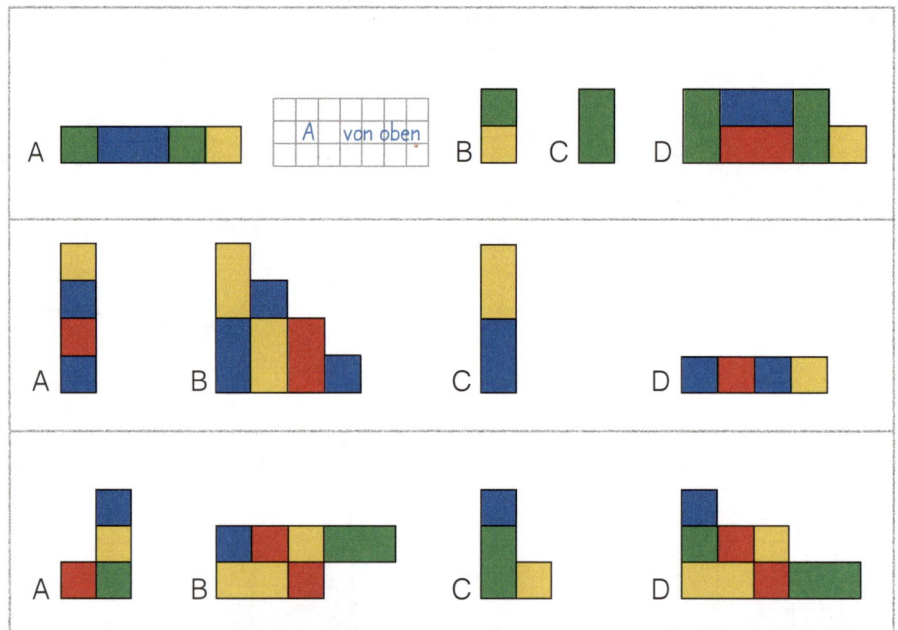

A   A von oben   B   C   D

A   B   C   D

A   B   C   D

3 Zeichne diese Figuren von vorn aus freier Hand.

A

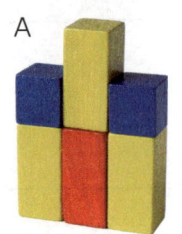

B

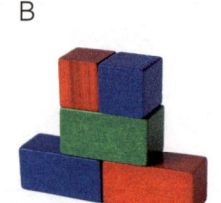

C

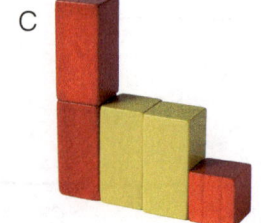

D

2 Ggf. nachbauen und aus verschiedenen Richtungen betrachten.
3 Diff.: Verschiedene Ansichten zeichnen.

1 Aus welcher Himmelsrichtung seht ihr welche **Seitenansicht**? Schreibt auf.

a)

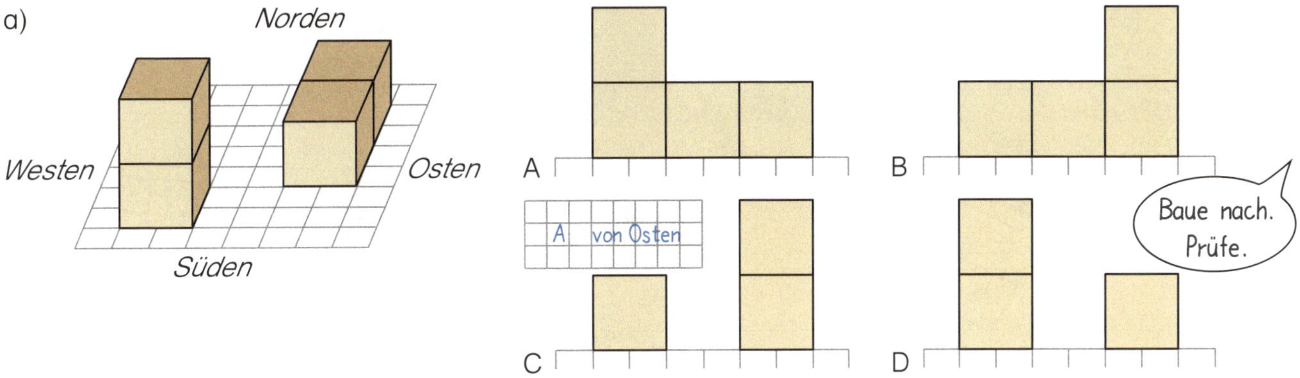

Norden

Westen

Osten

Süden

A

| A | von Osten |

B

Baue nach.
Prüfe.

C

D

b)

Norden

Westen

Osten

Süden

A

B

C

D

c)

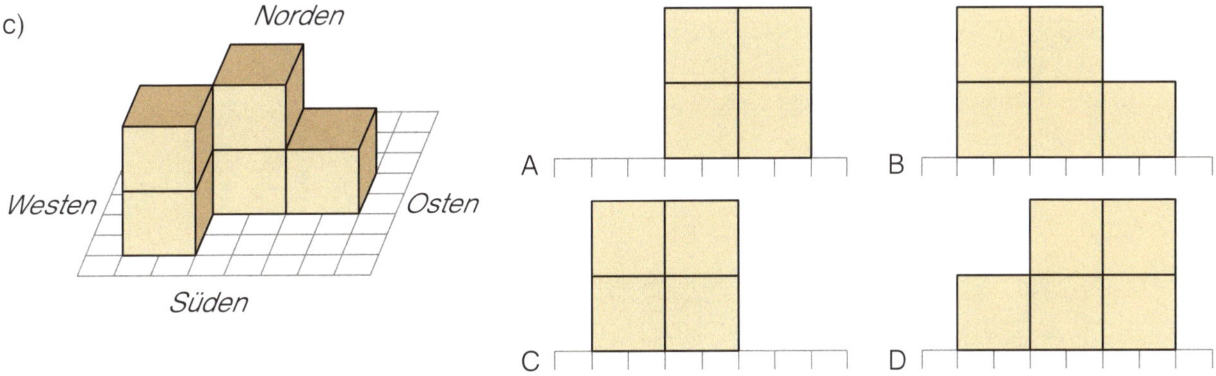

Norden

Westen

Osten

Süden

A

B

C

D

d)

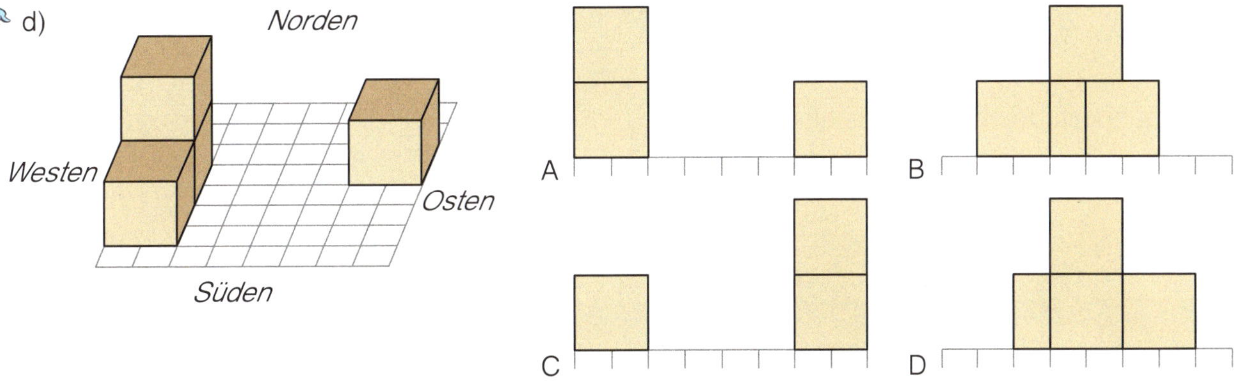

Norden

Westen

Osten

Süden

A

B

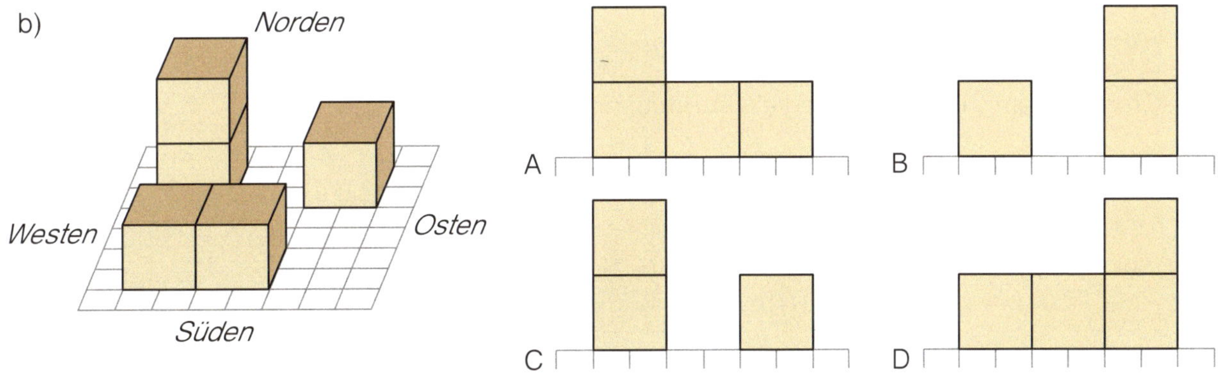

C

D

 2 Baut eigene Würfelgebäude auf einem Plan.
Zeichnet die Seitenansichten.

1 Nachbauen auf einem Plan, Kopiervorlage. Schauen von allen Seiten.

1

Wie viele Würfel fehlen noch?

2

Ein **Bauplan** beschreibt die Anzahl und Anordnung der Würfel in einem Würfelgebäude.

Baue nach.
Vervollständige den Bauplan.

3 Ordnet jedem Würfelgebäude seinen Bauplan zu. Baut nach.

a)  b) 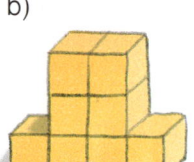 c) 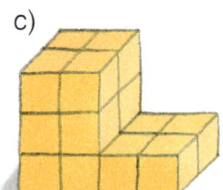 d) 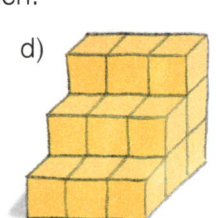 e)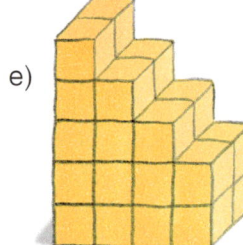

B
3	3	3
2	2	2
1	1	1

C
5	4	3	2
5	4	3	2

A
1	3	3	1

D
1	4	1

E
3	3	1	1
3	3	1	1

F
1	1	4

4 a) Schreibt Baupläne zu diesen Gebäuden. Fällt euch etwas auf?

A
A	4			

B 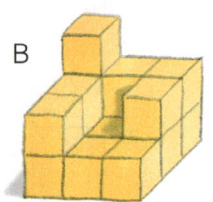   C    D

b) Schreibt eigene Baupläne. Baut und überprüft.

5 Baut nach. Schreibt jeweils einen Bauplan.

A 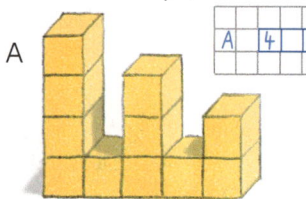   B    C    D

6

Forschungsauftrag

Wie viele verschiedene Gebäude könnt ihr mit vier Würfeln bauen?
Schreibt Baupläne und vergleicht.

6 Es gibt 13 Möglichkeiten.

1 Bauanleitung Faltschachtel

① Falte ein Quadrat in vier Dreiecke.

② Falte alle vier Ecken zum Mittelpunkt.

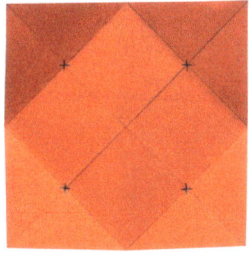

③ Falte auf. Markiere die angegebenen Schnittpunkte.

④ Falte jede Ecke auf die gegenüberliegende Markierung. Öffne wieder.

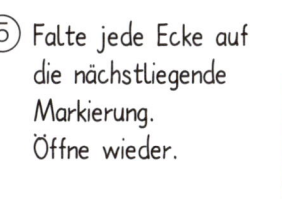

⑤ Falte jede Ecke auf die nächstliegende Markierung. Öffne wieder.

⑥ Übertrage die blauen Linien auf dein Faltblatt. Schneide auf diesen blauen Linien ein.

⑦ Falte die beiden nicht eingeschnittenen Ecken zweimal nach innen.

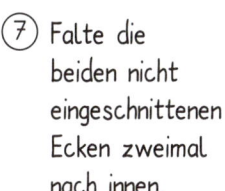

⑧ Knicke diese beiden Seitenwände nach oben.

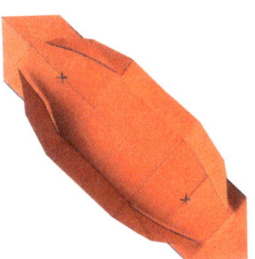

⑨ Falte die überstehenden Laschen nach innen.

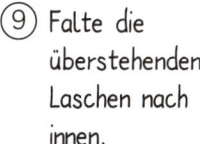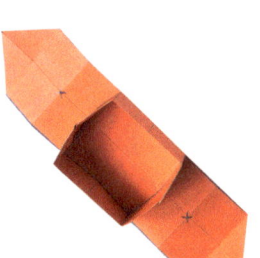

⑩ Jetzt die anderen Seitenwände nach oben falten, die Laschen nach innen legen.

 2 Falte weitere Schachteln, auch mit Deckel. Was musst du beachten, damit der Deckel auf die Schachtel passt?

1 a)

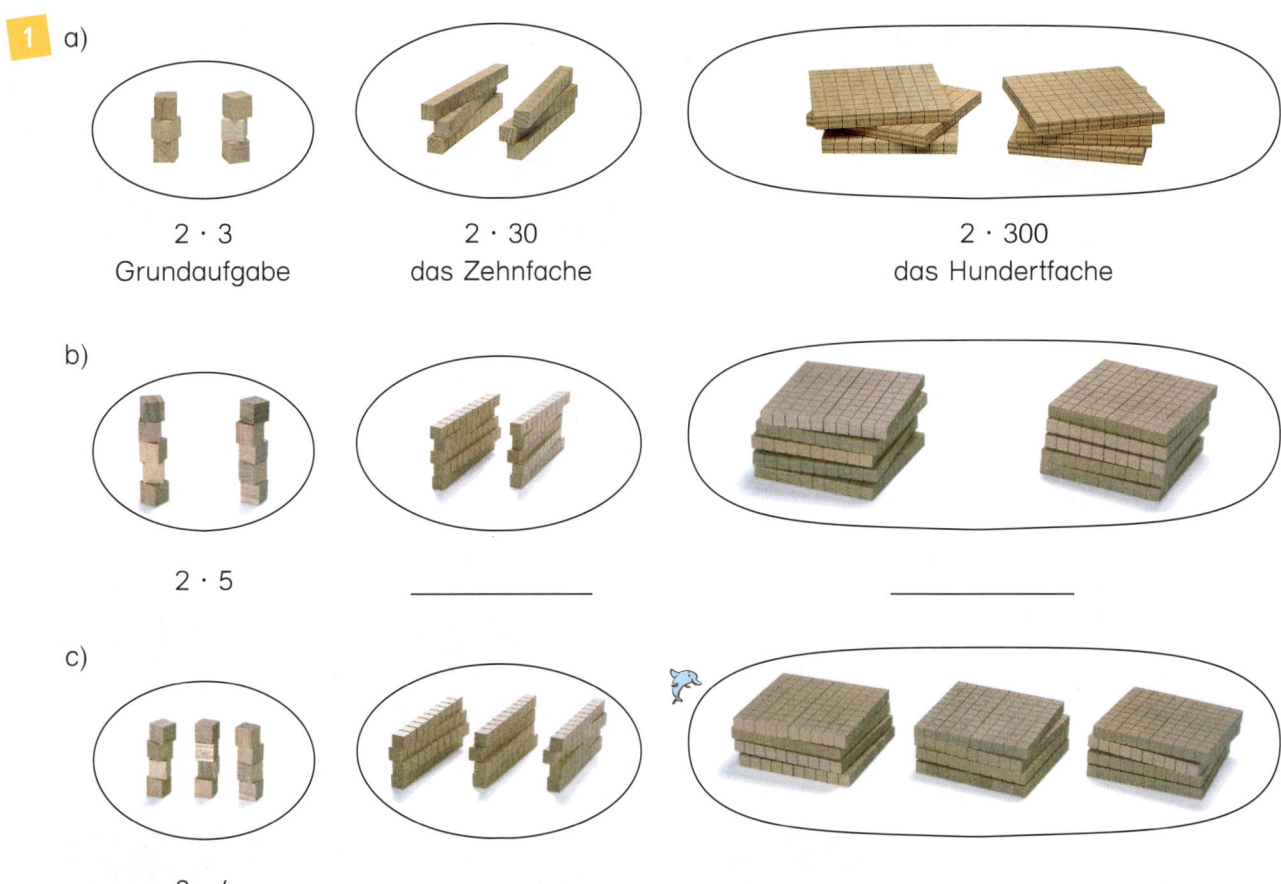

2 · 3
Grundaufgabe

2 · 30
das Zehnfache

2 · 300
das Hundertfache

b)

2 · 5 _____ _____

c)

3 · 4 _____ _____

2 Vom kleinen Einmaleins zum Zehnfachen und zum Hundertfachen. Lege und rechne.

a) 3 · 3	b) 4 · 2	c) 2 · 4	d) 5 · 2	e) 3 · 5	f) 4 · 3
3 · 30	4 · 20	2 · 40	5 · 20	3 · 50	4 · 30
3 · 300	4 · 200	2 · 400	5 · 200	3 · 500	4 · 300

(2 · 7)

3

a) 2 · 70	b) 3 · 80	c) 5 · 50	d) 4 · 60	e) 1 · 40	f) 0 · 80
4 · 70	6 · 80	7 · 50	6 · 60	10 · 40	10 · 80
8 · 70	9 · 80	9 · 50	8 · 60	100 · 40	11 · 80

4 Rechne immer auch die Tauschaufgabe.

a)

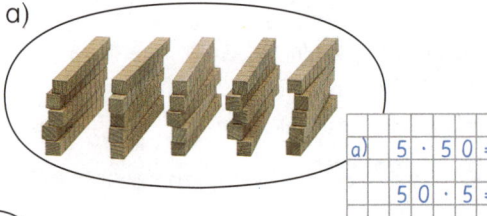

b)

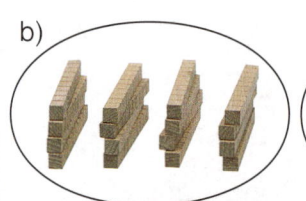

c)

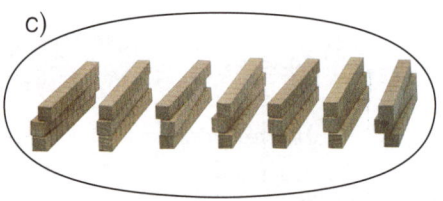

a) | 5 | 0 | · | 5 | 0 | = |
   | 5 | 0 | · | 5 | | = |

(7 · 3)

5

a) 70 · 3	b) 80 · 8	c) 20 · 8	d) 70 · 5	e) 70 · 0	f) 200 · 5
80 · 4	70 · 7	40 · 6	60 · 5	70 · 1	300 · 5
90 · 5	50 · 6	40 · 4	60 · 6	70 · 10	150 · 5
100 · 6	40 · 5	80 · 2	30 · 6	70 · 9	120 · 5

Von der Grundaufgabe ausgehen. Zusammenhänge beschreiben.

1 a)

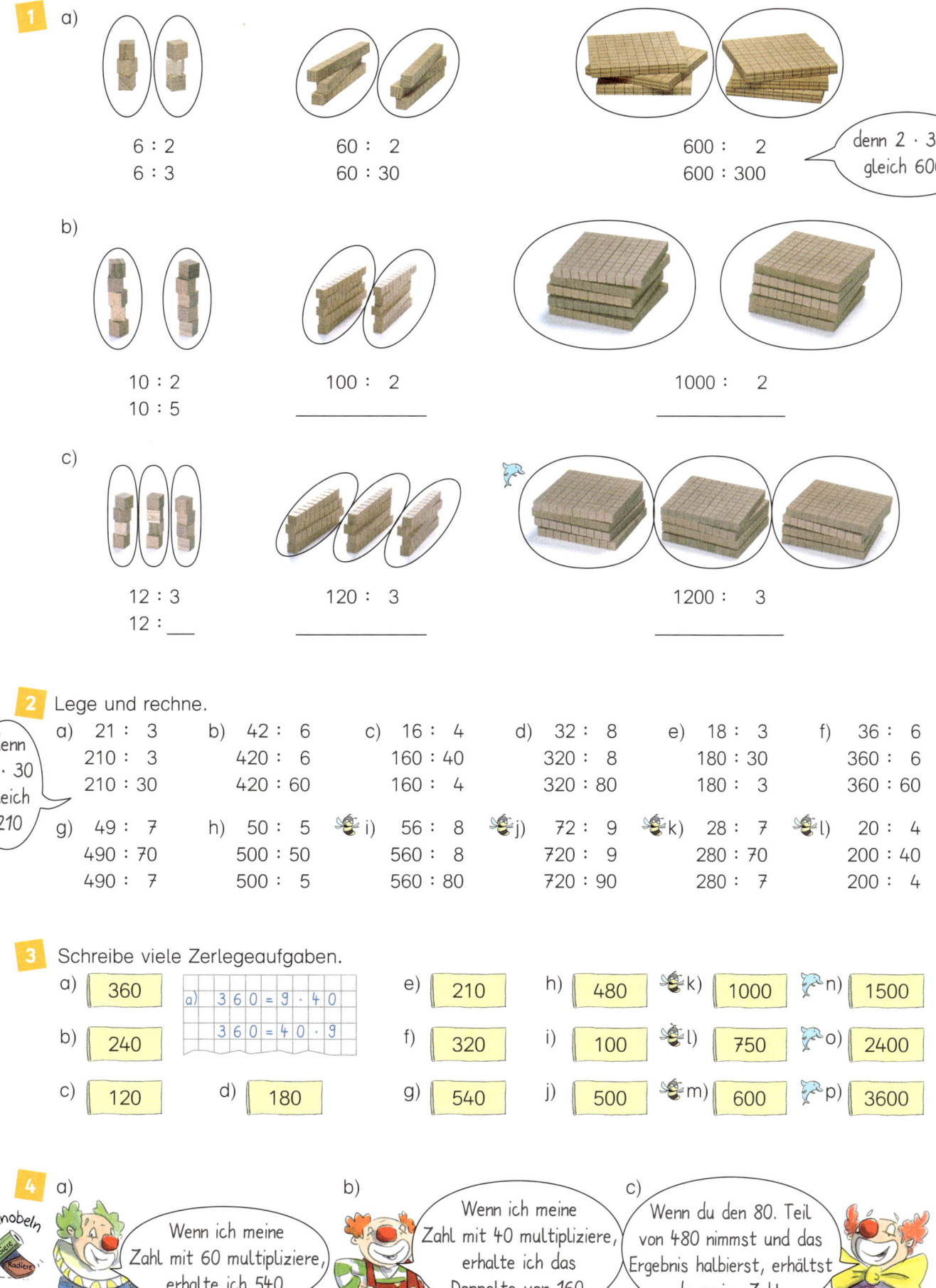

6 : 2
6 : 3

60 : 2
60 : 30

600 : 2
600 : 300

denn 2 · 300
gleich 600

b)

10 : 2
10 : 5

100 : 2
_____

1000 : 2
_____

c)

12 : 3
12 : ___

120 : 3
_____

1200 : 3
_____

2 Lege und rechne.

denn
7 · 30
gleich
210

a) 21 : 3
210 : 3
210 : 30

b) 42 : 6
420 : 6
420 : 60

c) 16 : 4
160 : 40
160 : 4

d) 32 : 8
320 : 8
320 : 80

e) 18 : 3
180 : 30
180 : 3

f) 36 : 6
360 : 6
360 : 60

g) 49 : 7
490 : 70
490 : 7

h) 50 : 5
500 : 50
500 : 5

i) 56 : 8
560 : 8
560 : 80

j) 72 : 9
720 : 9
720 : 90

k) 28 : 7
280 : 70
280 : 7

l) 20 : 4
200 : 40
200 : 4

3 Schreibe viele Zerlegeaufgaben.

a) 360

a) 360 = 9 · 40
360 = 40 · 9

b) 240

c) 120   d) 180

e) 210

f) 320

g) 540

h) 480

i) 100

j) 500

k) 1000

l) 750

m) 600

n) 1500

o) 2400

p) 3600

4 a)

zum Knobeln

Wenn ich meine Zahl mit 60 multipliziere, erhalte ich 540.

b)

Wenn ich meine Zahl mit 40 multipliziere, erhalte ich das Doppelte von 160.

c)

Wenn du den 80. Teil von 480 nimmst und das Ergebnis halbierst, erhältst du meine Zahl.

1 Die Umkehraufgaben zur Multiplikation. Zusammenhänge beschreiben.

Immer 1000
in jeder Schicht.

1 Zerlegemauern.

a)
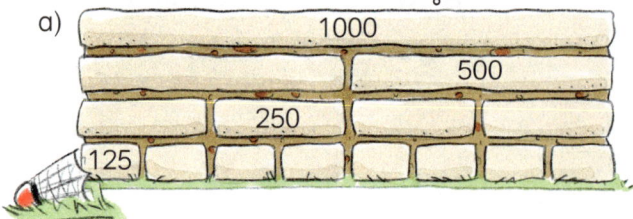

1000 = ___ · 1000
1000 = ___ · 500
1000 = ___ · 250
1000 = ___ · 125

b)
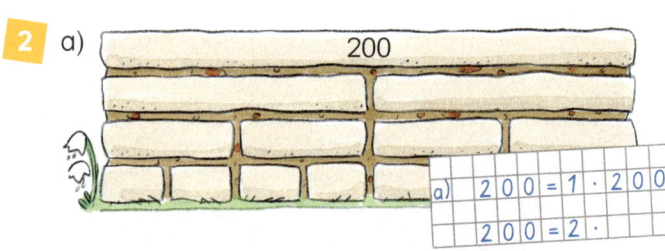

1000 = ___ · *1000*
1000 = ___ · _____
1000 = ___ · _____
1000 = ___ · _____

2 a)

a) | 2 | 0 | 0 | = | 1 | · | 2 | 0 | 0 |
   | 2 | 0 | 0 | = | 2 | · | | | |

b)

c)
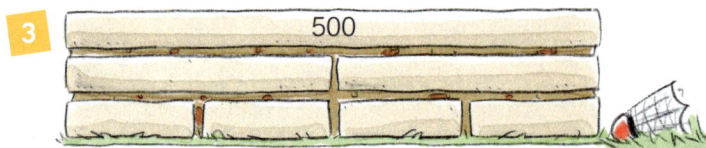

d)
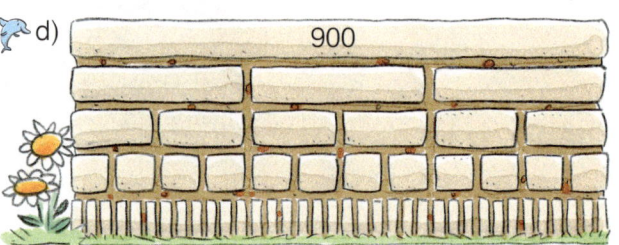

3

a) 500 = ___ · 500
   500 = ___ · 250
   500 = ___ · 125

b) 500 : 1 = ___
   500 : 2 = ___
   500 : 4 = ___

4 Welche Zahlen könnten passen?

a) ___ = 1 · ___
   ___ = 2 · ___
   ___ = 4 · ___
   ___ = 8 · ___

b) ___ : 1 = ___
   ___ : 2 = ___
   ___ : 4 = ___
   ___ : 8 = ___

5 Theresas Buch hat 1000 Seiten. Bei welcher Seite liegt das Lesezeichen ungefähr?
Begründe.

a)

b)

c)

d)

1 bis 4 Kopiervorlagen nutzen. 4 Offene Aufgaben.

1 Herr Müller verkauft Eier auf dem Wochenmarkt.
Mittags ist nur noch eine halbe Palette übrig.

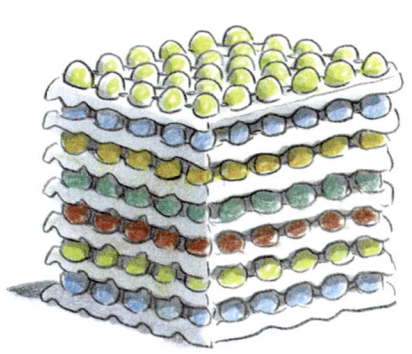

Eine Palette.

Wie viele Eier
hat Herr Müller verkauft?

2 Wie viele Paletten müssen geliefert werden?

a) Das Berghotel hat für das Wochenende 300 Eier bestellt.

 b) Die Gaststätte Hoppe erhält 250 Eier.

3 zum Knobeln Die Pension Huber bekommt doppelt so viele braune wie weiße Eier.
Sie werden in fünf Paletten geliefert.

4 Auf einem Geflügelhof legen die Hühner täglich 1000 Eier. Wie viele Paletten werden benötigt?

5

a)	b)	c)	d)	e)
140 : 70	180 : 90	160 : 4	90 : 30	320 : 8
280 : 70	360 : 90	200 : 40	150 : 3	640 : 8
420 : 70	540 : 90	240 : 40	210 : 30	400 : 80
560 : 70	720 : 90	280 : 4	270 : 3	480 : 8
700 : 70	810 : 90	320 : 4	300 : 30	560 : 80

6
a)	b)	c)	d)	e)
240 : ___ = 8	120 : ___ = 40	480 : ___ = 8	360 : ___ = 9	600 : ___ = 100
240 : ___ = 30	120 : ___ = 20	480 : ___ = 80	360 : ___ = 40	600 : ___ = 200
240 : ___ = 6	120 : ___ = 3	480 : ___ = 6	360 : ___ = 60	600 : ___ = 300
240 : ___ = 40	120 : ___ = 2	480 : ___ = 60	360 : ___ = 4	600 : ___ = 600

7
a) 270 9 36 / 30 / 120

b) ___ 40 280 / ___ / 35

c) ___ 560 / 10 80 / ___

d) 63 / 7 / ___ / 210

e) 480 8 / ___ / 540

8 zum Knobeln
a) 200 90 / 180

b) 800 60 / 120

c) 240 600 / 160

d) 720 32 / 360

e) 20 800 / 1000

9 a)  600  500 800 − 50 150 450 350

b)  700 670 920 − 170 340 580

2 b) und **4** Aufgaben mit Rest.

1 Frau Hoffmann wartet auf Ware in ihrem Gemüseladen.

In ihre Regale passen bis zu 150 Dosen.
Herr Horn liefert die Dosen in Kisten.
In jeder Kiste sind 20 Dosen.

Wie viele Kisten kann Herr Horn abladen?
Finde alle Möglichkeiten.

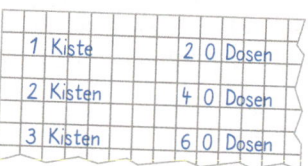

1 Kiste	2 0 Dosen
2 Kisten	4 0 Dosen
3 Kisten	6 0 Dosen

$$\underline{} \cdot 20 < 150$$

2 In einem anderen Gemüseladen kann Herr Horn bis zu 250 Dosen abladen.
Wie viele Kisten können das höchstens sein?

a) 30 Dosen je Kiste   c) 80 Dosen je Kiste   🐬 e) 25 Dosen je Kiste
b) 50 Dosen je Kiste   d) 60 Dosen je Kiste   🐬 f) 120 Dosen je Kiste

a) Es dürfen höchstens

3 Setze ein < > =.

a) $3 \cdot 90$ ⦤<⦥ 300   b) $9 \cdot 80$ ◯ 720
  $8 \cdot 30$ ◯ 240 $6 \cdot 60$ ◯ 350
  $9 \cdot 20$ ◯ 180 $4 \cdot 70$ ◯ 270
  $7 \cdot 50$ ◯ 360 $3 \cdot 60$ ◯ 450

4 Setze ein < > =.

a) $8 \cdot 60$ ◯ $7 \cdot 70$ b) $3 \cdot 30$ ◯ $5 \cdot 20$
  $6 \cdot 70$ ◯ $8 \cdot 50$ $5 \cdot 30$ ◯ $4 \cdot 40$
  $4 \cdot 80$ ◯ $5 \cdot 60$ $9 \cdot 70$ ◯ $8 \cdot 90$
  $2 \cdot 90$ ◯ $3 \cdot 70$ $6 \cdot 40$ ◯ $8 \cdot 30$

5

a) Meine Zahl ist das Dreifache von 90.

b) Meine Zahl ist der vierte Teil von 200.

c) Ich habe mir eine Zehnerzahl ausgedacht. Sie ist größer als das Dreifache von 50 und kleiner als 170.

d) Meine Zahl ist eine Siebzigerzahl. Sie ist kleiner als 700. Sie ist auch eine Achtzigerzahl.

e) Meine Zahl ist eine Sechzigerzahl. Sie ist auch eine Dreißigerzahl, eine Vierzigerzahl und eine Zwanzigerzahl. Sie ist kleiner als 150.

f) Meine Zahl ist eine Vierzigerzahl. Sie ist auch eine Sechzigerzahl. Sie ist größer als 240 und kleiner als 400.

g) Schreibe auch eigene Zahlenrätsel.

W

6
a) $100 - 5 - 10$
   $100 - 10 - 10$
   $100 - 15 - 10$

   $100 - 25 - 20$
   $100 - 25 - 25$
   $100 - 50 - 25$

b) $75 - 15 - 6$
   $75 - 25 - 7$
   $75 - 35 - 7$

   $75 - 35 - 14$
   $75 - 35 - 25$
   $75 - 50 - 25$

c) $50 - 25 - 7$
   $50 - 27 - 10$
   $50 - 17 - 10$

   $50 - 37 - 10$
   $50 - 39 - 8$
   $50 - 41 - 9$

d) $37 - 20 - 7$
   $54 - 30 - 24$
   $78 - 16 - 14$

   $83 - 15 - 15$
   $62 - 8 - 12$
   $95 - 27 - 13$

1 Rechen-konferenz

3 a	Stunden...	
Stunde	Mo	Di
1.	X	X
2.	X	X
Pause		
3.	X	X
4.	X	X
Pause		
5.		
6.		

Wie viele **Minuten** Unterricht hat die Klasse 3a am Montag?

Eine Schulstunde dauert 45 Minuten.

Mein Weg:

$4 \cdot 45$
$4 \cdot 40 = 160$
$4 \cdot 5 = 20$
$4 \cdot 45 = 180$
Alex

$2 \cdot 45 = 90$
$4 \cdot 45 = 180$
Selina

$4 \cdot 45$
$4 \cdot 50 = 200$
$4 \cdot 5 = 20$
$4 \cdot 45 = 180$
Marcel

2 Wie rechnest du? Vergleicht miteinander.

a) $4 \cdot 35$ b) $8 \cdot 35$ c) $5 \cdot 43$ d) $6 \cdot 43$ e) $9 \cdot 82$

3 Rechne auf deinem Weg. Vergleicht.

a) $3 \cdot 64$ b) $2 \cdot 49$ c) $2 \cdot 37$ d) $8 \cdot 52$ e) $2 \cdot 125$ f) $3 \cdot 160$
$6 \cdot 64$ $4 \cdot 49$ $3 \cdot 37$ $4 \cdot 52$ $4 \cdot 125$ $6 \cdot 160$
$9 \cdot 64$ $8 \cdot 49$ $5 \cdot 37$ $2 \cdot 52$ $8 \cdot 125$ $9 \cdot 160$
$8 \cdot 64$ $7 \cdot 49$ $6 \cdot 37$ $3 \cdot 52$ $6 \cdot 125$ $8 \cdot 160$

starke Päckchen

74 98 100 104 111 156 185   192 196 208 222 250 343 384 392 416 480 500 512 576 750 960 1000 1280 1440

4

3 b	Stundenplan				
Stunde	Mo	Di	Mi	Do	Fr
1.	X	X	X	X	X
2.	X	X	X	X	X
3.	X	X	X	X	X
4.	X	X	X	X	X
5.	X		X	X	X
6.			X		

a) Wie viele Minuten Unterricht hat die Klasse 3b an jedem Tag?

b) Wie viele Minuten Unterricht erhält die Klasse 3b in der ganzen Woche?

c) In der Nordschule gibt es am Vormittag insgesamt 35 Minuten Hofpause. Wie viele Minuten sind das in der Woche?

5 Die Klasse 3c hat in der Woche 26 Unterrichtsstunden.

a) Wie viele Stunden sind das im Monat?
b) Wie viele Stunden sind das in einem Schuljahr?
c) Im 4. Schuljahr werden es 27 Unterrichtsstunden sein.

Ein Monat hat 4 Wochen.

Ein Schuljahr hat 9 Monate.

6 Wie viele Minuten Unterricht hattest du in der letzten Woche?

7 Setze fort. Erfinde ein eigenes starkes Päckchen.

starke Päckchen

a) $1 \cdot 24$
$3 \cdot 24$
$5 \cdot 24$

b) $1 \cdot 88$
$2 \cdot 44$
$4 \cdot 22$

c) $2 \cdot 81$
$4 \cdot 81$
$6 \cdot 81$

d) $9 \cdot 110$
$7 \cdot 111$
$5 \cdot 112$

e) $1 \cdot 125$
$3 \cdot 125$
$5 \cdot 125$

f)

1 bis **3** Verschiedene Rechenwege vergleichen.
Rechenstrategien (Verdoppeln, Halbieren, Nachbaraufgaben) besprechen.

1  Wie viele Zimmer müssen bestellt werden?

Mit 96 Kindern fährt die Burgschule ins Schullandheim. Immer vier Kinder sollen ein Zimmer belegen.

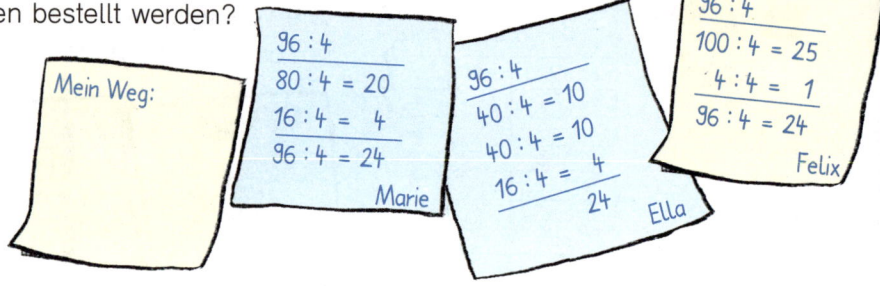

Mein Weg:

Marie
96 : 4
80 : 4 = 20
16 : 4 = 4
96 : 4 = 24

Ella
96 : 4
40 : 4 = 10
40 : 4 = 10
16 : 4 = 4
24

Felix
96 : 4
100 : 4 = 25
4 : 4 = 1
96 : 4 = 24

2 Wie rechnest du? Vergleicht miteinander.

a) 104 : 4   b) 52 : 4   c) 72 : 3   d) 75 : 3   🐝 e) 96 : 8

3  Wie rechnest du? Vergleicht miteinander.

a)	b)	c)	d)	e)	f)
88 : 4	84 : 7	95 : 5	560 : 5	153 : 3	196 : 4
92 : 4	84 : 6	100 : 5	672 : 6	172 : 4	186 : 6
48 : 3	96 : 8	110 : 5	784 : 7	198 : 6	195 : 5
45 : 3	96 : 6	120 : 5	896 : 8	145 : 5	219 : 3

12 12 14 15 15 16 16 19 20 22 22 23 24 29 31 33 39 43 49 51 73 112 112 112 112

4 Wie oft im **Monat** müssen die Kinder gefahren werden?

a) Tim hat sich zum Basketballtraining und für die Klavierstunde angemeldet. Nun muss ihn seine Mutter im neuen Schuljahr insgesamt 108-mal fahren.

b) Tims großer Bruder muss noch öfter gefahren werden: 144-mal im Schuljahr.

Ein Schuljahr hat etwa 9 Monate.

🐝 c) Zu welchem Hobby musst du gefahren werden? Wie oft im Monat?

5

a)
57 : 3
87 : 3
117 : 3
147 : 3

b)
76 : 4
116 : 4
156 : 4
196 : 4

c)
114 : 6
174 : 6
234 : 6
294 : 6

d) Welches Päckchen hat Lotta beschrieben? Ergänze.

„Der Dividend wird immer um 40 größer. Ich dividiere immer durch dieselbe Zahl. Deshalb wird der Quotient _____."

e) Erfindet ein eigenes Päckchen. Lasst es den Partner beschreiben.

6 🐝  Setze fort. Erfinde ein eigenes starkes Päckchen.

a)
68 : 4
76 : 4
84 : 4
92 : 4
100 : 4

b)
132 : 3
141 : 3
150 : 3
159 : 3
168 : 3

c)
150 : 6
162 : 6
174 : 6
186 : 6

d)
147 : 7
168 : 7
189 : 7
210 : 7

e)
117 : 9
135 : 9
153 : 9
171 : 9

f)
248 : 4

In 24 Stunden um die Erde.

In 3 Tagen um die Erde.

1 Wie viele Bilder sendet Meteosat-9
a) an einem Tag?
b) in einer Woche?
c) in einem Monat (4 Wochen)?

METEOSAT-9
– europäischer Wettersatellit. Vier Bilder in der Stunde.
Eine Erdumkreisung: 1 Tag

2 Der Messsatellit untersucht 84 Tage das Sternbild „Großer Wagen". Wie oft umläuft er dabei die Erde?

Messsatellit
Ein Erdumlauf: 3 Tage

Messaufgaben:
– Strahlung im Weltraum
– Bewegung der Sterne

3 Welche Rechengeschichten passen zu den Aufgaben?

a) $9 \cdot 24 = \underline{\hspace{1cm}}$

A Von 24 Wettersatelliten sind schon 9 abgestürzt. Wie viele sind übrig?

B Europa hat 9 Wettersatelliten gestartet, Amerika 24 Wettersatelliten. Wie viele Satelliten sind es zusammen?

C In 9 Tagen wird der Satellit abgeschaltet. Wie viele Stunden kann er noch Bilder senden?

b) $198 : 3 = \underline{\hspace{1cm}}$

A Seit 198 Tagen und 3 Stunden beobachtet der Messsatellit die Sterne.

B 198 Messsatelliten umkreisen die Erde. In zehn Jahren sollen es dreimal so viele sein.

C Der Satellit bewegt sich seit 198 Tagen um die Erde. 3 Tage braucht er für einen Umlauf. Dabei hat er schon viele Umläufe geschafft.

4 Multipliziere im Kopf.

a)	b)	c)	d)	e)	f)
$3 \cdot 50$	$4 \cdot 30$	$5 \cdot 40$	$6 \cdot 50$	$7 \cdot 60$	$9 \cdot 80$
$3 \cdot 2$	$4 \cdot 3$	$5 \cdot 5$	$6 \cdot 8$	$7 \cdot 8$	$9 \cdot 7$
$3 \cdot 52$	$4 \cdot 33$	$5 \cdot 45$	$6 \cdot 58$	$7 \cdot 68$	$9 \cdot 87$

5 Dividiere im Kopf.

a)	b)	c)	d)	e)	f)
$60 : 3$	$80 : 4$	$50 : 5$	$30 : 3$	$120 : 3$	$280 : 7$
$9 : 3$	$4 : 4$	$15 : 5$	$15 : 3$	$21 : 3$	$21 : 7$
$69 : 3$	$84 : 4$	$65 : 5$	$45 : 3$	$141 : 3$	$301 : 7$

6
a)	b)	c)	d)	e)	f)
$3 \cdot 12$	$6 \cdot 21$	$2 \cdot 35$	$3 \cdot 22$	$7 \cdot 14$	$4 \cdot 25$
$4 \cdot 13$	$4 \cdot 31$	$2 \cdot 45$	$6 \cdot 32$	$7 \cdot 15$	$6 \cdot 25$
$5 \cdot 14$	$8 \cdot 41$	$2 \cdot 55$	$9 \cdot 32$	$7 \cdot 16$	$8 \cdot 25$

36 52 66 70 70 90 98 100 105 110 112 124 125 126 150 192 200 288 328

7
a)	b)	c)	d)	e)	f)
$48 : 4$	$33 : 3$	$88 : 8$	$100 : 5$	$217 : 7$	$366 : 6$
$52 : 4$	$66 : 3$	$88 : 4$	$75 : 5$	$213 : 3$	$426 : 6$
$56 : 4$	$99 : 3$	$88 : 2$	$150 : 5$	$212 : 4$	$546 : 6$

11 11 12 13 14 15 20 22 22 30 31 33 35 44 53 61 71 71 91

3 Entscheiden, begründen, rechnen, antworten. **6** und **7** Im Kopf oder halbschriftlich lösen.

1

Auf meiner Geburtstagsfeier gingen wir zur Eisdiele. Eine Kugel Eis kostete 65 ct. Jeder durfte sich eine Kugel aussuchen. Wir waren 9 Kinder.

Jenni

Wir Ganztagskinder sind jeden Tag 8 Stunden in der Schule.
a) Im Juni mussten wir 18 Tage zur Schule. Wie viele Stunden waren das?
b) Im Juli waren wir nur 7 Tage in der Schule. Wie viele Stunden waren es im Juli weniger als im Juni?

Simon

In unserer Klasse sammeln wir pro Woche 2 € Kakaogeld ein.
a) Wie teuer ist eigentlich ein Kakao?
b) Milch kostet pro Woche nur 1,80 €. Wie viel ct weniger sind das am Tag?

Robin

Ich habe inzwischen 375 Fußballbilder in 5 Sammelkisten. Wie viel sind in jeder Kiste?

Arthur

Bei Blumen Bollmann kostet eine Rose 95 ct. Wenn ich für Mama zum Geburtstag 5 gelbe Rosen kaufe, komme ich dann mit meinen 4,80 € aus?

Lenni

2 a) 235 / 47 / 5 / 8 / 40
b) 65 / 4 / 9
c) 108 / 6 / 9
d) 474 / 7 / 6
e) 532 / 3 / 4

3 a) 294 / 3 / 7
b) 464 / 5 / 8
c) 105 / 7 / 35
d) 126 / 6 / 24
e) 275 / 5 / 15

4 zum Knobeln
a) 24 / 16 / 6
b) 63 / 36 / 28
c) 40 / 72 / 45
d) 56 / 84 / 96

W

5 Kann das stimmen?

Erkennt ihr es, ohne zu rechnen?
Erklärt die Fehler.

a) 45 − 43 = 3
67 − 48 = 18
52 − 20 = 32
66 − 76 = 10

b) 52 − 25 = 37
73 − 9 = 74
100 − 66 = 44
60 − 23 = 47

2 bis 4 Multiplizieren und dividieren, auch halbschriftlich. Kopiervorlagen nutzen. 5 Eine Aufgabe ist richtig gelöst.

1 Hier haben sich Kinder Rätsel für ihre Klasse ausgedacht.

In unserer Klasse sind 4 Jungen weniger als Mädchen. Die Anzahl der Mädchen ist eine Achterzahl, die Anzahl der Jungen ist eine Dreierzahl.

Wie viele Kinder sind in unserer Klasse?

Marie

Pit fährt heute mit dem Schulbus. Es sitzen schon 16 Personen im Bus. Es sind dreimal so viele Frauen wie Männer. Alle anderen sind Schüler.

Wie viele Frauen, Männer und Schüler könnten es sein?

Arnold

In meiner Klasse ist die Anzahl der Kinder mit einem Haustier um 3 kleiner als die Anzahl der Kinder ohne Haustier. Die Anzahl der Kinder mit Haustier ist eine Viererzahl, die Anzahl der Kinder ohne Haustier eine Fünferzahl.

Wie viele Kinder haben ein Haustier?

Felix

2

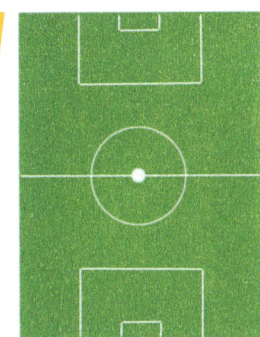

Moritz ist Fußballfan. Er überlegt: „18 Mannschaften spielen in der 1. Bundesliga. In einer Saison spielt jede Mannschaft zweimal gegen jede andere Mannschaft, einmal zu Hause und einmal auswärts. Bei einem Sieg bekommt die Mannschaft drei Punkte, bei Unentschieden einen Punkt." Überlege, welcher Satz stimmt.

A Jede Mannschaft muss in einer Saison 36-mal spielen.

B Wenn man alle Spiele gewinnt, ist man auf jeden Fall deutscher Meister.

C 13 Siege, 12 Unentschieden und 9 verlorene Spiele bringen 50 Punkte.

3 a)
Lege drei Hölzer so um, dass vier gleich große Quadrate entstehen.

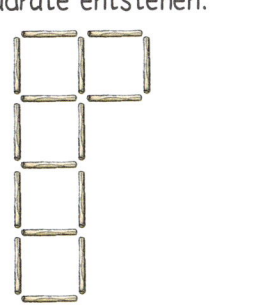

b)
Nimm fünf Hölzer weg. Es sollen drei gleich große Quadrate übrig bleiben.

c)
Lege zwei Hölzer bei diesem Haus so um, dass du elf Quadrate erhältst.

4 Wie heißen diese Zahlen?

a)

Sie liegen zwischen 900 und 1000. Ihre Ziffern ergeben zusammen 20.

b)

Sie liegt zwischen 500 und 700. Sie ist ungerade. Alle Ziffern sind gleich.

c)

Sie liegen zwischen 450 und 550. Der Abstand zwischen ihnen ist 98.

1 Mit Hilfe von Tabellen lösen. **3** Material legen. c) Große und kleine Quadrate zählen. **4** a) Viele Lösungen.

1 a)

In einem Kindergeschäft sollen 27 Blumen gleichmäßig auf 6 Schaufenster geklebt werden.

27 : 6 = 4 Rest ____

b)

78 Jacken sollen gleichmäßig auf 5 Garderobenständer verteilt werden.

78 : 5 = ____ Rest ____

2 Verteile immer an 6 Kinder.

a)

100 Karten

b)

85 Karten

c)

77 Karten

d)

140 Karten

3 Setze fort. Erkläre.

a)
66 : 3
67 : 3
68 : 3
69 : 3
70 : 3
71 : 3

b)
72 : 4
74 : 4
76 : 4
78 : 4
80 : 4
82 : 4

c)
81 : 5
78 : 5
75 : 5
72 : 5
69 : 5

d)
84 : 2
94 : 3
104 : 4
115 : 5

e)
48 : 2
48 : 3
48 : 4

4
a) 120 : 10
   120 : 9
   120 : 8

b) 125 : 7
   135 : 6
   145 : 5

c) 110 : 7
   110 : 6
   110 : 5

d) 500 : 5
   500 : 6
   500 : 7

e) 200 : 5
   200 : 6
   200 : 7

f) 250 : 8
  250 : 9
  250 : 10

W

5 a)

b)

1 Evtl. Schüler beim Erarbeiten aufmalen lassen.

1 Hanna hat ein neues Kartenspiel bekommen. Es besteht aus 48 Karten. Nun überlegt sie, mit wie vielen Kindern sie in einer Runde spielen kann. In jedem Spiel müssen immer alle Karten gerecht auf alle Mitspieler verteilt werden.

Anzahl der Mitspieler	Anzahl der Karten für jeden Mitspieler
2	
3	
4	
5	
6	
8	

Übertrage die Tabelle in dein Heft und fülle sie aus.
Welche Anzahl an Mitspielern ist am günstigsten? Begründe deine Meinung.

2 Wie viele Karten müssten es sein, um sie gerecht an 2, 5, 10 oder 100 Kinder zu verteilen? Schreibe deine Ideen auf.

> Eine Zahl ist durch **2** teilbar, wenn sie eine gerade Zahl ist.

> Eine Zahl ist durch **5** teilbar, wenn sie an der Einerstelle eine 5 oder eine 0 hat.

> Eine Zahl ist durch **10** teilbar, wenn an der Einerstelle eine 0 steht.

> Eine Zahl ist durch **100** teilbar, wenn an der Zehner- und Einerstelle jeweils eine 0 steht.

3 Überlege bei jeder Aufgabe vorher, ob ein Rest entsteht.

a) 120 : 2
120 : 5
120 : 10
120 : 100

b) 250 : 2
250 : 5
250 : 10
250 : 100

c) 500 : 100
500 : 10
500 : 5
500 : 2

d) 880 : 100
880 : 10
880 : 5
880 : 2

e) 1 000 : 5
1 000 : 10
1 000 : 2
1 000 : 100

f) 124 : 2
126 : 5
128 : 10
130 : 100

g) 305 : 2
310 : 5
315 : 10
320 : 100

h) 411 : 100
422 : 10
433 : 5
444 : 2

i) 148 : 2
248 : 5
348 : 10
448 : 100

j) 600 : 100
700 : 10
860 : 5
999 : 2

4

a) Meine Zahl ist durch 5 und durch 2 teilbar. Sie ist kleiner als 70 und größer als 50.

b)  Meine Zahl ist durch 5 und durch 10 teilbar. Sie ist größer als 500 und kleiner als 520.

c) Meine Zahl ist ohne Rest teilbar durch 5, durch 2 und durch 100. Sie ist kleiner als 200.

d)  Meine Zahl kann ich ohne Rest durch 2, 5, 10 und 100 teilen. Die Zahl ist größer als 800 und kleiner als 1 000.

18 Mannschaften spielen in
der 2. Fußballbundesliga.
Bei einem **Sieg** bekommt
eine Mannschaft **drei Punkte**,
bei **Unentschieden einen Punkt.**

Ergebnisse vom 13. Spieltag			
FC Köln	:	MSV Duisburg	0 : 0 (0 : 0)
SV Sandhausen	:	Hertha BSC	1 : 6 (0 : 2)
Erzgebirge Aue	:	Eintracht Braunschweig	1 : 1 (0 : 1)
SC Paderborn 07	:	1. FC Kaiserslautern	1 : 1 (0 : 0)
1. FC Union Berlin	:	VfR Aalen	0 : 0 (0 : 0)
FSV Frankfurt	:	TSV 1860 München	0 : 1 (0 : 1)
Energie Cottbus	:	Dynamo Dresden	2 : 0 (2 : 0)
FC Ingolstadt 04	:	SSV Jahn Regensburg	4 : 2 (0 : 1)
FC St. Pauli	:	Vfl Bochum	1 : 1 (1 : 0)

1 a) Könnt ihr die Fragen beantworten? Ja oder nein. Notiert die passenden Antworten mit Ergebnissen.

> A Welche Mannschaften haben am 13. Spieltag gewonnen?
>
> B Welcher Spieler hat die meisten Tore geschossen?
>
> C Bei welchen Spielen wurden die wenigsten Tore geschossen?
>
> D Welche Mannschaften haben in der 2. Halbzeit mehr Tore geschossen?
>
> E Welche Mannschaft hat in dieser Saison am meisten unentschieden gespielt?
>
> F Wie viele Punkte erhält eine Mannschaft bei einem Sieg?

b) Findet weitere Fragen, die ihr beantworten könnt.

2 Eintracht Braunschweig gewann **neun** Spiele und **vier** Spiele waren unentschieden.
a) Wie viele Punkte hat die Mannschaft erhalten?

b) Verändert die Aufgabe mit eigenen Zahlen.

> Energie Cottbus gewann _____ Spiele und _____ Spiele waren unentschieden.

Wie viele Punkte bekam die Mannschaft?

c) Verändert die Aufgabe so, dass Energie Cottbus acht Punkte erhielt.

> Energie Cottbus gewann _____ Spiele und _____ Spiele waren unentschieden.

d) Verändert die Aufgabe so, dass Energie Cottbus zwölf Punkte erhielt.

> Energie Cottbus gewann _____ Spiele und _____ Spiele waren unentschieden.

e) Verändert die Aufgabe so, dass Energie Cottbus 21 Punkte erhielt.
Dabei hat die Mannschaft doppelt so viele gewonnene Spiele wie unentschiedene Spiele.

3 Im Training schießt Nick 30-mal auf das Tor und trifft davon 15-mal. Bijan
schießt 40-mal und erzielt 17 Tore. Wer ist der bessere Torschütze? Begründet.

W

4 Welche Zehnerzahlen könnten es sein?

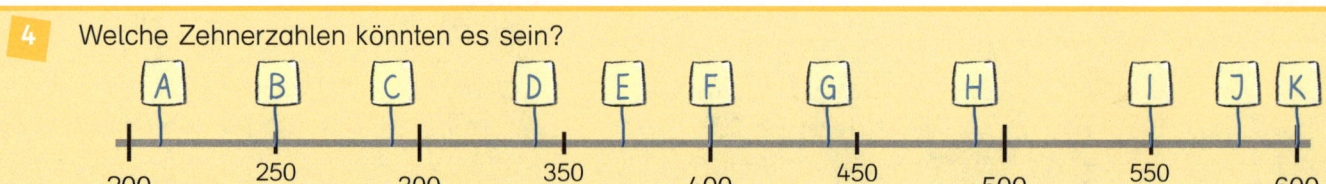

1 Zwei Fragen können nicht beantwortet werden.

2 Aufgaben variieren in Bezug auf das Ergebnis. b) Offene Aufgabe. c) und d) Mehrere Lösungen möglich.

Das ist die Familie Uthe.

Ich bin schon 15 Jahre alt.

Ich bin erst zehn Jahre.

Herr Uthe   Frau Uthe   Sven   Pia

Eintrittspreise im Stadion

Sitzplatz

Erwachsene: 27 €

Kinder bis 14 Jahre: 10 €

Stehplatz

Erwachsene: 12 €

Kinder bis 14 Jahre: 6 €

5 a) Könnt ihr die Fragen beantworten? Ja oder nein. Notiert die passenden Antworten mit Ergebnissen.

A Wie viel bezahlen Erwachsene für einen Sitzplatz?

B Wie teuer ist ein Stehplatz für 9-jährige Kinder?

C Wie viel muss Herr Alt für sich und seine Kinder bezahlen?

D Wie viel müssen zwei Erwachsene für einen Stehplatz bezahlen?

E Wie viel kostet der Sitzplatz für Sven Uthe?

F Wie viele Personen der Familie Uthe sind älter als 14 Jahre?

b) Findet weitere Fragen, die ihr beantworten könnt.

6 Findet eine Frage, rechnet und antwortet.

a) Familie Uthe wählt Sitzplätze.

b) Die befreundete Familie Wichmann kommt mit ins Stadion.
Sie wählt Stehplätze.

Ich bin zwölf Jahre alt.

Ich bin acht Jahre alt.

c) Stellt euch vor, ihr geht mit eurer Familie ins Stadion. Wie viel müsst ihr bezahlen?

7 a) Faruk ist mit seinen zwei Freunden im Stadion. Alle Kinder sind unter 14 Jahren.
Sie nehmen Sitzplätze. Wie viel müssen sie bezahlen?

b) Verändert die Aufgabe so, dass der Eintritt insgesamt mehr als 60 € kostet.

_____ ist mit seinen _____ Freunden im Stadion. Alle Kinder sind unter 14 Jahren.

Sie nehmen Sitzplätze. Sie müssen _____ € bezahlen.

W

8 Welche Zehnerzahlen könnten es sein?

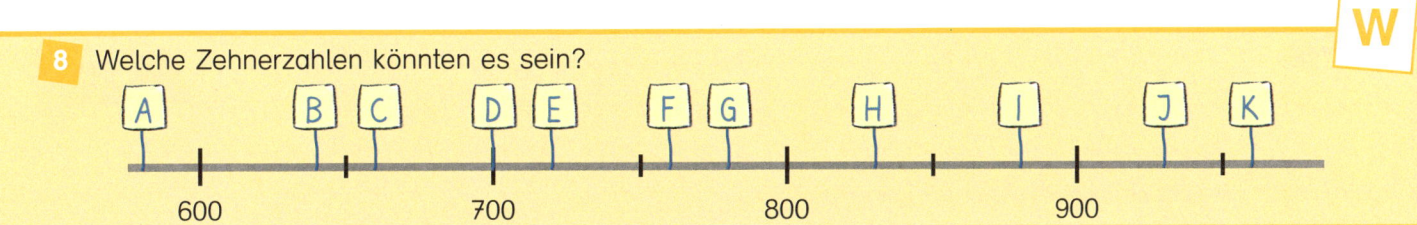

A   B C   D E   F G   H   I   J K

600   700   800   900

5 Eine Frage kann nicht beantwortet werden. 7 Aufgaben variieren in Bezug auf das Ergebnis.

Softbälle 7 €

Balancierscheibe 35 €

Springseil 6 €

Jojo 4 €

Paar Stelzendosen 8 €

Gummitwist 5 €

Tischtennisschläger 9 €

Moonhopper 18 €

1 Mehrere Klassen der Waldschule möchten neue Softbälle kaufen.
Legt eine **Preistabelle** an.
Erklärt, wie ihr die Preise herausfindet.

Softbälle	Preis
1	7 €
2	14 €
3	21 €
4	
6	
10	
9	

4 · 7 €

21 + 7

2 · 14 €

2 Lege jeweils eine Preistabelle an.

a)
Springseile	Preis
1	6 €
2	
4	
5	30 €
10	

b)
Gummitwiste	Preis
1	
2	
4	
5	
10	

c)
Jojos	Preis
1	
2	
5	
10	
20	

d) Die Waldschule hat 200 €. Was könnte sie kaufen? Nutze die Preistabellen.

3 Zu welchen Pausenspielen passen diese Preistabellen? Rechne.

a)
____	Preis
1	
2	16 €
4	32 €
8	

b)
____	Preis
1	
2	18 €
5	
10	

c)
____	Preis
1	
2	36 €
4	
6	

d)
____	Preis
1	
2	70 €
9	
10	

4 Sucht weitere Spielgeräte und deren Preise in Katalogen, Geschäften oder im Internet.
Legt jeweils eine Preistabelle an.

5 Wer ist wer? Ordne die Spielgeräte zu.

zum Knobeln   Probiere   Radiere

Das linke Kind hat Stelzen.
Karlo mag kein Tischtennis.
Pedro hat keine Stelzen.
Enno spielt nicht mit Jojos, aber Tischtennis.
Pedro steht rechts neben Enno.

A    B    C

Name: _____   _____   _____

Spiel: _____   _____   _____

1 bis 3 Begriff „Preistabelle" klären. Feststellen: Der Preis wächst im gleichen Verhältnis wie die Menge (proportional), falls es keinen Mengenrabatt gibt. Strategien besprechen. Kopiervorlage. 4 Offene Aufgabe. 5 Logical.

1

Jonas Silke Anna Silke Jonas Anna

Erzähle – frage – antworte.

2 Ordne die Kinder nach der Masse. Beginne mit dem leichtesten Kind.

a)

Heike Mario Kathrin Heike Yvonne Sven Nicole Sven

3 Ordne nach der Masse. Beginne mit dem schwersten Kind.

a) Kathrin wiegt mehr als Ines. Ines wiegt mehr als Peter.
b) Patrik wiegt weniger als Kevin. Kevin wiegt weniger als Max.
c) Petra wiegt mehr als Henrike. Petra wiegt weniger als Lara.
d) Markus wiegt weniger als Lisa. Oliver wiegt mehr als Lisa.

> Welche Waage ist im Gleichgewicht?

4 Vergleicht die Masse der Ranzen. Begründet.

a)

Nico
Felix

b)

Ida Emma

c)

Jan Luis

5

> Das Mäppchen wiegt genauso viel wie 5 Hefte.

Wiegt mit Heften:
a) das Lesebuch   d) das Tafellineal
b) einen Malkasten   e) den Zeigestab

c) ein Pausenbrot   f) den Tafellappen

W

6 Setze das Muster fort. Übertrage in dein Heft.

a)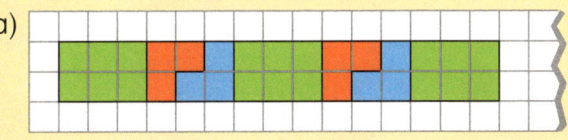

b)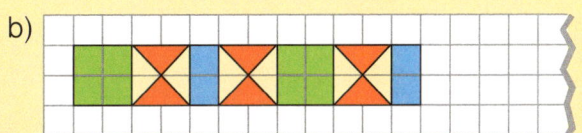

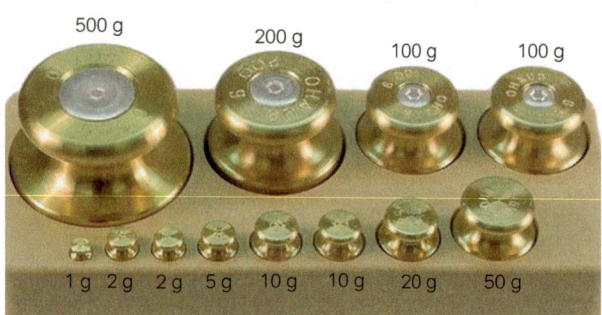

500 g 200 g 100 g 100 g

1 g 2 g 2 g 5 g 10 g 10 g 20 g 50 g

1 Legt alle Wägestücke auf die Waage.
Wie schwer ist der ganze Wägesatz?

Einheiten der Masse
1000 Gramm = 1 Kilogramm
1000 g = 1 kg

Ich schätze …

2 Partnerarbeit:
a) Vergleicht mit geschlossenen Augen
je zwei Wägestücke.
b) Ordnet mit geschlossenen Augen
vier verschiedene Wägestücke.

3 a) Sucht Gegenstände in der Klasse,
die weniger als 1 kg wiegen.
b) Wiegt genau und schreibt auf.
c) Ordnet die Masseangaben.

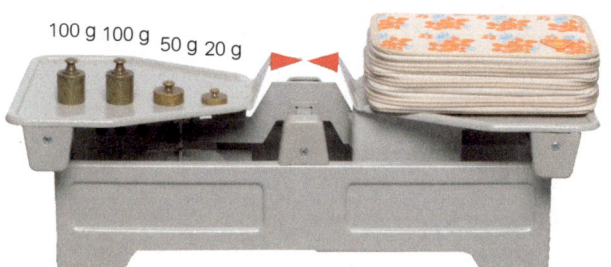

100 g 100 g 50 g 20 g

4 Schreibt immer die Masse auf.
a) Wie schwer ist diese Federmappe?

a) 100 g + 100 g + 50 g +

b) Wie schwer ist deine Federmappe?
c) Wiegt eure Hefte und Bücher,
auch mehrere Mathebücher.

5 Wie schwer sind die Lebensmittel?

a)

500 g 100 g 20 g

b)

500 g 200 g 200 g 20 g

c)

500 g 200 g 50 g

d)
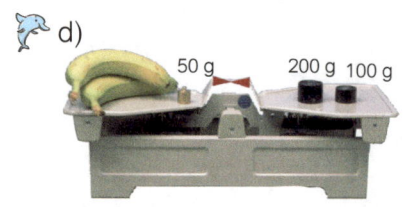
50 g 200 g 100 g

e)

20 g 500 g 100 g

f)
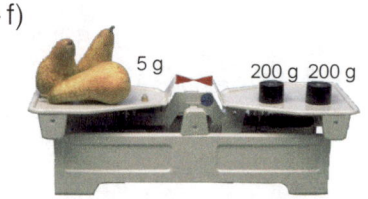
5 g 200 g 200 g

6 Solche Lebensmittel
werden oft gekauft.

Stimmen die
Angaben?
Wiegt nach.

2 g

Typische Gewichte!

100 g   250 g BIO BUTTER

500 g Marken JodSalz

1 kg Bio Weizenmehl

Gramm und Kilogramm als Einheiten der Masse einführen.
1 Addieren und an der Waage überprüfen. **5** Auch andere Lebensmittel wiegen.
6 Gängige Repräsentanten für Standardeinheiten der Masse einprägen.

1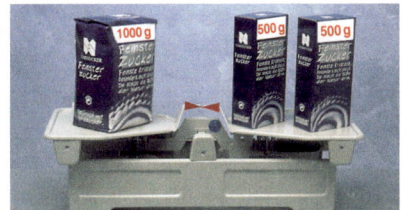

$\frac{1}{2}$ kg = 500 g

Findest du Lebensmittel, die $\frac{1}{2}$ kg schwer sind?

$\frac{1}{2}$ kg = 1 Pfund

$\frac{1}{2}$ Pfund = _____

2 < oder = oder >.

a) 100 g ◯ $\frac{1}{2}$ kg
150 g ◯ $\frac{1}{2}$ kg
250 g ◯ $\frac{1}{2}$ kg
700 g ◯ $\frac{1}{2}$ kg
450 g ◯ $\frac{1}{2}$ kg

b) 700 g ◯ 1 kg
450 g ◯ $\frac{1}{2}$ kg
600 g ◯ $\frac{1}{2}$ kg
1000 g ◯ 1 kg
550 g ◯ $\frac{1}{2}$ kg

c) 1 kg ◯ 500 g
$\frac{1}{2}$ kg ◯ 505 g
1 kg ◯ 980 g
$\frac{1}{2}$ kg ◯ 498 g
1 $\frac{1}{2}$ kg ◯ 800 g

d) 2 kg ◯ 2000 g
1 $\frac{1}{2}$ kg ◯ 1500 g
2 $\frac{1}{2}$ kg ◯ 3000 g
10 kg ◯ 900 g
2 kg ◯ 1000 g

3 a)    b)    c) 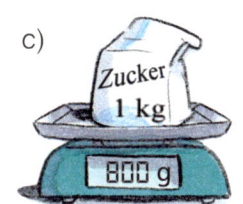   d)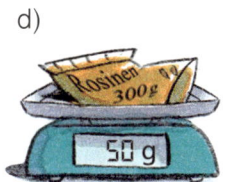

Alle Packungen waren voll. Dann haben Ali und Tim einen Kuchen gebacken.
Wie viel Gramm Mehl, Butter, Zucker und Rosinen verbrauchten sie dafür?

4 Wie viel Gramm fehlen?

a)

1 kg	750 g	50 g	980 g	976 g	400 g	360 g	355 g	55 g	80 g	180 g	90 g

b)

$\frac{1}{2}$ kg	150 g	350 g	375 g	335 g	185 g	145 g	50 g	95 g	195 g	188 g	75 g

5

a) 60 g + __ g = 1 kg
160 g + __ g = 1 kg
165 g + __ g = 1 kg
265 g + __ g = 1 kg
665 g + __ g = 1 kg

b) 95 g + __ g = 1 kg
295 g + __ g = 1 kg
690 g + __ g = 1 kg
720 g + __ g = 1 kg
375 g + __ g = 1 kg

c) 80 g + __ g = $\frac{1}{2}$ kg
180 g + __ g = $\frac{1}{2}$ kg
380 g + __ g = $\frac{1}{2}$ kg
408 g + __ g = $\frac{1}{2}$ kg
458 g + __ g = $\frac{1}{2}$ kg

d) 25 g + __ g = $\frac{1}{2}$ kg
225 g + __ g = $\frac{1}{2}$ kg
275 g + __ g = $\frac{1}{2}$ kg
315 g + __ g = $\frac{1}{2}$ kg
415 g + __ g = $\frac{1}{2}$ kg

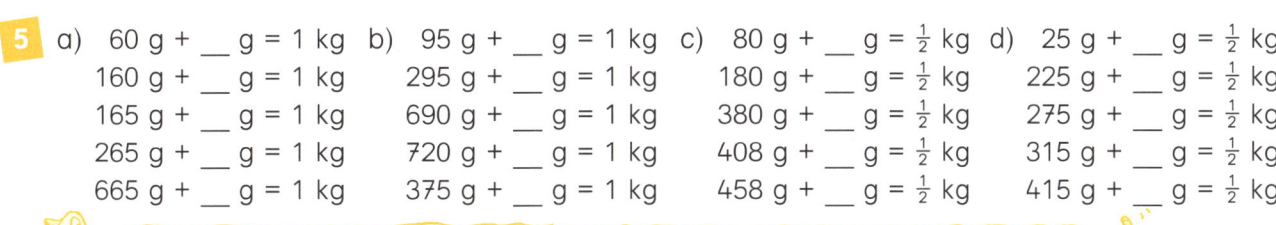

42 85 92 95 120 185 225 275 280 310 320 335 420 475 625 705 735 835 840 905 940

6

Diese Papiertüte reißt bei mehr als 3 kg.

Alex packt ein. Was kann er in die Tüte packen?

6 Addieren. Mehrere Lösungen möglich.

1

Kann das stimmen?

a) So wiege ich nur noch die Hälfte.

b) Ich wiege 32 kg, mein Koffer 9 kg.

c) Ich wiege 31 kg und mein Hund 43 kg.

d) Jetzt bin ich halb so schwer.

2 Ordne zu und schreibe auf.

A   B   C

D   E

F   G   H

3 ½ kg   75 g

26 kg   1 g

1 kg   13 kg

100 g   390 g

| A | 1 g |
| B | |

3 Wie viel wiegt **eine** Kugel? Rechne und antworte.

a)

b)

c)

4 Wie viel wiegt der Würfel? Rechne und antworte.

5 Welches Tier gehört wem? Ordne die passende Masse zu.

Tim hat keine Katze, sein Tier ist 15 kg schwer.
Lenas Tier ist am leichtesten und wiegt 20 g.
Kais Tier wiegt 8 kg und frisst gerne Mäuse.

A    B    C

1 Teilweise Scherzaufgaben. 5 Logical.

1

Vergleicht eure Schultaschen.
a) Wer hat die schwerste Schultasche der Klasse?
b) Wer hat die leichteste?
c) Wer hat die schwerste leere Schultasche?
d) Wer hat die leichteste leere Schultasche?

Ich wiege 31 kg.

... ungefähr 3 kg erlaubt.

2

Mach mit – jeden Tag Ranzen TÜV
Dein Ranzen darf höchstens ____kg wiegen.

Unsere Schulärztin sagt:
„Die Schultasche darf nicht zu schwer sein!
Sie soll nicht schwerer sein
als der **zehnte Teil** deiner Masse."

Ranzen TÜV:
• Wie schwer bist du?
• Wie schwer darf dein Ranzen ungefähr sein?

3 Wie schwer darf der Ranzen ungefähr sein?
a) Marie wiegt 19 kg.   b) Lukas wiegt 22 kg.   c) Maximilian wiegt 27 kg.
d) Leon wiegt 33 kg.   e) Sophie wiegt 36 kg.   f) Leonie wiegt 20 kg.

4

Entscheide, was du einpacken kannst,
damit dein Ranzen den Tüv besteht.

Forschungs-auftrag

W

5 Was passt zusammen? Ordne zu und schreibe auf.

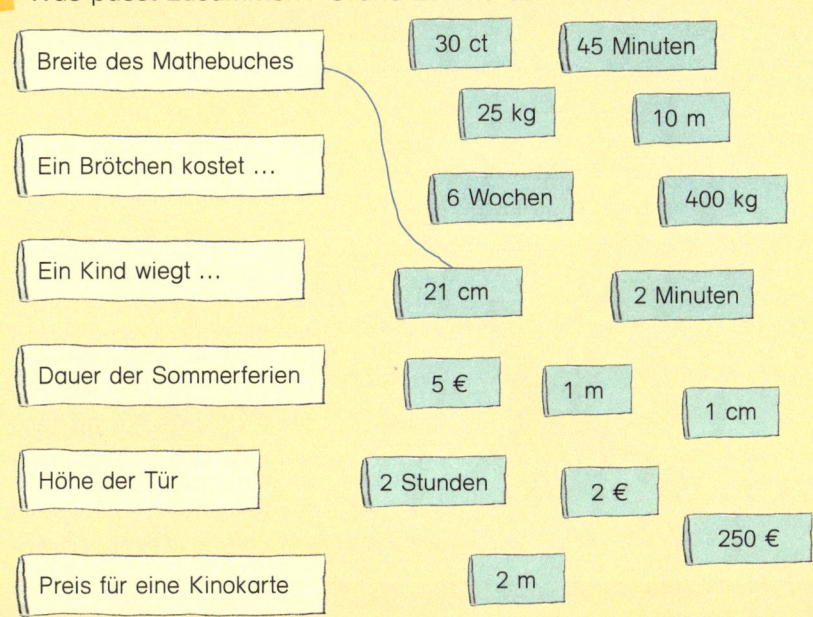

Breite des Mathebuches	30 ct
	45 Minuten
	25 kg
	10 m
Ein Brötchen kostet ...	6 Wochen
	400 kg
Ein Kind wiegt ...	21 cm
	2 Minuten
Dauer der Sommerferien	5 €
	1 m
	1 cm
Höhe der Tür	2 Stunden
	2 €
	250 €
Preis für eine Kinokarte	2 m

Ein Pferd wiegt ...

Eine Unterrichtsstunde dauert ...

Breite eines Fingers

Ein Fahrrad kostet ...

Dauer des Zähneputzens

Länge des Klassenzimmers

6 456 281 547 329   74 254 197 453

355	403	413	478	526
530	535	583	621	653
710	734	744	782	801
909	1000			

1 Welche Rechengeschichte passt?

a)

$$85 \text{ kg} - 10 \text{ kg} = \_\_ \text{ kg}$$

A Anna und Tina wiegen zusammen 85 kg. Nach einem Jahr wiegen sie zusammen 10 kg mehr.

B Papa wiegt 85 kg. Er nimmt pro Woche 2 kg ab. Er wiegt sich wieder nach 5 Wochen.

C Herr Keller wiegt 85 kg. Sina wiegt halb so viel.

b)

$$18 \text{ kg} : 2 = \_\_ \text{ kg}$$

A Familie Meyer lagert 18 kg Kartoffeln ein. Sie isst jeden Tag 2 kg davon.

B Die Biotonne mit Gartenabfall wiegt 18 kg. Mama wirft noch 2 kg Biomüll hinein.

C Anna wiegt 18 kg. Ihr Dackel Aro wiegt halb so viel.

c)

$$2 \cdot 30 \text{ kg} = \_\_ \text{ kg}$$

A Paul und Ali wiegen zusammen 30 kg.

B Moni wiegt 30 kg. Ihre Mutter wiegt das Doppelte.

C Tim wiegt 30 kg. Sein Freund ist 2 kg schwerer.

2 Welche Rechengeschichte passt?

a)

$$\_\_ \text{ kg} + 110 \text{ kg} = 140 \text{ kg}$$

A Das Gorillababy ist 140 Tage alt und wiegt 110 kg.

B Die Affenmutter klettert mit ihren 140 kg auf einen Baum, der 110 Jahre alt ist.

C Das Gorillababy ist 110 kg leichter als die Affenmutter. Sie wiegt 140 kg.

b)

$$1000 \text{ kg} : 2 = \_\_ \text{ kg}$$

A Eine Giraffe wiegt 1000 kg. Ein Zebra ist halb so schwer.

B Eine Giraffe wiegt 1000 kg. Ein Elefant wiegt doppelt so viel.

C Zwei Giraffen fressen jeweils 1000 kg Futter.

c)

$$180 \text{ kg} + 5 \text{ kg} = \_\_ \text{ kg}$$

A Der Bauer verkauft 5 Schweine. Jedes Schwein wiegt ungefähr 180 kg.

B Ein Schwein wiegt 180 kg. Täglich nimmt es 500 g zu. Nach 10 Tagen wird es gewogen.

C Fünf Ferkel wiegen zusammen 180 kg.

W

3 zum Knobeln

a)
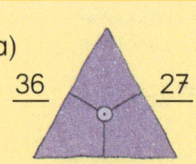
36   27
12

b)
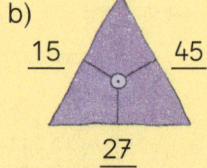
15   45
27

c)
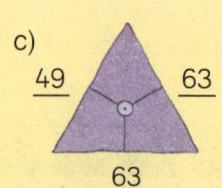
49   63
63

d)
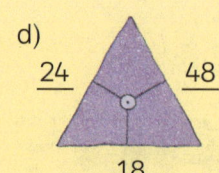
24   48
18

e)
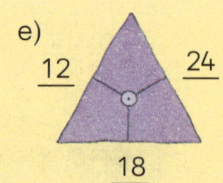
12   24
18

1 und **2** Jeweils eine Rechengeschichte passt. Rechnen und antworten.

1  Rechen-konferenz

Sagt mir schnell, wie viel es ungefähr ist.

227 + 469

Mein Überschlag heißt 200 + 500

Erik

200 + 470

Mia

230 + 470

Paul

Wer ist näher dran?

227 + 469 = 636

Sophie

2  Rechen-konferenz

Entscheide dich für einen der Überschläge. Begründe.

182 + 637	742 + 217	389 + 436	521 + 368
200 + 650	750 + 200	390 + 450	500 + 300
180 + 640	740 + 220	400 + 500	520 + 370
200 + 600	700 + 200	400 + 450	500 + 370

3 Überschlage nur.

a) 348 + 124
   619 + 51
   742 + 38

b) 286 + 318
   113 + 58
   573 + 288

c) 434 + 382
   446 + 253
   227 + 78

d) 126 + 78
   568 + 379
   333 + 144

Schrank 268,–

Schreibtisch 188,–

Moskitonetz 28,–

Hochbett 489,–

Regal 115,–

Stuhl 79,–

Bett 345,–

4 Du hast 800 €. Was würdest du kaufen? Überschlage, wofür das Geld reicht. Vergleicht miteinander.

5 Ben möchte gern ein Hochbett und einen Stuhl kaufen. Er hat 600 € auf seinem Sparbuch.
Reicht das Geld?
a) Entscheidet, wie ihr rechnen wollt. Begründet.

A Erst geteilt, dann minus.   B Erst plus, dann minus.   C Das kann man nicht rechnen.

b) Rechnet nur den Überschlag.

6 Lara möchte einen neuen Schreibtisch.
Oma gibt ihr 90 € dazu. Auf ihrem Sparbuch hat Lara 83 €. Reicht das Geld?
a) Entscheidet, wie ihr rechnen wollt. Begründet.

A Erst plus, dann wieder plus.   B Erst plus, dann minus.   C Das kann man nicht rechnen.

b) Rechnet nur den Überschlag.

1

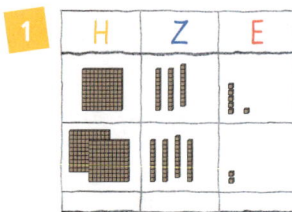
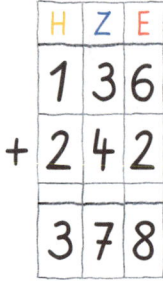

H	Z	E
1	3	6
+2	4	2
3	7	8

Schriftlich addieren

Ich rechne von oben nach unten: 6 E + 2 E

Ich rechne von unten nach oben: 2 E + 6 E

Beginne immer mit den Einern.

a)
H	Z	E
4	3	6
+3	4	2
		8

b)
H	Z	E
6	0	4
+3	8	5

c)
H	Z	E
1	4	2
+	5	6

d)
H	Z	E
4	3	5
+2	3	2

e)
H	Z	E
1	6	3
+7	2	4

f)
H	Z	E
5	0	3
+2	7	2

2 Lege und rechne.

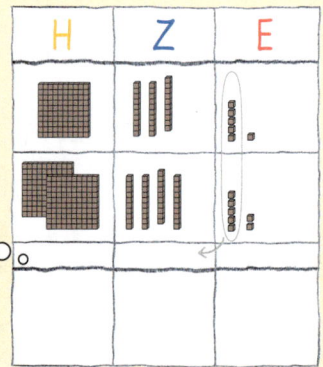

H	Z	E
1	3	6
+2	4	7
3	8	3

10 kleine Würfel können wir gegen eine Zehnerstange tauschen.

Das nennt man schriftliches Addieren.

Übertrag

3

a)
H	Z	E
3	5	6
+3	2	6
	1	
		2

b)
H	Z	E
6	0	4
+3	8	6

c)
H	Z	E
1	4	5
+	3	6

d)
H	Z	E
4	3	5
+2	3	7

e)
H	Z	E
1	6	8
+7	2	4

f)
H	Z	E
5	0	9
+2	7	2

4

a)
H	Z	E
3	5	4
+3	5	4

b)
H	Z	E
4	6	7
+	5	2

c)
H	Z	E
7	3	8
+	8	1

d)
H	Z	E
5	8	7
+3	3	2

e)
H	Z	E
3	8	2
+4	4	4

f)
H	Z	E
	8	7
+8	6	1

5 Schreibe untereinander. Addiere schriftlich.

a) 323 + 94

a)	H	Z	E
	3	2	3
+		9	4
		1	
	4	1	7

328 + 490
326 + 409

427 + 309
525 + 219
368 + 109

b) 374 + 481
74 + 418
374 + 41

83 + 252
293 + 345
174 + 408

c) 406 + 357
46 + 573
460 + 537

370 + 436
507 + 64
606 + 257

d) 614 + 386
614 + 294
614 + 47

523 + 184
426 + 273
146 + 725

320 335 415 417 477 492 571 582 619 638 661 699 707 735 736 744 763 806 818 855 863 871 908 997 1000

1 Diff.: Ohne Übertrag. **2** bis **5** Ein Übertrag.
2 Rechenkonferenz: Probieren und diskutieren, warum es sinnvoll ist, mit den Einern zu beginnen.
3 Zehnerübertrag. **4** Hunderterübertrag.

1

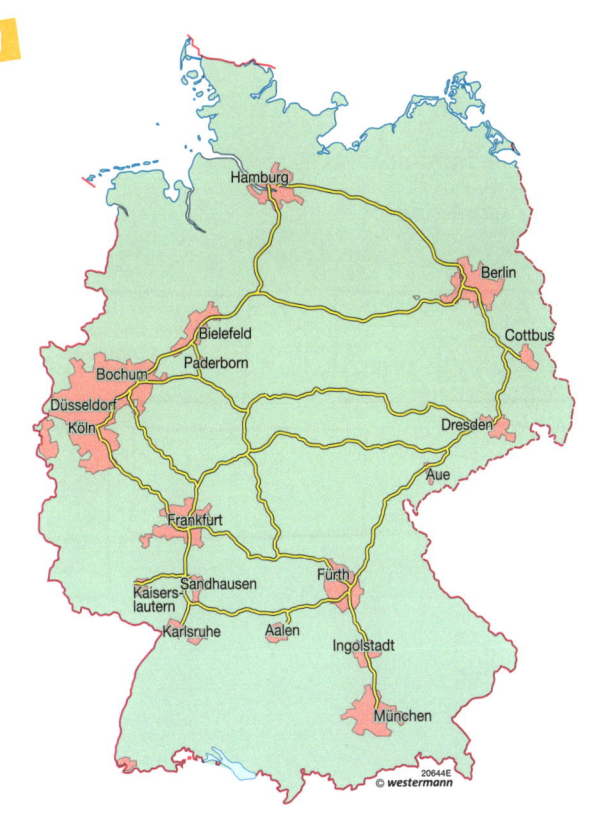

Die Gast-mannschaften müssen fahren.

Spielplan der 2. Bundesliga an diesem Wochenende

	Heimspiel	Gastspiel
Freitag	Fortuna Düsseldorf	TSV 1860 München
Freitag	FSV Frankfurt 1899	VfL Bochum 1848
Freitag	SG Dynamo Dresden	1.FC Union Berlin
Samstag	SC Paderborn 07	1.FC Köln
Samstag	FC Ingolstadt 04	Karlsruher SC
Sonntag	FC St. Pauli	DSC Arminia Bielefeld
Sonntag	SV Sandhausen	FC Energie Cottbus
Sonntag	FC Erzgebirge Aue	VfR Aalen
Montag	SpVgg Greuther Fürth	1.FC Kaiserslautern

Entfernung in km	München	Bochum	Berlin	Köln	Karlsruhe	Bielefeld	Cottbus	Aalen	Kaiserslautern
Düsseldorf	614								
Frankfurt		236							
Dresden			192						
Paderborn				183					
Ingolstadt					326				
Hamburg						251			
Sandhausen							647		
Aue								349	
Fürth									310

a) Wie viele Spiele finden an diesem Wochenende in der Fußball-Bundesliga statt?

b) Welche Mannschaft hat die weiteste Fahrt? Berechne die Strecken der Hin- und Rückfahrten.

2

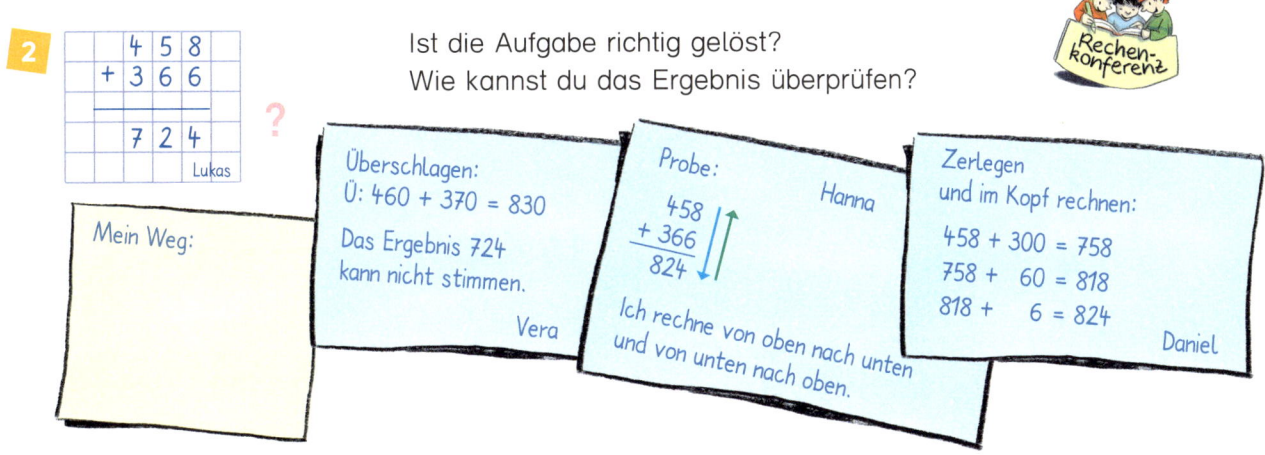

Ist die Aufgabe richtig gelöst?
Wie kannst du das Ergebnis überprüfen?

Rechen-konferenz

```
  4 5 8
+ 3 6 6
-------
  7 2 4
```
Lukas ?

Mein Weg:

Überschlagen:
Ü: 460 + 370 = 830

Das Ergebnis 724 kann nicht stimmen.

Vera

Probe:
```
  458
+ 366
-----
  824
```
Hanna

Ich rechne von oben nach unten und von unten nach oben.

Zerlegen und im Kopf rechnen:

458 + 300 = 758
758 + 60 = 818
818 + 6 = 824

Daniel

3

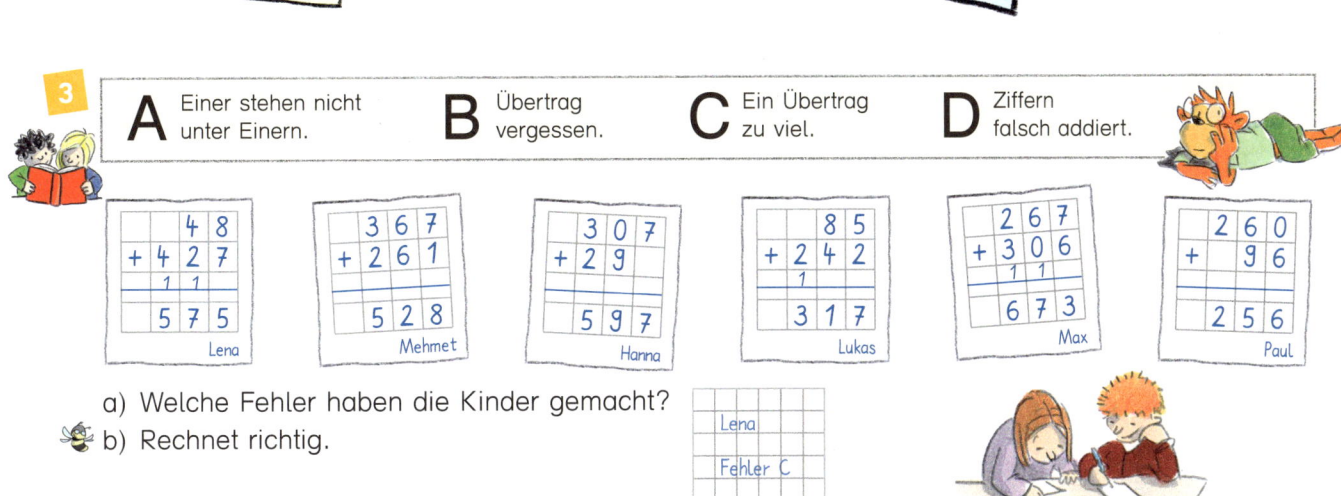

A Einer stehen nicht unter Einern.

B Übertrag vergessen.

C Ein Übertrag zu viel.

D Ziffern falsch addiert.

```
   4 8
+ 4 2 7
   1 1
-------
 5 7 5
```
Lena

```
 3 6 7
+ 2 6 1
-------
 5 2 8
```
Mehmet

```
 3 0 7
+ 2 9
-------
 5 9 7
```
Hanna

```
   8 5
+ 2 4 2
   1
-------
 3 1 7
```
Lukas

```
 2 6 7
+ 3 0 6
   1 1
-------
 6 7 3
```
Max

```
 2 6 0
+   9 6
-------
 2 5 6
```
Paul

a) Welche Fehler haben die Kinder gemacht?

b) Rechnet richtig.

Lena	
Fehler C	

1  1 2 3 4 5 6

a) Legt mit diesen Ziffernkarten dreistellige Zahlen. Addiert sie.

b) Vertauscht die Karten so, dass sich die Summe ändert.

c) Vertauscht so, dass sich die Summe nicht ändert.

$$\begin{array}{r} 2\,5\,3 \\ +\ 4\,6\,1 \\ \hline \end{array}$$

2 zum Knobeln 1 2 3 4 5 6

Legt Additionsaufgaben.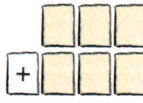

a) Die Summe soll möglichst groß sein.

b) Die Summe soll möglichst klein sein.

c) Die Summe soll kleiner als 400 sein.

d) Die Summe soll zwischen 900 und 1000 liegen.

e) Die Summe soll 408 betragen.

$$\begin{array}{r} \square\,\square\,\square \\ +\ \square\,\square\,\square \\ \hline 4\,0\,8 \end{array}$$

3 0 1 2 3 4 5 6 7 8 9

Legt drei dreistellige Zahlen. Addiert.

4 Schreibt untereinander und addiert. Überprüft die Ergebnisse.

a) 523 + 275 + 161
524 + 76 + 162
525 + 77 + 63

b) 217 + 231 + 288
216 + 32 + 87
175 + 33 + 86

c) 187 + 145 + 263 + 181
259 + 140 + 62 + 9
438 + 279 + 4 + 182

313 + 181 + 224
316 + 75 + 133
324 + 89 + 45

621 + 143 + 156
524 + 36 + 199
798 + 44 + 55

703 + 168 + 58 + 8
5 + 250 + 623 + 105
405 + 56 + 387 + 6

294 335 458 470 480 524 665 718 736 759 762 776 854 897 903 920 937 959 983

5 Schreibt untereinander und addiert. Setzt fort.

 starke Päckchen 2

a)
372 + 412
362 + 422
352 + 432
____ + ____

b)
456 + 372
567 + 261
678 + 150
____ + ____

c)
409 + 365
418 + 366
427 + 367
____ + ____

d)
640 + 283
551 + 272
462 + 261
____ + ____

e) Welches Päckchen beschreibt Leonie?

„Der erste Summand wird immer um 9 größer.
Der zweite Summand wird immer um 1 größer.
Deshalb wird die Summe immer um 10 größer."

f) Sucht andere Päckchen aus und beschreibt sie euch gegenseitig.

1 bis **3** Die Partner erhalten für jede Ziffer nur eine Karte.
1 Vertauschen in der Zeile führt zu veränderten Summen. Vertauschen in einer Spalte verändert die Summe nicht.
Diff.: Wie viele Aufgaben sind mit diesen sechs Karten möglich?

1 DAS TAUSENDERSPIEL

a) Jeder würfelt sechsmal
und addiert die beiden dreistelligen Zahlen.
Gewonnen hat, wer näher an die Summe **1000**
herankommt.

b) Wer hat gewonnen? Addiere.

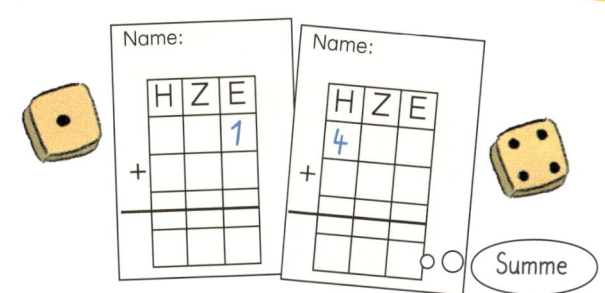

Name: Marie
```
  H Z E
  4 3 5
+ 5 2 1
```

Name: Tim
```
  H Z E
  5 1 6
+ 4 4 5
```

Name: Elena
```
  H Z E
  5 1 6
+ 5 2 4
```

Name: Julia
```
  H Z E
  5 4 5
+ 4 3 1
```

Name: Leo
```
  H Z E
  3 5 2
+ 6 4 1
```

Name: Lara
```
  H Z E
  6 1 5
+ 4 1 3
```

2 Welche Ziffern fehlen?

a)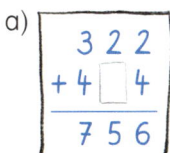
```
  3 2 2
+ 4 □ 4
  7 5 6
```

b)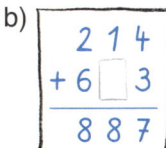
```
  2 1 4
+ 6 □ 3
  8 8 7
```

c)
```
  4 4 3
+ □ 1 4
  6 5 7
```

d)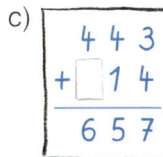
```
  5 3 5
+ 3 □ 4
  8 8 9
```

e)
```
  5 0 7
+ 4 □ 1
  9 0 8
```

f)
```
  1 3 2
+ 5 □ 5
  6 7 7
```

g)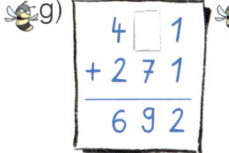
```
  4 □ 1
+ 2 7 1
  6 9 2
```

h)
```
  2 4 5
+ 5 □ 1
  7 8 6
```

i)
```
  6 □ 4
+   5 3
  7 0 7
```

j)
```
  □ 8 4
+ 3 3 7
  6 2 1
```

k)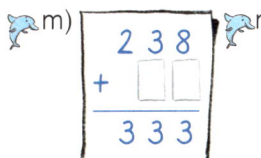
```
  □ 0 7
+ 2 0 5
  3 1 2
```

l)
```
  1 □ 3
+ 3 3 3
  4 5 6
```

m)
```
  2 3 8
+ □ □
  3 3 3
```

n)
```
  4 2 6
+ □ □
  4 4 4
```

o)
```
  5 7 2
+ □ □ □
  7 0 7
```

p)
```
  2 3 6
+ □ □ □
  6 1 3
```

q)
```
  1 1 1
+ □ □ □
  9 0 0
```

r)
```
  8 9 3
+ □ □ □
  1 0 0 0
```

3 Rechne **im Kopf oder schriftlich.**

a) 250 + 400
257 + 478
240 + 350

230 + 520
286 + 357
275 + 288

b) 547 + 386
310 + 460
405 + 320

376 + 258
676 + 245
250 + 250

c) 280 + 300 + 20
274 + 457 + 93
410 + 120 + 30

620 + 240 + 20
354 + 268 + 45
520 + 200 + 80

Manche Aufgaben kann ich im Kopf rechnen.

Manche muss ich schriftlich lösen.

 500 560 563 590 600 634 643 650 667 725 735 750 770 800 824 880 921 930 933

4 **TECHNIK-MUSEUM** Besucherzahlen

	Erwachsene	Kinder	Gesamt
Donnerstag	286	247	
Freitag	278	236	
Samstag	355	176	
Sonntag	385	148	

a) Wie viele Besucher kamen an den einzelnen Tagen?

b) An welchem Tag kamen die meisten Besucher?

c) Wie viele Kinder waren es insgesamt?

1 Partnerspiel: Strategie diskutieren. 4 Diff.: Diagramm zeichnen.

1

Überprüft die Rechnung
mit dem Überschlag.

2 Überprüfe diese Rechnungen mit dem Überschlag.

a)
```
   8,7 3
 + 4,2 5
  11,9 8
```
a) Ü: 9 € + 4 € = 13 €
11,9 8 € kann
nicht stimmen.

b)
```
   5,7 3 €
 + 4,6 9 €
   9,2 4 €
```

c)
```
   5,3 8 €
   4,8 9 €
 + 2,4 8 €
  10,3 5 €
```

d)
```
   2,1 3 €
   2,7 5 €
 + 2,9 0 €
   7,7 8 €
```

e)
```
   1,8 4 €
   3,7 9 €
 + 4,9 8 €
  10,6 1 €
```

f)
```
   5,8 6 €
  12,1 5 €
 + 3,0 5 €
  19,0 6 €
```

g)
```
   4,7 8 €
   5,0 1 €
 + 3,1 2 €
  10,9 1 €
```

h)
```
   9,9 5 €
   0,7 8 €
 + 7,2 5 €
  17,9 8 €
```

i)
```
   7,2 8 €
 + 9,8 0 €
  17,0 8 €
```

j)
```
   4,5 8 €
   4,2 8 €
 + 7,7 5 €
  15,6 1 €
```

k)
```
   0,9 5 €
  11,8 2 €
 + 7,0 5 €
  19,8 2 €
```

3 **Reicht das Geld?** Überschlage.

Stifte 5,89 €

Sudoku 2,60 €

Ball 7,95 €

Heft 0,65 €

Comic 1,98 €

a) Tim hat 7 €. Er möchte Stifte und
ein Sudoku-Heft kaufen.

b) Esra möchte ein Comic, ein Heft und
einen Ball kaufen. Sie hat noch 13 €.

c) Celine besitzt noch 9 €. Sie möchte
zwei Sudoku-Hefte und einen Ball kaufen.

d) Du hast 15 €. Was würdest du kaufen?

4 Reicht das Geld? Überschlage.
a) Kai hat 10 €.

b) Lena hat 15 €.

Sinn des Überschlagens beim Einkaufen besprechen.
Überschlag zur Überprüfung der Ergebnisse nutzen.

1 Von der Kirche bis hierher sind es 1000 Meter. Das ist 1 Kilometer.

Die Kinder sind von der Kirche aus 1 km weit gegangen. Messt von eurer Schule aus 1 km. Vermutet vorher, bis wohin ihr kommt.

Womit messen wir?
– Kilometerzähler am Fahrrad
– Schritte
– Bandmaß (20 m oder 25 m)
– 100–m–Schnur
– Messrad

2 Einen Kilometer messen:

a) mit der 100–m–Schnur
____ · 100 m = 100 m
____ · 100 m = 200 m
____ · 100 m = 300 m

b) mit Schritten
2 Schritte = __1__ m
20 Schritte = ____ m
200 Schritte = ____ m

c) mit dem 25–m–Bandmaß
__2__ · 25 m = ____ m
____ · 25 m = ____ m
____ · 25 m = ____ m

3 Findet in eurem Wohnort Folgendes heraus.
a) Welche wichtigen Gebäude liegen ungefähr 1 km von der Schule entfernt?
b) Welche Gebäude liegen näher und welche weiter entfernt?
c) Wer wohnt weiter als 1 km von der Schule entfernt?

1 km = 1000 m   Ich gehe 20 Minuten.
½ km = 500 m   Ich gehe 10 Minuten.

4 Wie lange brauchst du
a) zu Fuß für deinen Schulweg?
b) für einen Kilometer mit dem Fahrrad?

5 Wie weit wohnen die Kinder von der Schule ungefähr entfernt?
a) Lisa benötigt 10 Minuten.
b) Mona geht 30 Minuten.
c) Max braucht 40 Minuten.
d) Dennis benötigt 5 Minuten.
e) Arthur geht 25 Minuten.
f) Kai braucht 8 Minuten.

6 Ergänze zu einem Kilometer.

a) 950 m	b) 530 m	c) 467 m
750 m	535 m	142 m
250 m	565 m	349 m
		137 m
		353 m

a)	9	5	0	m +		m = 1	k	m

7 Ergänze zu einem halben Kilometer.

a) 350 m	b) 280 m	c) 187 m
150 m	285 m	236 m
450 m	140 m	399 m
50 m	145 m	413 m
250 m	500 m	94 m

W

8 Zum Knobeln

a)
500	350	210
300	290	220
600	180	350

1000

b)
240	220	200
350	105	205
135	110	100

555

c)
304	140	284
454	300	224
524	110	324

888

1 Evtl. Messrad leihen (Polizei, Bauamt, Straßenbaufirma).

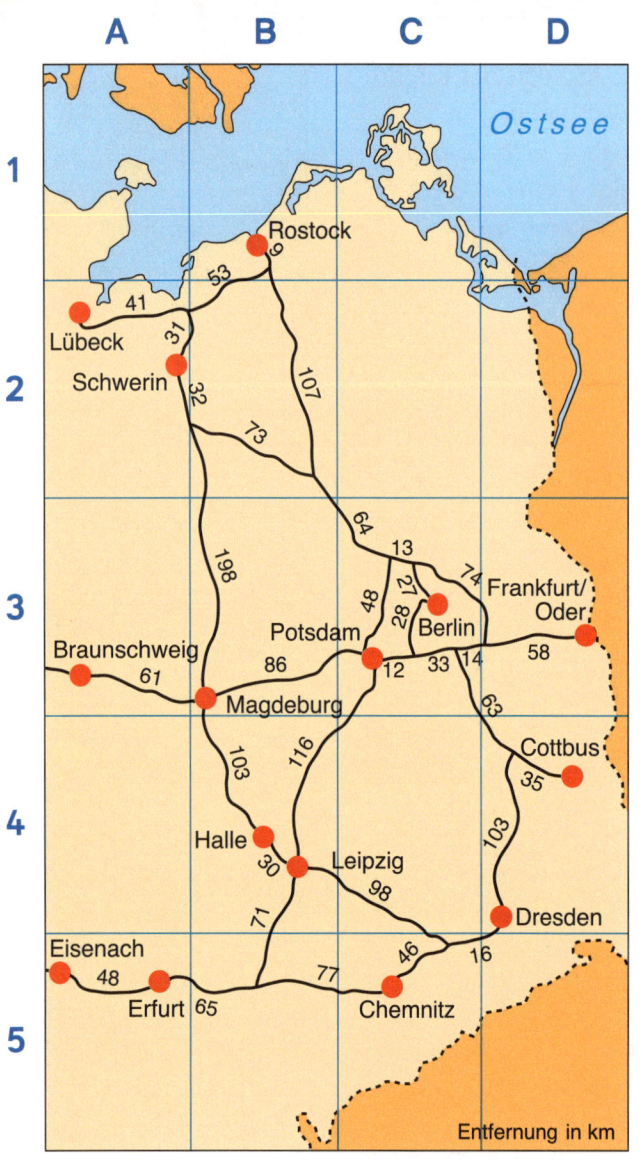

Entfernung in km

1 Lübeck liegt im Rechteck **A2**.
In welchem Rechteck liegt die Stadt?

a) Schwerin
b) Leipzig
c) Berlin
d) Dresden
e) Cottbus
f) Erfurt

g) Magdeburg
h) Potsdam
i) Rostock
j) Frankfurt/Oder

a)   Schwerin   A 2

2 In welchem Rechteck liegt dein Wohnort?

3 Welche Stadt ist auf der Karte
a) die nördlichste?   b) die südlichste?

4 Wo wollen die Lkw-Fahrer hin?

Anna

nach Halle oder Leipzig

5 Welche Städte liegen an der Wegstrecke?
a) Frau Schröder startet in Schwerin und will nach Cottbus fahren.
Schreibe die Städte auf, durch die sie fährt.
b) Herr Schäfer muss von Rostock nach Halle fahren.
c) Herr Larke fährt von Braunschweig nach Leipzig.
d) Frau Sandmann will von Halle nach Cottbus fahren.
In Dresden muss sie noch eine Freundin abholen.
e) Familie Schürmann aus Eisenach will ihren Sommerurlaub in der Nähe von Rostock verbringen.
Auf dem Heimweg will sie noch Oma Frieda in Berlin besuchen.

a)   Weg 1:   Schwerin, Berlin
     Weg 2:   Schwerin,

6 Die Klasse 3a fährt von Cottbus 229 km in die Jugendherberge „Schöne Aussicht".
Wo liegt die Herberge?

7 Familie Schnell macht mit dem Auto einen Wochenendausflug.
Bei der Abfahrt zeigt der Kilometerzähler 100 km an.
Als sie wieder nach Potsdam kommt, zeigt der Kilometerzähler 534 km an.
Welche Stadt hat Familie Schnell besucht?

5 Mehrere Wege sind möglich.
7 Eigene Aufgaben finden. (Partnerarbeit)

8

9 Wie lang sind die Strecken?

a) Magdeburg – Potsdam – Berlin

a)
```
  8 6 k m
+ 4 0 k m
-------
1 2 6 k m
```
Von Magdeburg über Potsdam

b) Erfurt – Dresden – Cottbus

c) Schwerin – Magdeburg – Potsdam

d) Potsdam – Berlin – Dresden – Leipzig

e) Lübeck – Rostock – Schwerin

f) Magdeburg – Potsdam – Leipzig

g) Schwerin – Berlin – Potsdam – Magdeburg

h) Leipzig – Erfurt – Eisenach – Dresden

i) Magdeburg – Leipzig – Dresden – Cottbus

j) Braunschweig – Magdeburg – Halle

k) Potsdam – Frankfurt/Oder – Magdeburg

10 Suche die kürzesten Strecken. Rechne aus.

a) von Potsdam nach Dresden
b) von Erfurt nach Dresden
c) von Rostock nach Leipzig
d) von Cottbus nach Leipzig
e) von Schwerin nach Erfurt
f) von Eisenach nach Magdeburg
g) von Schwerin nach Frankfurt/Oder
h) von Berlin nach Dresden
i) von Frankfurt/Oder nach Halle

11 zum Knobeln

Ist es möglich, alle Städte auf unserer Autobahnkarte auf **einem** Weg zu besuchen, ohne eine Stadt zweimal anzufahren?

W

12 Mal.

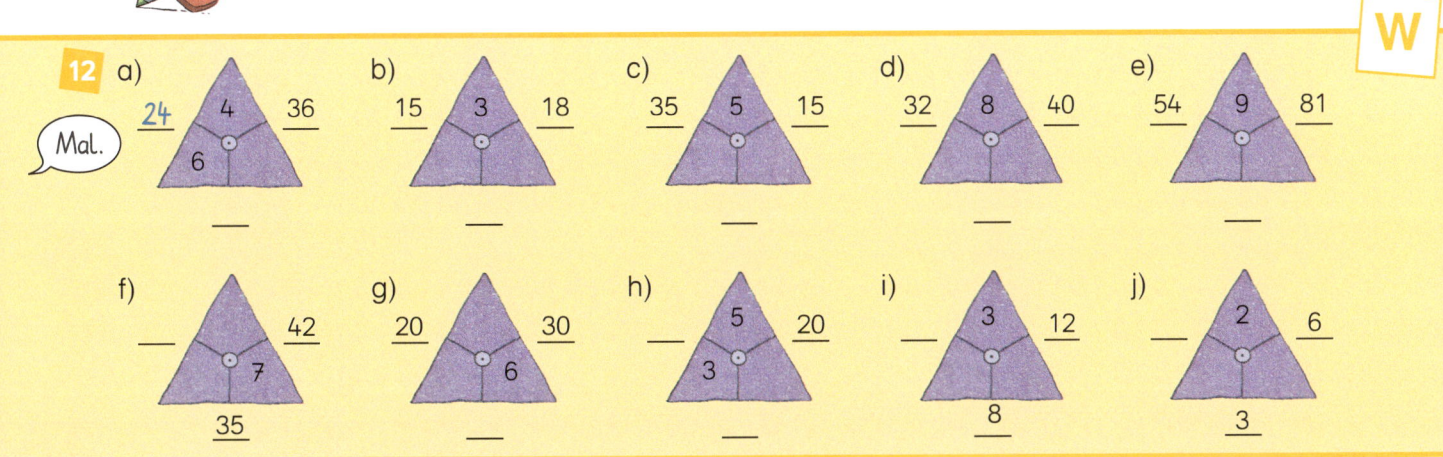

a) 24 4 36 / 6
b) 15 3 18
c) 35 5 15
d) 32 8 40
e) 54 9 81

f) 42 / 7 / 35
g) 20 30 / 6
h) 5 20 / 3
i) 3 12 / 8
j) 2 6 / 3

8 bis **10** Die Entfernungen in km ausrechnen.
10 Diff.: Jeweils eine Skizze anfertigen.
11 Mehrere Möglichkeiten.

1

Der Türrahmen ist 2 m 10 cm hoch.

Länge des Zimmers

Höhe des Zimmers

Messt eure Klasse aus.

Schätzt vorher.

Schreibt die Maße auf.

2 Die Kinder der Klasse 3b haben ihre Bohnen in den Schulgarten ausgepflanzt. Ordnet nach der Größe.

So hoch sind die Pflanzen der Kinder:

Lia	35 cm	Finn	63 cm
Ben	2 m 10 cm	Leonie	1 m 4 cm
Ole	180 cm	Lilli	1 m 60 cm

3 So hoch können die Pflanzen auf unserem Schulgelände werden:
Moos 3 cm, Pappel 30 m, Löwenzahn 13 cm, Sonnenblume 2 m 10 cm,
Distel 1 m 50 cm, Bambus 3 m.
Ordne nach der Größe. Schreibe zuerst die kleinste Pflanze auf.

4 Informiert euch, wie hoch andere Pflanzen werden können.

$1 \text{ m} = 100 \text{ cm}$
$\frac{1}{2} \text{ m} = 50 \text{ cm}$

5 Rechne um in Zentimeter.

a)	b)	c)	d)	e)
5 m	8 m	1 m 30 cm	2 m 5 cm	$\frac{1}{2}$ m
2 m	6 m	1 m 90 cm	5 m 5 cm	$2\frac{1}{2}$ m
9 m	10 m	1 m 25 cm	1 m 9 cm	$5\frac{1}{2}$ m

6 Rechne um in Meter.

a)	b)
100 cm	150 cm
200 cm	350 cm
600 cm	50 cm
300 cm	950 cm

7 Ergänze zu 1 m.

a)	b)	c)	d)
75 cm	15 cm	34 cm	23 cm
85 cm	12 cm	46 cm	67 cm
95 cm	18 cm	21 cm	84 cm
5 cm	8 cm	1 cm	26 cm

8 Welche Kärtchen gehören zusammen?

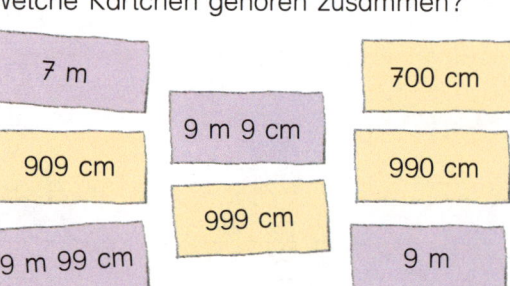

9 m 90 cm

7 m 30 cm

99 cm

730 cm

7 m

700 cm

9 m 9 cm

909 cm

990 cm

7 m 5 cm

750 cm

705 cm

999 cm

9 m 99 cm

9 m

900 cm

7 m 50 cm

7 m = 7 0 0 c m

Ein Kärtchen bleibt übrig.

1

Unser Wohnwagen ist 2 m 10 cm breit.

Passen wir überhaupt da durch?

2,25 m

Das Komma trennt m und cm.

2,25 m = 2 m 25 cm

Sprich: „Zwei Meter fünfundzwanzig" oder „Zwei Komma zwei fünf Meter"

---

2 Schreibe als m und cm. Zeichne auf dem Schulhof.

a)	b)	c)	d)	e)	f)
0,50 m	0,75 m	0,95 m	10,00 m	5,35 m	12,05 m
1,00 m	1,05 m	1,95 m	11,50 m	6,05 m	14,35 m
1,50 m	1,35 m	2,95 m	12,00 m	7,60 m	10,05 m
3,00 m	2,35 m	0,05 m	12,25 m	7,75 m	21,55 m
5,50 m	3,35 m	9,95 m	14,75 m	8,55 m	32,45 m

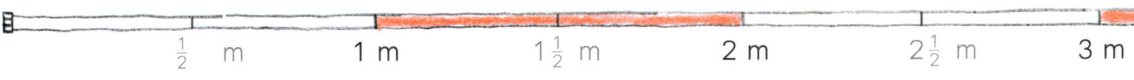

$\frac{1}{2}$ m   1 m $1\frac{1}{2}$ m   2 m $2\frac{1}{2}$ m   3 m

---

3 Schreibe mit Komma.

a)	b)	c)	d)	e)
$\frac{1}{2}$ m	2 m 50 cm	5 m 3 cm	11 m	$1\frac{1}{2}$ m
$5\frac{1}{2}$ m	1 m 70 cm	6 m 8 cm	5 m 45 cm	$10\frac{1}{2}$ m
6 m	3 m 85 cm	17 m 4 cm	40 cm	$20\frac{1}{2}$ m
$6\frac{1}{2}$ m	10 m 93 cm	25 m 2 cm	8 m 8 cm	$24\frac{1}{2}$ m
$9\frac{1}{2}$ m	17 m 64 cm	43 m 7 cm	12 m 12 cm	100 m

1000 cm =	10,00 m
100 cm =	1,00 m
10 cm =	0,10 m
1 cm =	0,01 m

4 Schreibe mit Komma.
Zeichne ins Heft, an die Tafel oder auf den Schulhof.

a)	b)	c)	d)	e)
5 cm	200 cm	3 cm	8 cm	89 cm
10 cm	250 cm	30 cm	18 cm	380 cm
50 cm	350 cm	13 cm	180 cm	38 cm
100 cm	400 cm	130 cm	280 cm	145 cm

---

5 Rechne um in cm.

a)	b)	c)	d)	e)
0,50 m	0,02 m	1,40 m	0,10 m	9,95 m
0,98 m	0,06 m	7,55 m	0,05 m	10,00 m
0,65 m	0,08 m	9,24 m	1,11 m	10,23 m
0,73 m	0,09 m	5,01 m	0,01 m	10,55 m
0,81 m	0,07 m	6,09 m	1,04 m	20,02 m

6

zum Knobeln
Probiere
Radiere

a) Anna hat einen Stoffhund. Der Körper und der Schwanz sind zusammen 0,45 m lang.
Der Schwanz ist halb so lang wie der Körper.
Wie lang ist der Schwanz?

b) Lisa hat eine Stoffmaus. Der Körper und der Schwanz sind zusammen 0,54 m lang.
Der Schwanz ist doppelt so lang wie der Körper. Wie lang ist der Schwanz?

6 Evtl. erst skizzieren.

1 Bauanleitung Papierflieger

① Falte ein A4–Blatt in der Mitte. Öffne es wieder.

② Falte die beiden oberen Ecken zu einem Dach.

③ Falte das Dach zu einer Spitze.

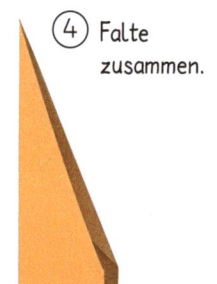

④ Falte zusammen.

⑤ Drehe. Knicke an der unteren Kante etwa 2 cm um.

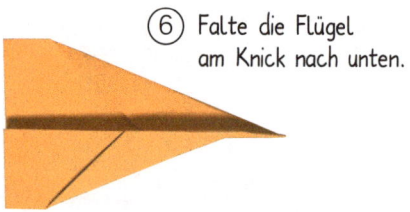

⑥ Falte die Flügel am Knick nach unten.

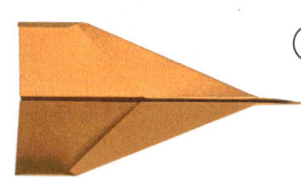

⑦ Knicke die Ränder auf beiden Seiten nach oben.

Teste deinen Flieger. Wie weit fliegt er?

2 Faltet Flieger in verschiedenen Größen: Papier A3, A4, A5.

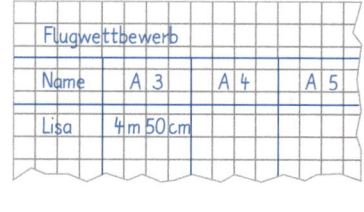

Flugwettbewerb			
Name	A 3	A 4	A 5
Lisa	4 m 50 cm		

a) Startet eure Flieger gleichzeitig. Welcher bleibt am längsten in der Luft?
b) Welche Flieger kommen am weitesten? Woran kann das liegen?

3 Sonjas Flieger ist 8 m weit geflogen, Tims Flieger nur halb so weit. Maries Flieger erreichte eine Weite von 5 m 80 cm.

a) Wer ist Sieger?
b) Wer belegt den 2. Platz?
c) Wer belegt den 3. Platz?

 4 Pauls Flieger ist dreimal so weit geflogen wie Ellis Flieger. Ihr Flieger schaffte die Hälfte von Annas Flieger. Annas Flieger flog 6 m weit.

a) Wie weit ist Pauls Flieger geflogen?
b) Wer belegt den 3. Platz?

3 und **4** Diff.: Strecken auf dem Schulhof zeichnen. Eigene Aufgaben schreiben.

1

a) Im Schulgarten wird der Teich erneuert. Von der 5 m langen Folienrolle benötigt der Hausmeister 375 cm. Wie viel bleibt noch übrig?

b) Die Kinder der Klasse 3a pflanzen einen 1,35 m großen Apfelbaum. Wie groß wäre der Apfelbaum in 5 Jahren, wenn er in jedem Jahr 250 mm wachsen würde?

c) Der Schulgarten wird neu eingezäunt. Die Klasse 3b hat die Länge 80 m und die Breite 25 m gemessen. Der Eingang ist 100 cm breit und bleibt frei. Wie viel Meter Zaun muss der Hausmeister kaufen?

d) Die Kinder der Klasse 3c haben Bohnen in die Erde gesteckt. Nach einigen Wochen vergleichen Anna, Lena und Tim ihre Pflanzen. Annas Pflanze ist 40 mm kleiner als Lenas, Tims Pflanze ist mit 38 cm am größten und 70 mm größer als Lenas. Wie groß sind Annas und Lenas Pflanzen?

Eine Skizze kann helfen

2 Rechne um in cm und mm.

a)	18 mm	b) 100 mm	c) 120 mm	d) 90 mm	e) 75 mm
	80 mm a) 1 8 m m = 1 c m 8 m m	50 mm	12 mm	150 mm	106 mm
	8 mm	25 mm	42 mm	23 mm	170 mm
	81 mm	75 mm	142 mm	37 mm	222 mm

3 Rechne um in mm.

a) 2 cm	b) 15 cm	c) 5 cm 3 mm	d) 15 cm 8 mm	e) 10 cm 10 mm
4 cm	22 cm	8 cm 7 mm	27 cm 9 mm	12 cm 12 mm
8 cm	58 cm	9 cm 8 mm	41 cm 1 mm	34 cm 27 mm
7 cm	73 cm	7 cm 6 mm	105 cm 5 mm	97 cm 29 mm
9 cm	98 cm	4 cm 1 mm	260 cm 4 mm	111 cm 11 mm

4 Rechne um in cm. Schreibe mit Komma.

a) 125 mm	b) 190 mm	c) 55 mm	d) 10 mm	e) 666 mm
136 mm a) 1 2 5 m m = 1 2 , 5 c m	260 mm	87 mm	100 mm	66 mm
198 mm	890 mm	18 mm	60 mm	954 mm
205 mm	640 mm	34 mm	90 mm	877 mm

5 Ordne nach der Länge.

a)

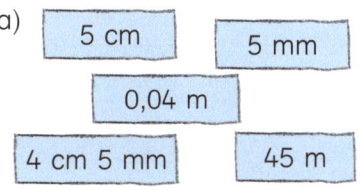

5 cm · 5 mm · 0,04 m · 4 cm 5 mm · 45 m

b)

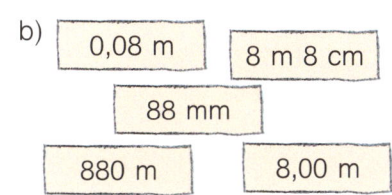

0,08 m · 8 m 8 cm · 88 mm · 880 m · 8,00 m

c)

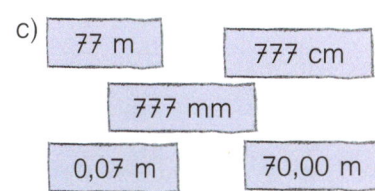

77 m · 777 cm · 777 mm · 0,07 m · 70,00 m

1 Diff.: Eigene Aufgaben zum Garten der Schule bilden.

1

1.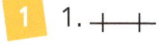
2. ├────┤
3. ├──────────┤
4. ├────────────────┤
5. ├──────────────────────────┤
6. ├──┤
7. ├

• Miss die Strecken.
• Vergleiche ihre Längen.
• Erkennst du die Regel?
• Wie lang muss die 7. Strecke sein?
• Wie lang muss die 9. Strecke sein?

2

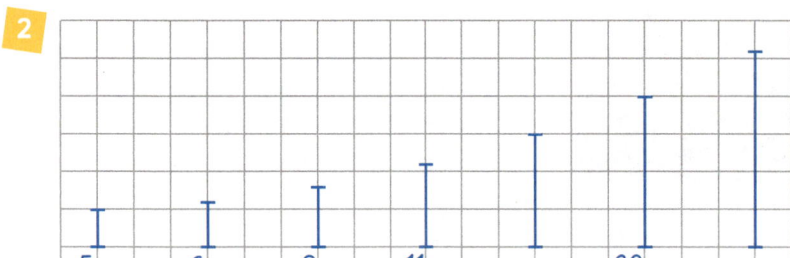

5 mm   6 mm   8 mm   11 mm   20 mm

• Zeichne die Strecken.
• Erkennst du die Regel?
• Wie lang ist die 10. Strecke?
• Setze fort.

3

a)
50 cm + ___ cm = $\frac{1}{2}$ m
50 cm + ___ cm = 1 m
50 cm + ___ cm = 2 m

50 cm + ___ cm = 3 m
50 cm + ___ cm = 6 m
50 cm + ___ cm = 10 m

b)
150 cm + ___ cm = 2 m
300 cm + ___ cm = 4 m
600 cm + ___ cm = 8 m

2 cm + ___ cm = 1 m
20 cm + ___ cm = 2 m
200 cm + ___ cm = 3 m

c)
25 mm + ___ mm = 3 cm
25 mm + ___ mm = 5 cm
50 mm + ___ mm = 10 cm

100 mm + ___ cm = 100 cm
150 mm + ___ cm = 200 cm
300 mm + ___ cm = 300 cm

4 Ergänze.

a) **5 m**
4,50 m
4,75 m
3,50 m

3,25 m
2,50 m

a) 4,50 m + 0,50 m = 5 m

b) **10 m**
9,50 m
9,70 m
9,85 m

8,85 m
6,85 m

c) **20 m**
15,00 m
15,50 m
17,50 m

19,75 m
10,75 m
9,75 m
4,50 m

d) **500 m**
250 m
225 m
125 m

350 m
175 m
75 m
25 m

e) **1 km**
500 m
550 m
450 m

225 m
218 m
436 m
486 m

f) **1 km**
928,50 m
774,60 m
545,30 m

261,90 m
834,25 m
656,72 m
497,43 m

5 Was passt zusammen? Ordne zu und schreibe auf.

Länge eines Radweges
Länge eines Autos
Länge eines Radiergummis
Dicke einer Euromünze

4 m   1 m
4 km   2 $\frac{1}{2}$ cm
2 mm   100 m
4 cm   10 cm

Länge eines Klebestiftes
Breite einer Tür
Länge eines Anspitzers
Länge eines Fußballplatzes

1 Regel: Verdoppeln. Diff.: Fortsetzen. **2** Regel: Der Unterschied wächst um 1 mm. Platzbedarf vorher abschätzen.
3 und **4** Maßeinheit nicht vergessen.

1

Sind **alle** Spaghetti einer Packung aneinandergelegt länger als 100 Meter?

Gruppenarbeit: Besprecht Ideen, wie ihr eine Lösung finden könnt.

Müssen wir genau rechnen?

Wie lang ist eine Spaghetti-Nudel?

Wo sehe ich 100 m?

Wie viele Spaghetti sind in einer Packung?

Enrico **Fermi** war ein Physiker. Er war berühmt für sein gutes Abschätzen.

Fermi-Aufgaben enthalten zu wenig Informationen. Diese muss man sich selbst beschaffen, oder man muss schätzen. Unterschiedliche Annahmen führen zu unterschiedlichen Lösungen.

Schreibt eure Lösungswege auf Plakate. Erklärt. Vergleicht.

W

2 Schreibe mit Komma.

a)	b)	b)	b)	b)	b)
5 € 30 ct	7 € 15 ct	15 € 4 ct	31 €	100 ct	250 ct
5 € 3 ct	9 € 8 ct	21 € 40 ct	5 €	90 ct	25 ct
5 € 33 ct	3 € 2 ct	70 € 0 ct	86 €	85 ct	342 ct

3

a)
Mehrkorn-brötchen	Preis
1	0,40 €
2	
5	
10	

b)
Roggen-brötchen	Preis
1	0,60 €
2	
5	
10	

c)
Sesam-brötchen	Preis
1	
3	0,90 €
6	
12	

d)
Milch-brötchen	Preis
1	
3	1,50 €
6	
12	

4

Setze fort.

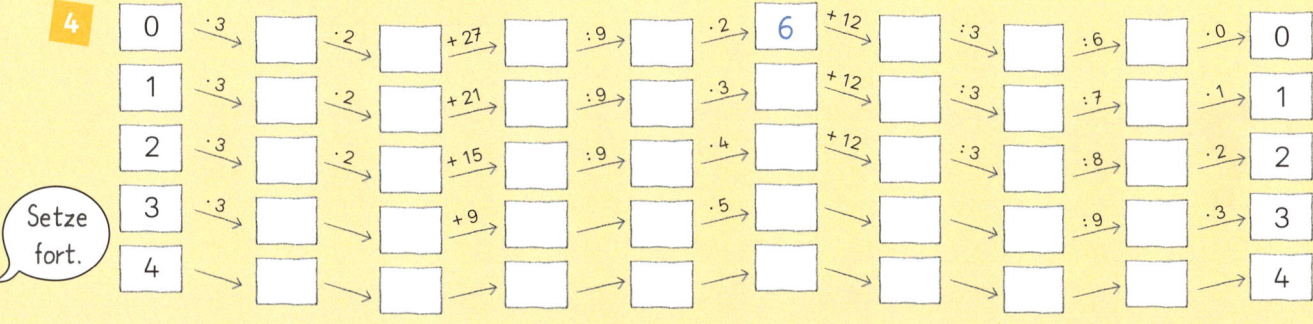

sicher	möglich aber nicht sicher	unmöglich

1 Leon kann die Kugeln in der Kiste nicht sehen.
Er holt Kugeln heraus und legt sie wieder zurück.

Sicher, möglich, unmöglich? Entscheidet und begründet.

a)

Probiert es selbst.

A Er zieht zwei rote Kugeln heraus.
B Er greift drei blaue Kugeln heraus.
C Er holt sechs Kugeln in der gleichen Farbe heraus.

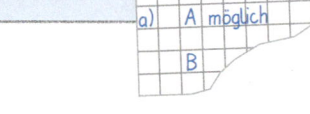

b)

A Er holt zwei Kugeln in der gleichen Farbe heraus.
B Er zieht drei rote Kugeln heraus.
C Er greift vier Kugeln in der gleichen Farbe heraus.

2 Lia zieht jeweils eine Kugel und legt sie nicht zurück.

a) Wie oft muss sie hineingreifen, um sicher eine blaue Kugel zu ziehen? Begründet.

b) Wie oft muss sie hineingreifen, um sicher eine rote Kugel zu ziehen? Begründet.

3 Malt passende Kugeln.

a) „Ich ziehe sicher eine gelbe Kugel."

b) „Es ist unmöglich, dass ich eine rote Kugel ziehe."

c) „Es ist möglich, dass ich eine blaue Kugel ziehe."

🐝 d) „Ich ziehe sicher vier Kugeln in der gleichen Farbe."

🐝 e) „Ich ziehe beim 2. Mal sicher eine grüne Kugel."

🐝 f) „Es ist unmöglich, dass ich drei blaue Kugeln ziehe."

4  a) In der Fühlkiste liegen wieder sechs Kugeln, rote und blaue.
Johanna hat bisher dreimal blau gezogen.
Sie meint: „Jetzt werde ich bestimmt eine rote Kugel ziehen!"

b) Jetzt liegen vier blaue und zwei rote Kugeln in der Fühlkiste.
Tom hat bereits zweimal rot gezogen.
Er behauptet: „Jetzt kommt sicher eine blaue Kugel."

 Würfelt 50-mal mit zwei Würfeln. Addiert.

a) Welche Augensumme wird wohl besonders oft vorkommen?
Vermutet vorher. Führt eine Strichliste.

Augensummen

2	3	4	5	6	7	8	9	10	11	12
		II								

Was fällt euch auf?

b) Welche Summe hattet ihr am häufigsten? Begründet.

> **Tipp:**
> Schreibt zu jedem Ergebnis alle möglichen Würfe auf.

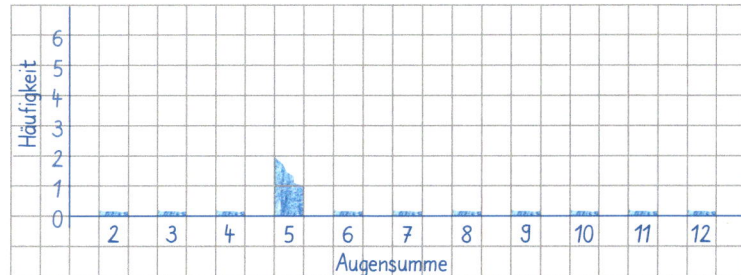

	2	3	4	5	6	7	8	9
mögliche Würfe	1+1	1+2 2+1						

c) Zeichnet ein Schaubild zu eurer Strichliste.

> Vergleicht Strichliste, Tabelle und Schaubild miteinander.

 Welche Aussagen sind richtig?
„Mit zwei Würfeln

A erziele ich die Summe 2 selten."

B erziele ich die Summe 12 oft."

C erziele ich die Summe 14 nie."

D erziele ich die Summe 8 häufig."

E hat die Summe 7 die größte Wahrscheinlichkeit."

F hat die Summe 6 die kleinste Wahrscheinlichkeit."

G ist die Summe 9 doppelt so wahrscheinlich wie 11."

H ist die Summe 9 halb so wahrscheinlich wie 5."

Begründet eure Entscheidungen.

 5 Aussagen sind richtig.

 Werft nun mit drei Würfeln.

a) Welche Augensummen sind möglich? Schreibt auf.

b) Welche Summen werden wahrscheinlich sehr selten gewürfelt? Begründet.

c) Welche Summen werden wahrscheinlich besonders häufig gewürfelt? Begründet.

 W

  8,67 €  9,56 €  7,45 €  16 ct  37 ct 4,35 €  6,95 € 7,44 €

0,01 €	2,12 €	4,32 €	8,30 €
0,50 €	2,61 €	5,21 €	8,51 €
1,23 €	3,10 €	7,08 €	9,19 €
1,72 €	4,10 €	7,29 €	9,40 €

1 Begriffe Augensumme, Häufigkeit und Wahrscheinlichkeit klären.

4 Im Kopf, halbschriftlich oder schriftlich rechnen.

1  **Gelb** gewinnt.

| sicher | möglich aber nicht sicher | unmöglich |

 1  2  3 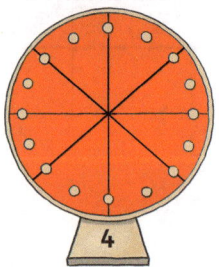 4  5

a) Welches Glücksrad würdet ihr wählen? Begründet.
b) Bei welchen Rädern ist ein Gewinn möglich, unmöglich, sicher?

2 **Grün** gewinnt.
Bei welchen Glücksrädern hat man die gleichen **Gewinnchancen?**
Vergleicht und begründet.

A 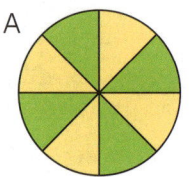 B 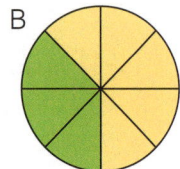 C 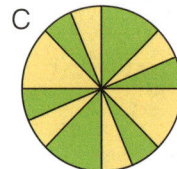 D 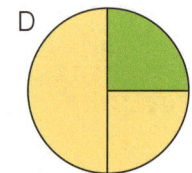 E 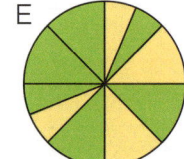 F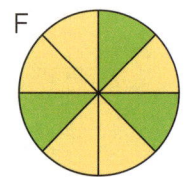

3 Male passende Glücksräder.

a)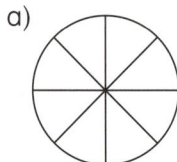

A „Die Gewinnchance für Rot ist am größten."

B „Die Gewinnchancen für Rot und Blau sind gleich groß."

C „Grün hat keine Chance zu gewinnen."

b)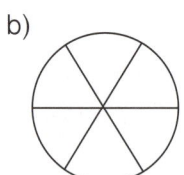

A „Die Gewinnchance für Blau ist halb so groß wie für Rot."

B „Die Gewinnchance für Gelb ist doppelt so groß wie für Grün."

C „Die Gewinnchance für Rot ist fünfmal so groß wie für Blau."

 **4** Entscheidet und begründet.

| sicher | möglich aber nicht sicher | unmöglich |

A „Ich treffe eine gerade Zahl."

B „Ich treffe eine Zahl, die ich durch 3 teilen kann."

C „Ich treffe eine Zahl, die ich durch 3 und 6 teilen kann."

1

Speiche

a) Zeige die Länge einer Speiche.
b) Zeige den Mittelpunkt des Rades.
c) Zeige den Durchmesser des Rades.
d) Zeige und miss am eigenen Fahrrad.

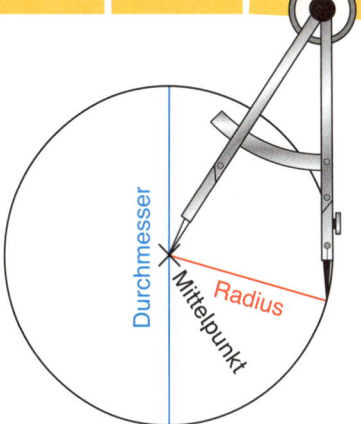

2 Zeichnet Kreise. Messt jeweils den Durchmesser.
Erklärt den Zusammenhang zwischen Radius und Durchmesser.

3 Miss jeweils den Radius der Kreise. Zeichne. Erfinde eigene Muster.

a)

b)

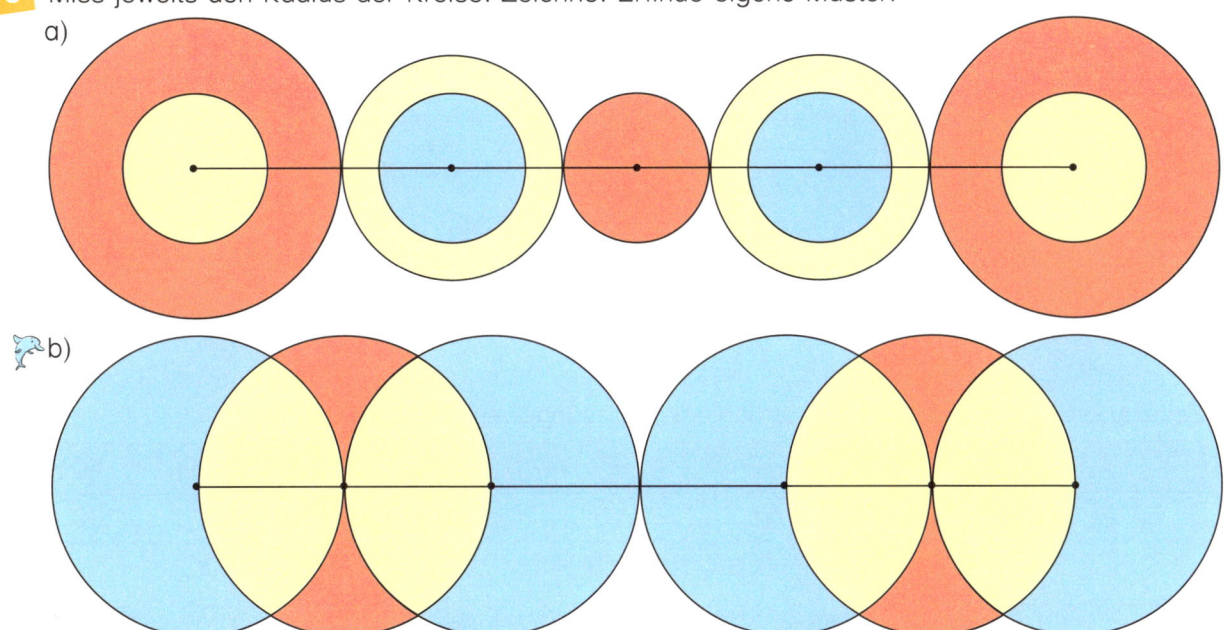

4 Zeichne Kreise mit diesem **Radius**.

a) 5 cm   b) 70 mm
   6 cm   45 mm
   3 cm   35 mm

5 Zeichne Kreise mit diesem **Durchmesser**.

a) 10 cm   b) 120 mm
   5 cm   20 mm
   7 cm   130 mm

6 Zeichne die Muster ab. Erfinde auch eigene.

A   B   C

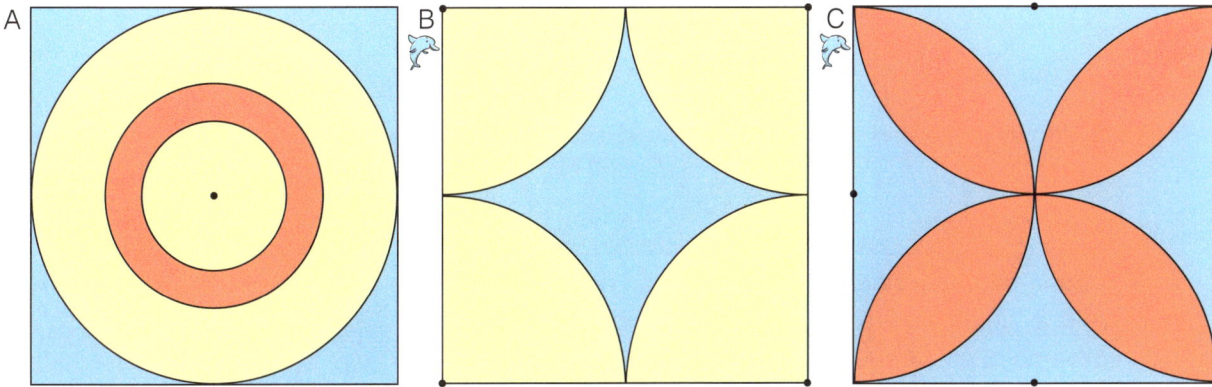

1 Lege mit Stäbchen Rechtecke.
Worauf musst du achten?

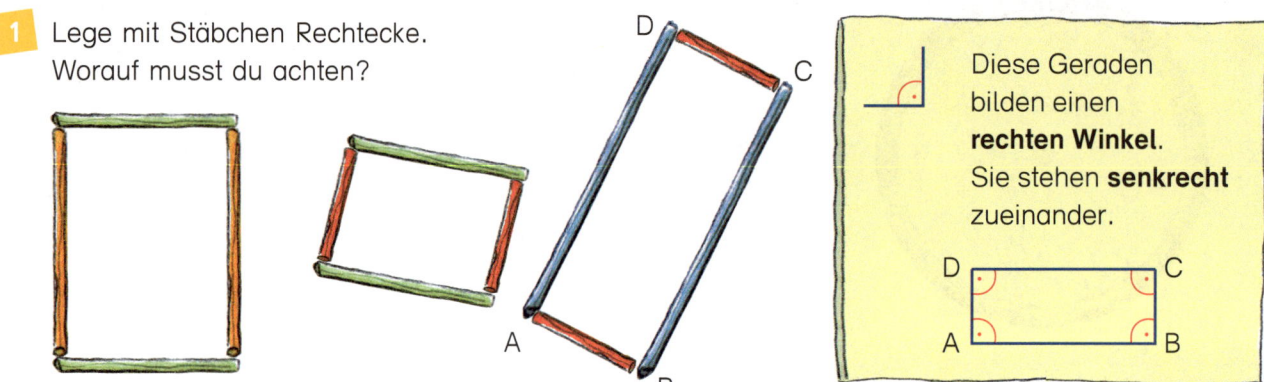

Diese Geraden bilden einen **rechten Winkel**. Sie stehen **senkrecht** zueinander.

2 a) Lege und zeichne das Rechteck nach Pauls Beschreibung.

> „Zuerst zeichne ich die Strecke $\overline{AB}$ 8 cm lang.
> Danach zeichne ich die Senkrechte $\overline{AD}$ mit der Länge 3 cm.
> Nun zeichne ich die Strecke $\overline{DC}$ parallel zu $\overline{AB}$ 8 cm lang.
> Jetzt zeichne ich die Strecke $\overline{BC}$ und erhalte das Rechteck ABCD.
> Zuletzt prüfe ich die rechten Winkel mit dem Geodreieck."   Paul

b) Kannst du das Rechteck in einer anderen Reihenfolge zeichnen?
Probiere erst mit den Stäbchen verschiedene Lösungswege.

c) Zeichne Vierecke und beschreibe wie Paul dein Vorgehen.

3 Zeichne die Rechtecke. Probiere verschiedene Lösungswege.

$\overline{AB}$	6 cm	3 cm	5 cm	20 mm	25 mm	45 mm	10 mm
$\overline{BC}$	4 cm	7 cm	5 cm	80 mm	30 mm	45 mm	100 mm

4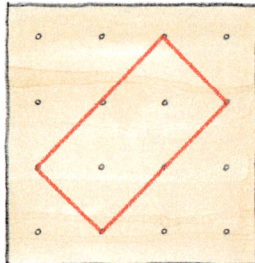

Spanne auf dem **Geobrett** und zeichne **Vierecke**

a) mit gleich langen Seiten.
b) mit vier rechten Winkeln.
c) mit nur zwei rechten Winkeln.
d) mit nur einem rechten Winkel.
e) ohne rechten Winkel.
f) ohne parallele Seiten.

5 A 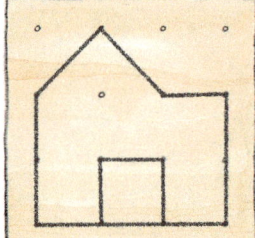   B    C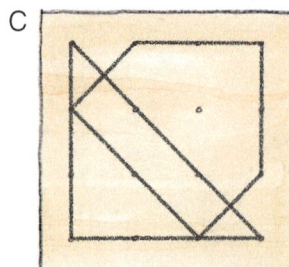

Erfinde eigene Figuren.

a) Spanne und zeichne die Figuren.
b) Welche Linien stehen senkrecht zueinander? Kennzeichne die rechten Winkel.
c) Färbe parallele Geraden jeweils in derselben Farbe.

Geodreieck und Kopiervorlage nutzen.

1 a) Lege diese Vierecke mit Stäbchen.
Gibt es weitere Möglichkeiten? Probiere.

b) So ein Viereck heißt **Parallelogramm**. Findest du eine Erklärung für den Namen?

> Ein Parallelogramm ist ein Viereck
> mit zwei Paar zueinander parallelen Seiten.

2 Spanne und zeichne. Färbe Parallelogramme gelb. Finde weitere.

a) 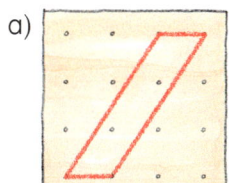 b) 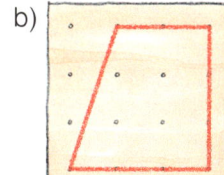 c) 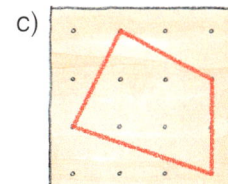 d) 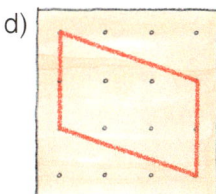 e)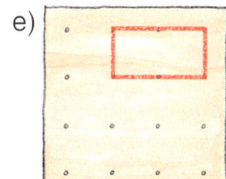

3  Kann das stimmen?

a) „Jedes Viereck ist ein Parallelogramm."

b) „Jedes Parallelogramm ist ein Viereck."

c) „Ein Dreieck kann kein Parallelogramm sein."

d) „Ein Parallelogramm hat immer vier gleich lange Seiten."

e) „Ein Parallelogramm hat immer rechte Winkel."

f) „Ein Quadrat ist auch ein Parallelogramm."

g) „Es gibt kein Parallelogramm mit nur einem rechten Winkel."

4 A 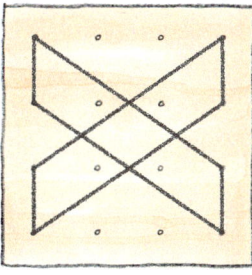 B 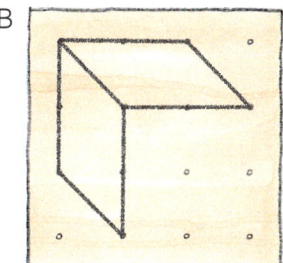 C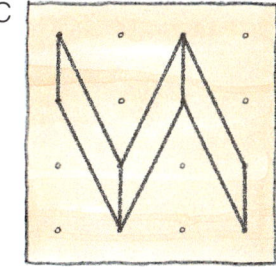

Erfinde eigene Figuren mit Parallelogrammen.

a) Spanne und zeichne die Figuren.
b) Färbe die zueinander parallelen Geraden in derselben Farbe.
c) Entdeckst du Parallelogramme? Färbe sie gelb.

W

5 a)  b)

1 Die Kinder haben das Dreieck abgezeichnet.

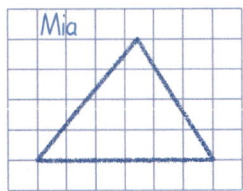
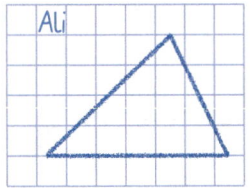
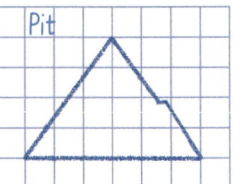

Beurteile die Zeichnungen der Kinder. Probiere selbst.

2 Zeichne mit dem Geodreieck. Achte auf den rechten Winkel.

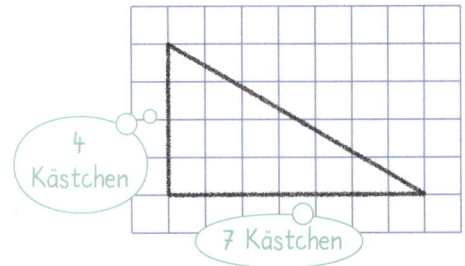

4 Kästchen

7 Kästchen

Sind die Kästchen richtig gezählt?
Liegen die Eckpunkte genau im Gitternetz?

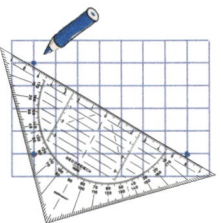

Ist Platz für
die Bleistiftspitze?

3 Zeichne mit Lineal und spitzem Bleistift.

a)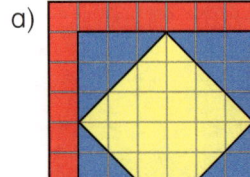

b)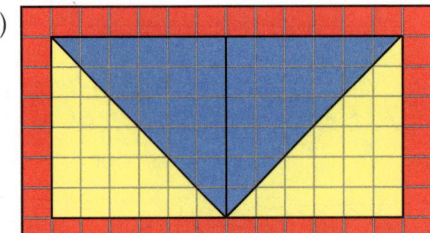

c)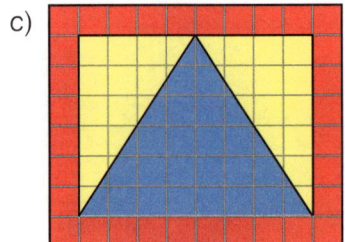

4 Zeichne. Finde zuerst die Eckpunkte. Zähle die Kästchen. Kennzeichne die rechten Winkel.
Färbe parallele Seiten mit gleicher Farbe.

a)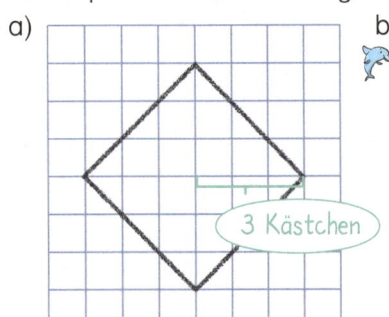

3 Kästchen

b)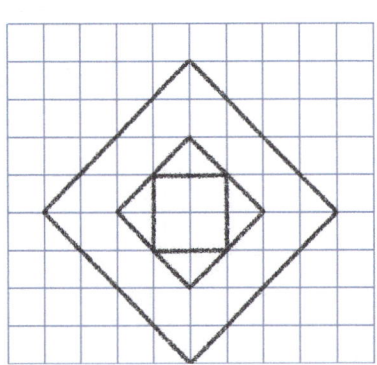

c)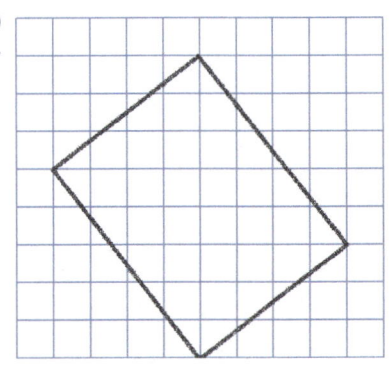

5 a) Zeichne ab und ergänze jeweils die 4. und 5. Figur.

A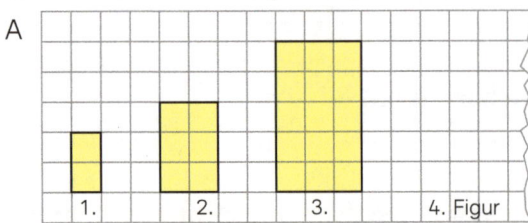

1.　2.　3.　4. Figur

B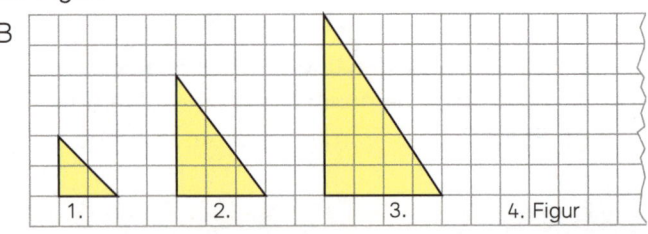

1.　2.　3.　4. Figur

b) Beschreibt die Muster. Wie verändern sich die Figuren?

c) Wie werden das 10. Rechteck und das 10. Dreieck aussehen? Zeichnet.

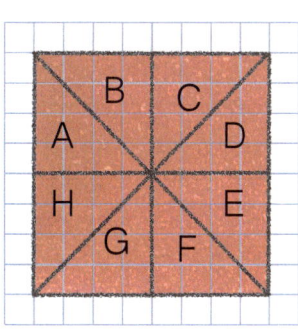

 a) Zeichne und zerschneide
das Quadrat.

b) Lege mit den acht Dreiecken Figuren.
Lass andere Kinder deine
Figur nachlegen.

c) Gestaltet gemeinsam ein Bild.

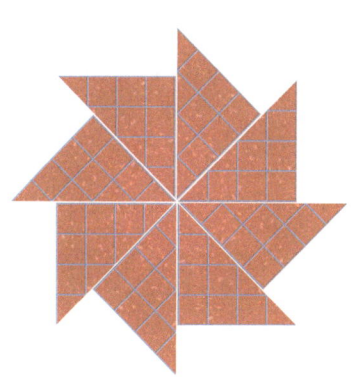

2 Aus dem roten Quadrat haben die Kinder diese Figuren gelegt und anschließend gezeichnet.

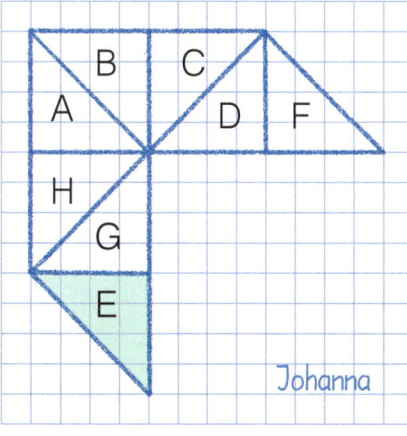

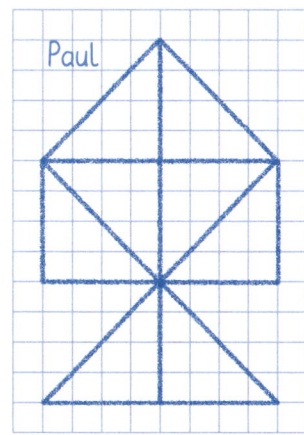

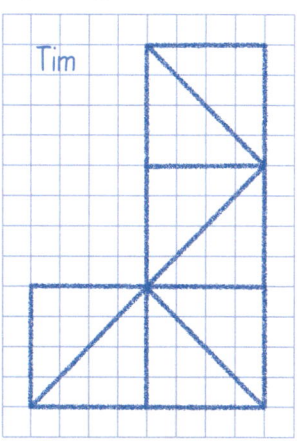

Zeichne die Figuren der Kinder. Schreibe die passenden Buchstaben in die Dreiecke.
Färbe die umgelegten Dreiecke grün.

 **3** Lege mit diesen vier gleich großen Dreiecken verschiedene Vierecke.
Wie viele Möglichkeiten gibt es? Zeichne.

 **4** Zerlege die Vierecke in gleich große Dreiecke. Zeichne.

A 16 Dreiecke   B 24 Dreiecke   C 16 Dreiecke

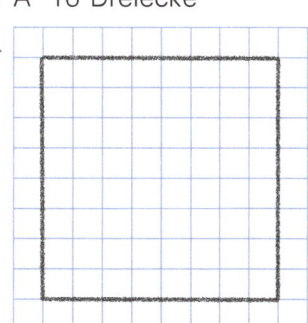 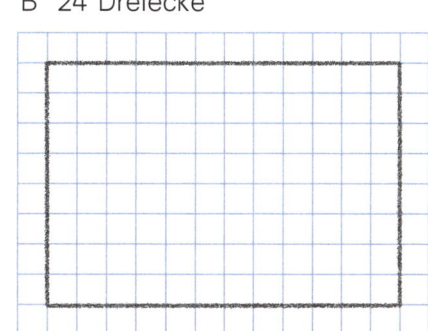 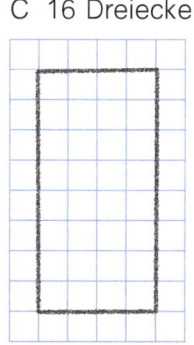

W

5
a) 674 − 300	b) 758 − 500	c) 500 − 200	d) 800 − 400	e) 647 − 230
674 − 40	758 − 30	500 − 50	800 − 60	306 − 120
674 − 340	758 − 530	500 − 250	800 − 460	508 − 250
674 − 240	758 − 630	500 − 150	800 − 260	763 − 432

1 bis 3 Dreiecke ausschneiden und legen.
4 Mehrere Möglichkeiten. 5 Division mit und ohne Rest.

1 Zeichne die Figuren vergrößert, jede Linie doppelt so lang.

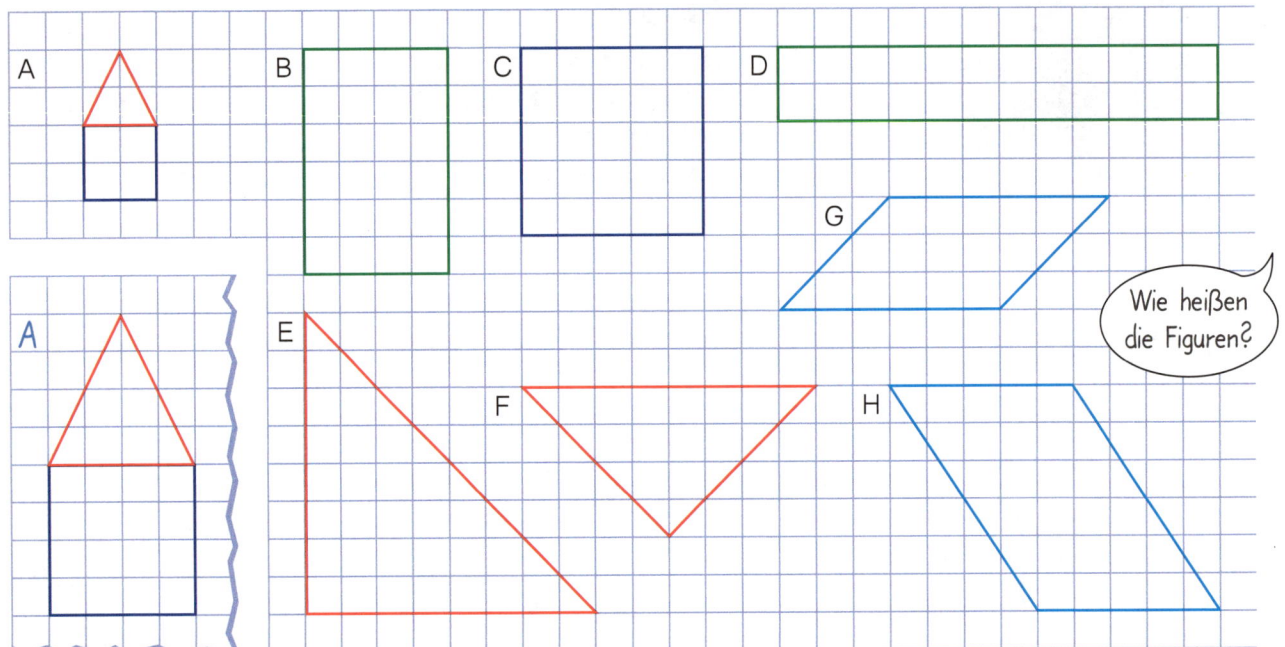

2 Zeichne eine eigene Figur. Lass sie von deinem Partner vergrößert zeichnen. Jede Linie soll doppelt so lang sein.

3 Zeichne die Figuren verkleinert, jede Linie halb so lang.

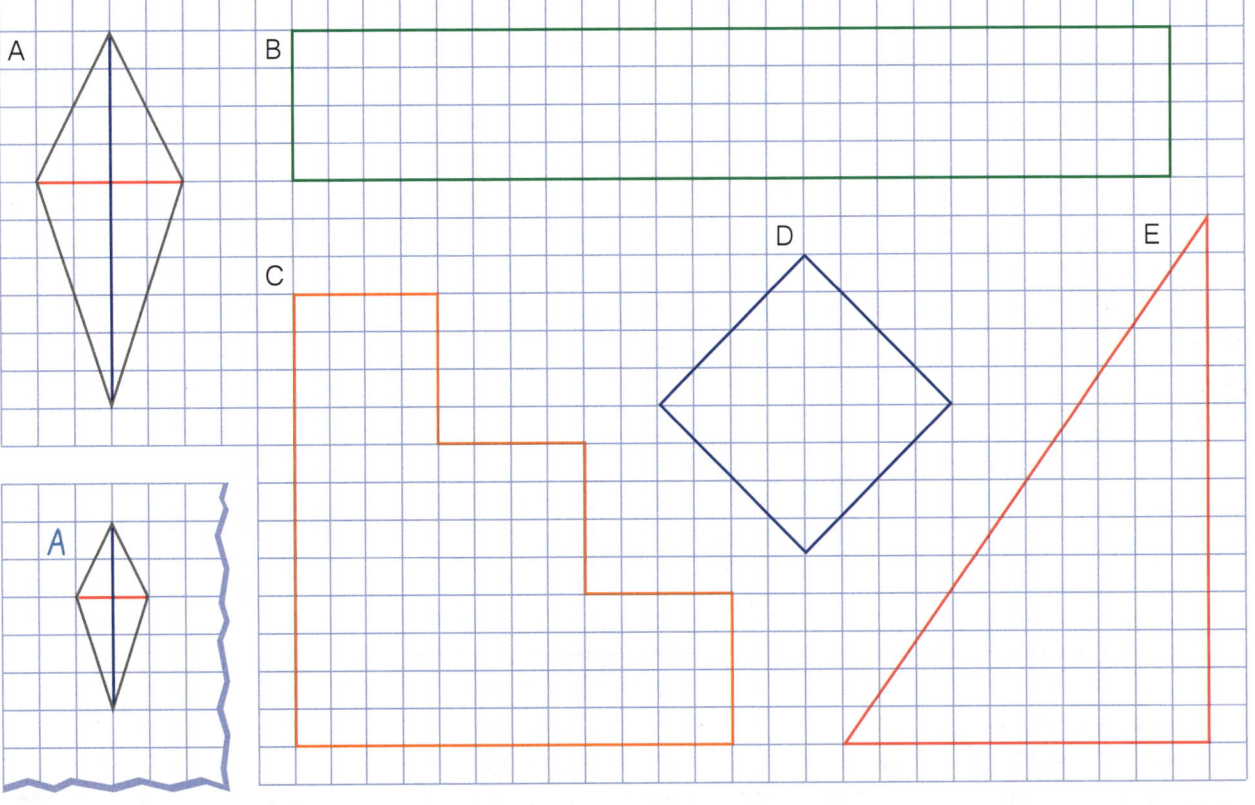

4 Zeichne eine eigene Figur. Lass sie deinen Partner verkleinert zeichnen. Jede Linie soll halb so lang sein.

1

Artur, Tom und Marie haben zusammen sieben Geschwister.
Artur hat doppelt so viele wie Tom, aber nur halb so viele wie Marie.
Wie viele Geschwister hat jeder?

Tom hat doppelt so viele Sammelbilder wie Alex.
Wenn Tom Alex sechs Bilder abgeben würde, hätten beide gleich viele.
Wie viele Bilder hat jeder?

20 Sänger brauchen für ein Lied sieben Minuten.
Wie lange benötigen 40 Sänger?

Ein Läufer schafft 100 Meter in zehn Sekunden. Wie lange brauchen drei Läufer?

2

Verbrauche ich in einem Monat mehr als **1 Meter** Zahnpasta?

Gruppenarbeit: Besprecht Ideen, wie ihr eine Lösung finden könnt.

Ich putze meine Zähne ...mal am Tag.

cm

Ein Monat hat rund ...Ta...

1 Woche: ...ind

Schreibt eure Lösungswege auf Plakate. Erklärt sie den anderen Gruppen.

3 Putze ich in einer Woche mehr als **1 Stunde** meine Zähne?

W

4 Punktrechnen vor Strichrechnen.

a) 9 + 7 · 8
8 + 6 · 4   a) [9 + 56 =]
7 + 9 · 5
5 + 3 · 8
6 + 7 · 6

b) 7 · 5 + 20
6 · 9 + 40
3 · 7 + 30
4 · 5 + 20
9 · 8 + 10

c) 50 − 5 · 5
30 − 4 · 4
60 − 7 · 7
80 − 8 · 8
100 − 9 · 9

d) 8 · 6 − 12
9 · 7 − 33
5 · 6 − 17
7 · 4 − 28
6 · 3 − 9

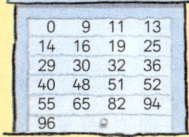

0	9	11	13
14	16	19	25
29	30	32	36
40	48	51	52
55	65	82	94
96			

5 Welches Ergebnis könnte stimmen? Prüfe durch **Überschlagen.**

a) 432 + 87
489   589
519 ✓

a) Ü: 430 + 90 = 520
519 könnte stimmen.

b) 68 + 77
85   145
115

c) 458 + 69
527   427
607

d) 298 + 54
302   452
352

e) 414 + 78
592   492
392

f) 416 + 32
448   548
432

g) 117 + 86
123   203
103

h) 332 + 76
538   308
408

i) 66 + 243
309   209
269

2 und **3** Offene Sachsituation. Fehlende Daten sammeln oder abschätzen. Material bereithalten.
Auf eigenem Weg zum ungefähren Ergebnis kommen. Präsentieren.

1
$$948 - 257 = 691$$

Kann das Ergebnis stimmen? Überschlage.

Ich runde nach den Regeln auf und ab:
900 – 300 = 600

Ich runde beide Zahlen ab:
900 – 200 = 700

Ich runde beide Zahlen auf:
1000 – 300 = 700

> Ein guter Überschlag ist: • leicht zu rechnen
> • nah am Ergebnis
> • muss nicht die Rundungsregeln einhalten.

2 Entscheide dich für einen der Überschläge. Begründe.

458 – 289	763 – 338	417 – 248	537 – 169
400 – 200	800 – 400	400 – 250	500 – 100
450 – 300	700 – 300	500 – 300	550 – 150
500 – 300	760 – 340	400 – 200	600 – 170

3 Überschlage möglichst genau.

a) 768 – 546   b) 728 – 586   c) 728 – 526   d) 768 – 556   e) 748 – 516

4 Prüfe durch Überschlagen: Welches Ergebnis könnte stimmen?

a) 332 – 187   b) 417 – 98   c) 748 – 245   d) 675 – 489   e) 926 – 318

| 205 | 75 | 291 | 319 | 503 | 403 | 136 | 186 | 608 | 658 |
| 145 | | 399 | | 603 | | 286 | | 508 | |

5 Überschlage.

a) 738 – 245   b) 387 – 298   c) 473 – 285   d) 166 – 87   e) 417 – 69
   329 – 171   513 – 58   643 – 157   548 – 379   538 – 113
   951 – 389   973 – 288   267 – 88   631 – 154   675 – 189

6 Robins Mutter kauft ein. Sie hat insgesamt 285 € in der Geldbörse.
Im ersten Geschäft hat sie 127 € ausgegeben.
a) Wie viel Geld hat sie jetzt noch ungefähr?
b) Im zweiten Geschäft gibt sie weitere 84 € aus.
   Wie viel Geld bleibt dann noch ungefähr übrig?

7 Anna-Lena und ihr Bruder Ole haben zusammen 268 schöne Steine gesammelt.
Jedem gehört die Hälfte. Wie viel ist das ungefähr?

1 und **2** Entdecken, wann beim Subtrahieren gleichsinniges Runden (beide
Zahlen auf- oder abrunden) zum genaueren Überschlag führt.

1 Die Mannschaft von Eintracht Frankfurt fährt nach Berlin.
Nach 321 km wird eine Pause gemacht.
Wie viel Kilometer sind noch zu fahren?

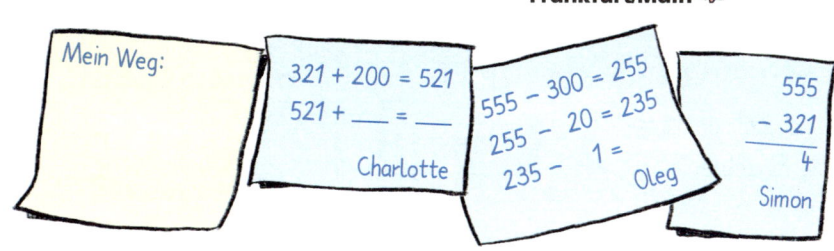

Berlin

555 km

Frankfurt/Main

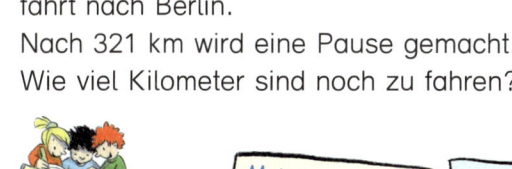

Mein Weg:

321 + 200 = 521
521 + ___ = ___
Charlotte

555 – 300 = 255
255 – 20 = 235
235 – 1 =
Oleg

555
– 321
4
Simon

2 Lege 549.
Nimm 314 weg.

ziehe ab   **oder**   ergänze

9 minus 4 gleich **5**

H	Z	E
5	4	9
– 3	1	4
		5

9 – 4 = **5**

H	Z	E
5	4	9
– 3	1	4
		5

4 + **5** = 9

4 plus **5** gleich 9

Rechne weiter: Ziehe ab **oder** ergänze.

3 Subtrahiere. Beginne bei den Einern.

a)
H	Z	E
9	5	4
– 4	3	1
		3

b)
H	Z	E
8	6	7
– 4	2	6

c)
H	Z	E
4	5	3
– 4	1	0

d)
H	Z	E
6	9	5
–	9	3

e)
H	Z	E
5	9	8
– 4	0	2

f)
H	Z	E
6	9	7
– 5	7	3

4 Erkläre die Muster. Schreibe untereinander und subtrahiere. Setze fort.

a)
978 – 421
867 – 421
756 – 421
___ – ___

b)
798 – 362
798 – 473
798 – 584
___ – ___

c)
356 – 230
467 – 341
578 – 452
___ – ___

d)
958 – 537
847 – 426
736 – 315
___ – ___

e) Welches Päckchen beschreibt Moritz?

„Beide Zahlen werden immer um 111 kleiner.
Deshalb bleibt die Differenz immer gleich."

Alle Aufgaben ohne Übertrag.

1 Links: Abziehverfahren (auf Seite 100 weiterarbeiten). Rechts: Ergänzungsverfahren (auf Seite 101 weiterarbeiten).

Entweder nach dem **Abziehverfahren**

1 Lege 241.
Nimm 128 weg.

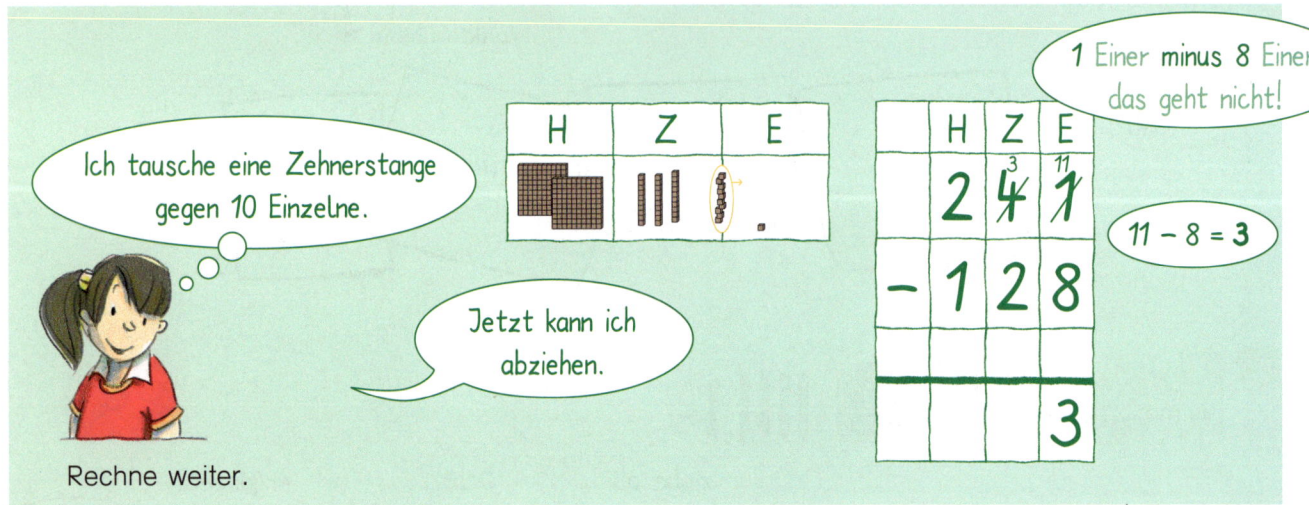

Ich tausche eine Zehnerstange gegen 10 Einzelne.

Jetzt kann ich abziehen.

1 Einer minus 8 Einer das geht nicht!

$11 - 8 = 3$

Rechne weiter.

2
a)
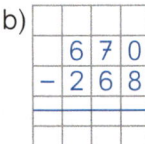

b)
```
  6 7 0
- 2 6 8
```

c)
```
  7 4 1
- 5 2 8
```

d)
```
  5 9 2
- 1 4 6
```

e)
```
  4 7 3
- 3 5 4
```

f)
```
  9 8 4
- 6 3 7
```

3 Schreibe untereinander. Subtrahiere schriftlich.

a) 960 − 419
870 − 235
740 − 326

b) 471 − 137
752 − 328
683 − 456

c) 863 − 754
593 − 285
462 − 137

d) 555 − 307
777 − 609
666 − 408

e) 340 − 135
853 − 238
575 − 349

109 168 205 226 227 248 258 308 325 334 375 414 424 541 615 635

4
a)
```
  7 5 4
- 2 9 2
```

b)
```
  7 7 9
- 3 8 6
```

c)
```
  4 6 7
- 2 8 7
```

d)
```
  4 3 5
- 1 5 4
```

e)
```
  5 3 4
- 3 6 0
```

f)
```
  7 2 6
- 4 7 2
```

5
a) 536 − 290
725 − 480
944 − 370

b) 853 − 783
648 − 175
376 − 292

c) 907 − 253
405 − 162
808 − 536

d) 765 − 372
537 − 242
463 − 181

e) 806 − 643
917 − 84
675 − 483

70 84 163 188 192 243 245 246 272 282 295 393 473 574 654 833

6
a) 573 − 244
862 − 39
460 − 148

b) 780 − 367
560 − 136
670 − 538

c) 448 − 263
835 − 92
679 − 286

d) 307 − 153
406 − 72
508 − 283

e) 973 − 756
637 − 352
888 − 539

132 154 185 217 225 285 312 329 334 349 393 413 424 618 743 823

Entweder diese Seite (Abziehverfahren mit Entbündeln) **oder** die nächste Seite (Ergänzungsverfahren mit Erweitern) nutzen.
Alle Aufgaben mit einem Übertrag: **1** bis **3** ein Zehner, **4** und **5** ein Hunderter, **6** Zehner oder Hunderter.

1 241 – 128

128 + ___ = 241

Subtraktionsaufgaben kann ich durch **Ergänzen** lösen.

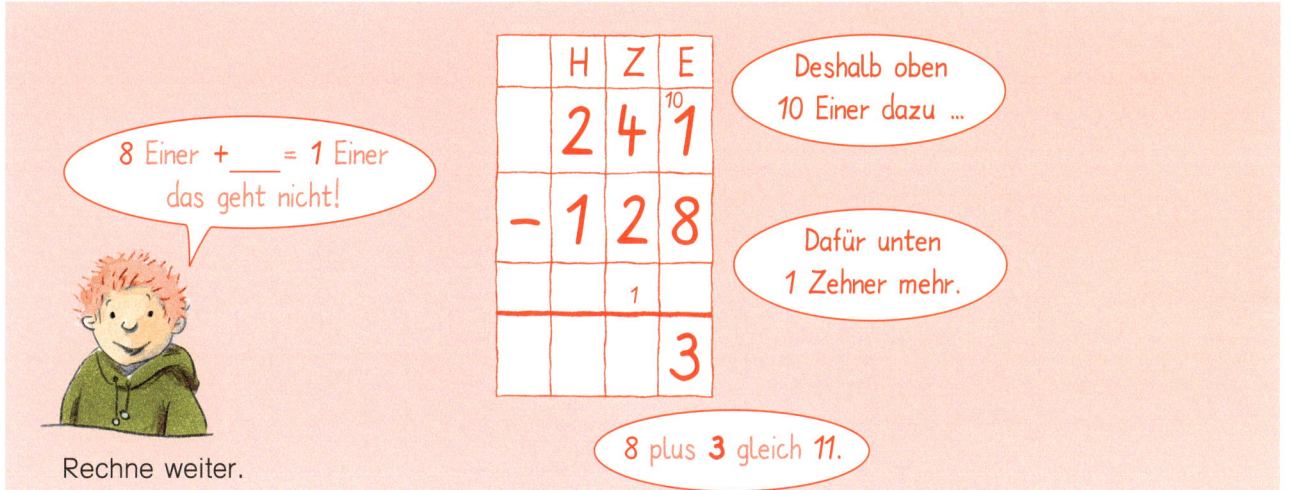

8 Einer + ___ = 1 Einer das geht nicht!

Deshalb oben 10 Einer dazu ...

Dafür unten 1 Zehner mehr.

8 plus 3 gleich 11.

Rechne weiter.

2
a)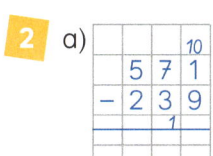
571
– 239

b)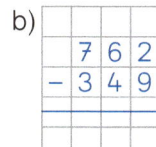
762
– 349

c)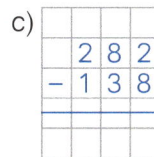
282
– 138

d)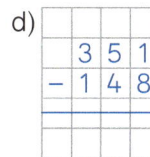
351
– 148

e)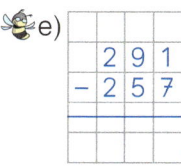
291
– 257

f)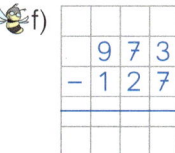
973
– 127

3 Schreibe untereinander. Subtrahiere schriftlich.

a) 780 – 316
950 – 423
860 – 247

b) 581 – 226
862 – 237
473 – 158

c) 683 – 354
792 – 486
964 – 728

d) 888 – 409
666 – 208
555 – 307

e) 430 – 117
763 – 236
972 – 448

236 248 306 313 315 329 355 458 464 479 524 527 527 549 613 625

4
a)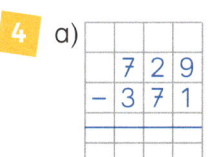
729
– 371

b)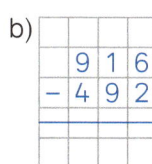
916
– 492

c)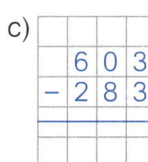
603
– 283

d)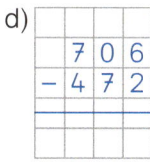
706
– 472

e)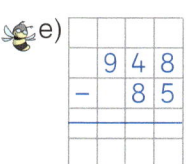
948
– 85

f)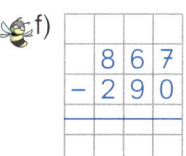
867
– 290

5
a) 483 – 290
777 – 380
845 – 460

b) 528 – 183
907 – 655
614 – 371

c) 807 – 352
608 – 478
306 – 142

d) 953 – 470
406 – 122
754 – 83

e) 245 – 81
826 – 191
568 – 277

130 164 164 193 243 252 284 291 345 385 397 455 483 511 635 671

6
a) 483 – 134
952 – 28
570 – 157

b) 670 – 267
780 – 225
780 – 548

c) 348 – 165
836 – 71
769 – 385

d) 508 – 165
306 – 75
607 – 372

e) 863 – 447
527 – 263
777 – 549

183 228 231 232 235 264 343 349 384 403 413 416 510 555 765 924

Entweder diese Seite (Ergänzungsverfahren mit Erweitern) **oder** die vorige Seite (Abziehverfahren mit Entbündeln) nutzen.
Alle Aufgaben mit einem Übertrag: **1** bis **3** ein Zehner, **4** und **5** ein Hunderter, **6** Zehner oder Hunderter.

1

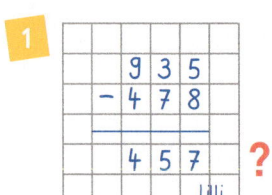

Lilli

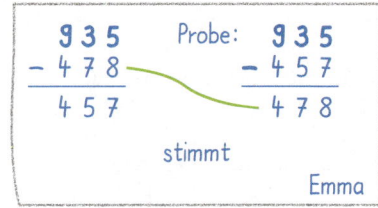

```
  935      Probe:  935
 -478           - 457
 -----          -----
  457            478
```

stimmt

Emma

Wie überprüft Emma?

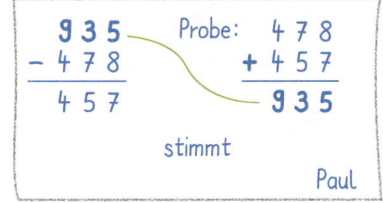

```
  935      Probe:  478
 -478           + 457
 -----          -----
  457            935
```

stimmt

Paul

Wie überprüft Paul?

2 Drei Kinder haben falsch gerechnet. Überprüft.
Entscheidet euch für Pauls **Probe** oder für Emmas **Probe.**

```
  835
 -389
 -----
  446
```
Erkan

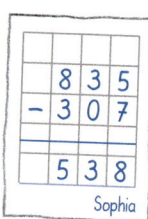

```
  835
 -307
 -----
  538
```
Sophia

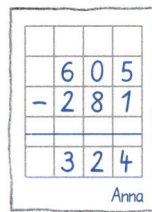

```
  605
 -281
 -----
  324
```
Anna

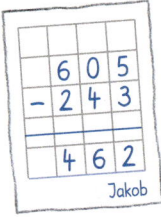

```
  605
 -243
 -----
  462
```
Jakob

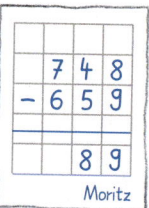

```
  748
 -659
 -----
   89
```
Moritz

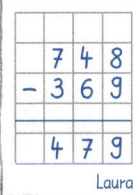

```
  748
 -369
 -----
  479
```
Laura

3 Können diese Ergebnisse stimmen? **Überschlage** nur.

a) 741 – 397 = 444
b) 589 – 213 = 376
c) 977 – 409 = 468

d) 555 – 266 = 389
e) 852 – 348 = 504
f) 335 – 266 = 69

Luis

```
a) Ü:  700 - 400 = 300
   444   kann nicht stimmen.
```

g) 712 – 596 = 216
h) 623 – 467 = 56
i) 859 – 263 = 596

Hanna

j) 1000 – 227 = 873
k) 493 – 321 = 172
l) 612 – 188 = 524
m) 777 – 308 = 429
n) 321 – 242 = 79
o) 548 – 561 = 13

Elias

4 War das Rückgeld richtig ausgerechnet?

a) Frau Schulz hat ein Fahrrad gekauft. Es kostete 379 €.
Sie bezahlte mit vier 100-€-Scheinen und bekam 31 € zurück.

b) Frau Blanco kaufte eine Küchenwaage für 127 €.
Sie bezahlte mit einem 100-€-Schein und einem 50-€-Schein.
Sie erhielt 23 € zurück.

c) Herr Ott kaufte eine Uhr für 108 € und ein Bild für 25 €.
Er gab drei 50-€-Scheine und erhielt 17 € zurück.

 W

5

a)	b)	c)	d)
1000 = __ · 200	500 = __ · 100	800 = __ · 100	400 = __ · 100
1000 = __ · 100	500 = __ · 50	800 = __ · 200	400 = __ · 50
1000 = __ · 500	500 = __ · 250	800 = __ · 80	400 = __ · 80
1000 = __ · 250	500 = __ · 125	800 = __ · 40	400 = __ · 40
1000 = __ · 4	500 = __ · 10	800 = __ · 400	400 = __ · 200
1000 = __ · 8	500 = __ · 5	800 = __ · 800	400 = __ · 400

Z. T. zwei Überträge.
1 und **2** Die verschiedenen Proben diskutieren und bewerten.
3 Eine Aufgabe ist unlösbar. Acht weitere Aufgaben wurden falsch gelöst.

1  | 1 | 2 | 3 | 4 | 5 | 6 |

a) Legt mit diesen Ziffernkarten dreistellige Zahlen. Subtrahiert.

b) Vertauscht die Karten so, dass sich die Differenz ändert.

c) Vertauscht die Karten so, dass sich die Differenz nicht ändert.

$$\begin{array}{r} 6\ 2\ 5 \\ -\ 4\ 1\ 3 \\ \hline \end{array}$$

2  | 1 | 2 | 3 | 4 | 5 | 6 |

Legt Subtraktionsaufgaben.

a) Die Differenz soll möglichst groß sein.

b) Die Differenz soll möglichst klein sein.

c) Die Differenz soll kleiner als 99 sein.

d) Die Differenz soll zwischen 200 und 300 liegen.

e) Die Differenz soll 333 betragen.

$$\begin{array}{r} \square\ \square\ \square \\ -\ \square\ \square\ \square \\ \hline 3\ 3\ 3 \end{array}$$

3 Rechnet im Heft. Erkennt ihr die **Muster?** Setzt fort.

a)
$$674 - 23 \qquad 674 - 134 \qquad 674 - 245 \qquad 674 - 356 \qquad \square\square\square - \square\square\square \qquad \square\square\square - \square\square\square\square - \square$$

b)
$$978 - 786 \qquad 867 - 675 \qquad 756 - 564 \qquad 645 - 453 \qquad 534 - 342 \qquad \square\square\square - \square\square\square - \square$$

c)
$$597 - 233 \qquad 577 - 213 \qquad 557 - 193 \qquad 537 - 173 \qquad 517 - 153 \qquad \square\square\square - \square\square\square - \square$$

d)
$$879 - 797 \qquad 768 - 686 \qquad 657 - 575 \qquad 546 - 464 \qquad 435 - 353 \qquad \square\square\square - \square\square\square - \square$$

4  Lara und Tim haben gelegt:

$$\begin{array}{r} 5\ 6\ 8 \\ -\ 5\ 7\ 6 \\ \hline \end{array}$$

Tim behauptet: „Da kommt 12 raus."

5 Findet ihr die fehlenden Ziffern?

a)
$$\begin{array}{r} \square\ 9\ 3 \\ -\ 2\ 6\ 2 \\ \hline 5\ 3\ 1 \end{array}\ 7$$

b)
$$\begin{array}{r} \square\square\ 3 \\ -\ 1\ 5\ 2 \\ \hline 7\ 4\ 1 \end{array}$$

c)
$$\begin{array}{r} \square\square\square \\ -\ 5\ 3\ 4 \\ \hline 2\ 1\ 3 \end{array}$$

d)
$$\begin{array}{r} 9\ 7\ 0 \\ -\ \square\ 4\ 3 \\ \hline 7\ 2\ 7 \end{array}$$

e)
$$\begin{array}{r} 6\ 5\ 6 \\ -\ \square\square\ 5 \\ \hline 1\ 1\ 1 \end{array}$$

f)
$$\begin{array}{r} 7\ 8\ 7 \\ -\ \square\square\square \\ \hline 2\ 5\ 0 \end{array}$$

6

a)
$$\begin{array}{r} 7\ 6\ \square \\ -\ 5\ 4\ 3 \\ \hline 2\ 1\ 8 \end{array}$$

b)
$$\begin{array}{r} 9\ 5\ \square \\ -\ 4\ 3\ 6 \\ \hline 5\ 1\ 4 \end{array}$$

c)
$$\begin{array}{r} \square\square\square \\ -\ 5\ 4\ 1 \\ \hline 2\ 7\ 1 \end{array}$$

d)
$$\begin{array}{r} 4\ 5\ 0 \\ -\ 2\ 0\ \square \\ \hline 2\ 4\ 7 \end{array}$$

e)
$$\begin{array}{r} 7\ 3\ 0 \\ -\ \square\square\square \\ \hline 6\ 2\ 8 \end{array}$$

f)
$$\begin{array}{r} 4\ 2\ 6 \\ -\ \square\square\square \\ \hline 2\ 3\ 4 \end{array}$$

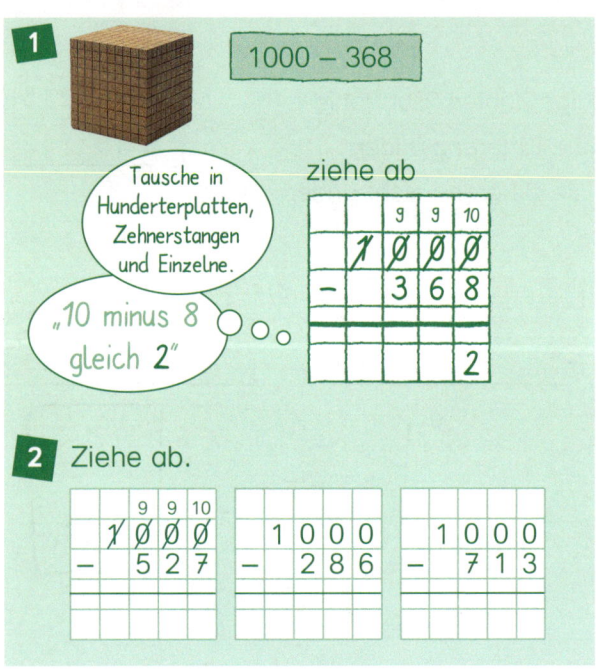

1 1000 – 368

Tausche in Hunderterplatten, Zehnerstangen und Einzelne.

ziehe ab

„10 minus 8 gleich 2"

		9	9	10
	1̶	0̶	0̶	0̶
–		3	6	8
				2

oder

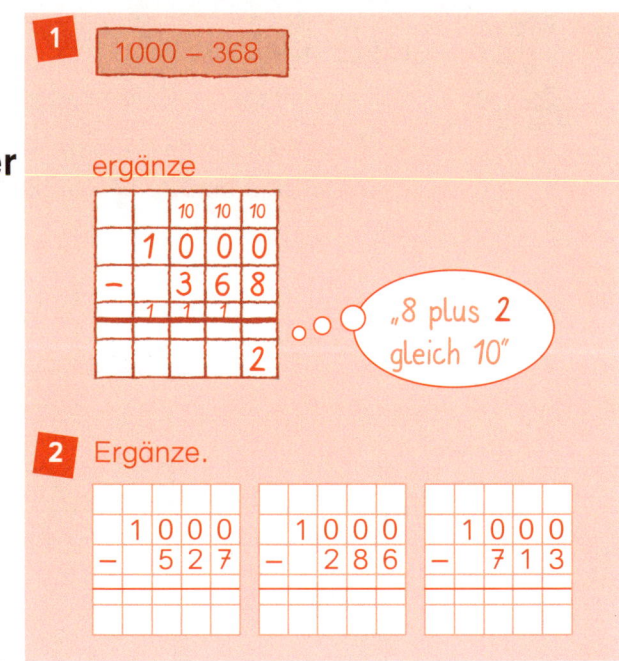

1 1000 – 368

ergänze

		10	10	10
	1	0	0	0
–		3	6	8
		1	1	1
				2

„8 plus 2 gleich 10"

2 Ziehe ab.

		9	9	10
	1̶	0̶	0̶	0̶
–		5	2	7̶

	1	0	0	0
–		2	8	6

	1	0	0	0
–		7̶	1	3

2 Ergänze.

	1	0	0	0
–		5	2	7̶

	1	0	0	0
–		2	8	6

	1	0	0	0
–		7̶	1	3

3
a) 1000 − 406
b) 900 − 217̶
c) 300 − 114
d) 1000 − 555
e) 800 − 444
f) 1000 − 206
g) 1000 − 907̶

4
a) 807̶ − 215
b) 530 − 37̶8
c) 1000 − 505
d) 906 − 847̶
e) 7̶00 − 608
f) 1000 − 333
g) 602 − 325

5
a) 2000 − 406
b) 9000 − 217̶
c) 9000 − 217̶0
d) 1000 − 1001
e) 3000 − 3110
f) 10000 − 5555
g) 7̶000 − 608

6 a)

	B	D
–		E
		E

Emma entziffert eine Geheimschrift-Aufgabe.
Sie sieht drei verschiedene Buchstaben: B, D und E.
Sie probiert zunächst mit diesen Zahlenkarten:
[1] für B, [2] für D und [3] für E.

	[1] B D [2]
–	E [3]
	E [3]

falsch

Emma probiert weiter, bis sie eine Lösung hat.
[1] für B, [0] für D und [5] für E.

	[1] B D [0]
–	E [5]
	E [5]

10 − 5 / 5

richtig

b) Setze immer die Ziffern 1, 0 und 5 ein.

BD + E / BE

BE – E / BD

BDD + E / BDE

c) Setze nun für B, D und E drei andere Ziffern ein.

DE + ED / BB

EBB – EDE / ED

BBE – DED / ED[1]

7 Suche passende Ziffern. Rechne dann noch einmal nach.

a) NVW − WVW / ZXX

b) IMI − ATA / OTO

c) RSR − FPL / LFF

1

405 – 397

Im Kopf
oder schriftlich?

397 + 8 = 405

405
– 397
8

2 Überlege immer zuerst, ob du im Kopf oder schriftlich rechnen willst.

a) 406 – 399
b) 505 – 278
c) 782 – 752
d) 901 – 537
e) 802 – 782

a) 399 + 7 = 406
b) 505
– 278

227
c) 752 + 30 = 782

f) 846 – 378
g) 302 – 299
h) 573 – 523
i) 706 – 389
j) 602 – 247

k) 957 – 130
l) 424 – 178
m) 606 – 595
n) 388 – 148
o) 503 – 495

p) 1003 – 997
q) 1027 – 987
r) 1036 – 758
s) 1205 – 602
t) 1120 – 920

0 3 6 7 8 11 20 30 40 50 200 227 240 246 278 317 355 364 468 603 827

3 Subtrahiere schriftlich oder im Kopf.
Bei einigen Aufgaben kannst du einen Rechenvorteil nutzen.

a) 547 – 99   547 – 100 + 1
547 – 199
547 – 299
547 – 388

b) 634 – 198
634 – 457
634 – 99

c) 465 – 399
465 – 286
465 – 198
465 – 99

d) 856 – 568
673 – 298
527 – 99
752 – 199

e) 1016 – 99
1200 – 198
1546 – 387
2000 – 299

66 87 159 177 179 248 267 288 348 366 375 428 436 448 535 553 917 1002 1159 1701

4 Sind diese Ergebnisse richtig?

a) 546 – 99 = 447
b) 546 – 187 = 369
c) 546 – 230 = 316
d) 546 – 499 = 45
e) 546 – 368 = 178

Emma

a) 546 – 100 + 1 = 447
447 ist richtig.
b) 546
– 187

359

369 ist falsch.

f) 472 – 99 = 473
g) 783 – 230 = 553
h) 366 – 187 = 179
i) 832 – 375 = 467
j) 506 – 499 = 117

Nick

5 a) Die Bücherei der Schillerschule hat 453 Bücher.
Davon stehen 178 in den Klassen.

b) 402 Kinder gehören zur Bachschule.
Von ihnen haben 398 einen Büchereiausweis.

Welche Aufgabe konntest du im Kopf ausrechnen?

Leserausweis		107 K
Name	Vorname	
Schrader	Marianne	
Anschrift		
Pappelallee 15		

Gemeindebücherei Neurode

W

6 Welche Zahlen kannst du einsetzen?

a) m · 7 < 40
b) n · 6 < 50
c) o · 9 < 30

d) p · 4 < 23
e) q · 8 < 69
f) r · 5 < 43

g) s · 3 < 10
h) t · 2 < 10
i) u · 1 < 10

j) x · 9 < 62
k) y · 8 < 62
l) z · 7 < 62

1 Eigene Wege zulassen.
1 bis 5 Feststellen, dass manche Aufgaben schneller im Kopf gelöst werden.
4 Fünf Aufgaben sind richtig gelöst.

1

Ich habe 20 €.

4,99 €

Zeichenblock

0,79 €

8,50 €

1,80 €

2,95 €

6,43 €

BUNTSTIFTE 10 STÜCK

1,75 €

Was könnte sich Elina dafür kaufen?
Überschlage, was könnte es ungefähr kosten?

2 Die Kunden zahlen jeweils mit einem 50-Euro-Schein.
Wie viel Geld bekommt jeder zurück?

PLAAR GmbH

Artikel	Euro
1 Sonnenbrille	45,50

BUCHLADEN

	Euro
1 Duden	22,50
1 Atlas	27,20

OPPERMANN

Anz.		€
1	Zirkel	16,95
1	Geodreieck	3,75

SPRINKE Musik

1	Flöte	23,50
1	Noten	12,45

SCHMITZ

	€
Webrahmen	27,85
Wolle	9,30
Nadeln	2,95

OPTIK-KLEIN

Anz.		€
1	Lupe	15,95
1	Thermometer	8,85
1	Kompass	10,45

OLA-Markt

	€
Faltpapier	5,78
Schere	6,99
Klebstoff	1,05

KLOTZ GmbH

Anz.		€
10	Blöcke	9,90
3	Lineale	3,75
2	Ordner	7,58

0,05 €   0,30 €   4,50 €   9,90 €   14,05 €   14,75 €   28,77 €   29,30 €   36,18 €

W

3 Welche Rechengeschichte passt?

a) $20 € - 5 € = \_\_ €$

A Oma verteilt 20 Euro an ihre 5 Enkel.

B Oma bezahlt mit einem 20-€-Schein. Sie erhält 5 € zurück.

C Oma kauft ein Buch für 20 € und Papier für 5 €.

b) $5 \cdot 20 € = \_\_ €$

A Frau Maas kauft 5 Kinokarten für insgesamt 20 Euro.

B 20 Kinder bringen je 5 € für einen Ausflug mit.

C Herr Behr trägt seit 5 Monaten Zeitungen aus. Jeden Monat erhält er 20 €.

c) $20 € : 5 = \_\_ €$

A Opa verteilt 20 Euro an seine 5 Enkel.

B Opa geht mit 20 € einkaufen. Er bringt 5 € zurück.

C Opa hat fünf Enkelkinder. Er schenkt jedem 20 €.

3 Fragen, rechnen und antworten.

1

Buntstifte **3,75 €**
Klebestift **1,49 €**
Anspitzer **0,49 €**
Farbkasten **4,49 €**

a) Sara kauft einen Farbkasten und einen Anspitzer. Wie viel muss sie bezahlen?

b) Serkan möchte einen Klebestift und Buntstifte kaufen. Wie viel kostet es zusammen?

c) Leon kauft zwei Klebestifte. Wie viel muss er bezahlen?

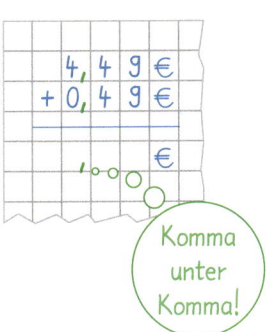

Komma unter Komma!

2 Addiere schriftlich.

a) 12,55 € + 44,12 €
   34,09 € + 25,85 €
   48,70 € + 12,25 €
   51,46 € + 33,51 €

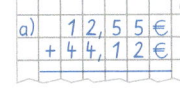

b) 27,32 € + 32,85 €
   63,17 € + 13,19 €
   84,76 € + 15,13 €
   75,64 € + 17,31 €

c) 17,98 € + 9,98 €
   24,25 € + 0,82 €
   30,88 € + 10,05 €
   92,53 € + 6,28 €

25,07 €   27,96 €   30,26 €   40,93 €   56,67 €   59,94 €   60,17 €   60,95 €   76,36 €   84,97 €   92,95 €   98,81 €   99,89 €

3 Addiere schriftlich oder im Kopf.

a) 9,75 € + 25 ct
   17,29 € + 50 ct
   26,94 € + 7 ct

0,25 €

b) 59 € + 14,02 €
   82,86 € + 86 €
   7 € + 104,12 €

c) 1,97 € + 5 ct
   21 ct + 1,84 €
   9 € + 282,40 €

d) 8,35 € + 1,24 € + 6 €
   0,69 € + 3 € + 1,20 €
   77 ct + 4,02 € + 2,18 €

2,02 €   2,05 €   4,89 €   6,97 €   10 €   15,59 €   17,79 €   27,01 €   73,02 €   100 €   111,12 €   168,86 €   291,40 €

4 Lennart hat 35,86 €. Er kauft eine Lupe für 12,25 €. Wie viel Geld bleibt übrig?

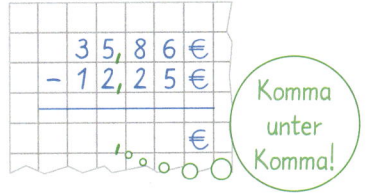

Komma unter Komma!

5 Subtrahiere schriftlich oder im Kopf.

a) 17,52 € − 3,74 €
   78,45 € − 8,99 €
   43,42 € − 0,87 €
   20,75 € − 9,95 €

b) 12,38 € − 12,26 €
   51,57 € − 43,39 €
   13,56 € − 7,84 €
   61,12 € − 27,25 €

c) 6,42 € − 0,89 €
   18,12 € − 7,25 €
   79,06 € − 4,17 €
   82,20 € − 76,12 €

d) 56,57 € − 12 €   8 ct
    7,28 € − 5 €   3 ct
   75,09 € − 48 € 12 ct
   48,32 € − 47 € 88 ct

0,12 €   0,44 €   2,25 €   5,53 €   5,72 €   6,08 €   8,18 €   10,80 €   10,87 €   13,78 €   26,97 €   33,87 €   42,55 €   44,49 €   50 €   69,46 €   74,89 €

6 Jedes Kind geht mit 10 € einkaufen. Für das restliche Geld darf es sich ein Eis kaufen. Eine Kugel kostet 80 ct. Reicht das Restgeld? Rechne genau aus **oder** überschlage.

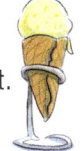

Anna: 2,61 € + 3,84 € + 2,71 €
Vera: 3,43 € + 5,47 € + 0,39 €
Kemal: 1,85 € + 7,86 €
Lia: 0,88 € + 8,89 € + 0,05 €

Magdalena: 1,34 € + 2,48 € + 4,73 € + 65 ct
Lara: 0,75 € + 4,32 € + 1,25 € + 3 €
Kira: 0,85 € + 2,34 € + 3,98 € + 2 €
Felix: 2,05 € + 0,87 € + 5,36 € + 99 ct

1 und **4** Rechnung und Antwort im Heft notieren.
3 Kommaschreibweise beachten. Ggf. Geldbeträge einheitlich in Kommaschreibweise darstellen.

1

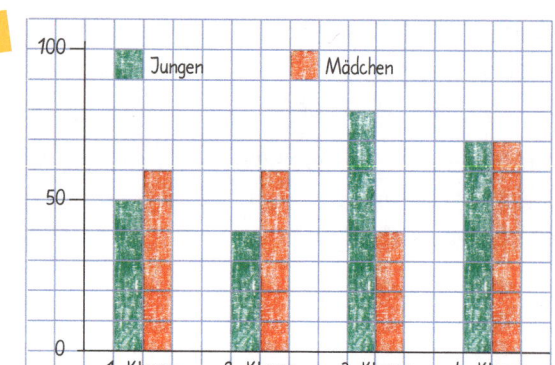

	Jungen	Mädchen	Summe
1. Schuljahr	50		
2. Schuljahr			
3. Schuljahr			
4. Schuljahr			
Summe			

Das Säulendiagramm zeigt die Anzahl der Jungen und Mädchen einer Rostocker Grundschule. Übertrage die Daten in eine Tabelle. Berechne die Summen.

2 Sammelt Daten aus eurer Schule.
a) Wie viele Mädchen, wie viele Jungen sind im 3. Schuljahr?
b) Wie viele Kinder gibt es im 1. Schuljahr, im 2. und 4. Schuljahr?
c) Tragt die Ergebnisse in eine Tabelle ein.

Grundschule ...

Schuljahr	Mädchen	Jungen	Summe
1			
2			
3			
4			
Summe			

3 Führt eine Umfrage zum Thema Lieblingsfach durch. Tragt die Daten in eine Tabelle ein.

4 Wie viele Kinder betreiben in einer Grundschule in Chemnitz die jeweilige Sportart?

Schreibe nach der Größe geordnet auf.

3) Judo: ungefähr 50 Kinder

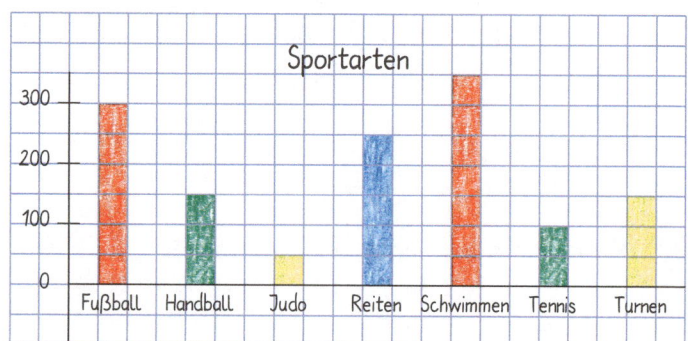

5 Die vier dritten Klassen wollen einen Ausflug machen. Sie haben abgestimmt. Erkläre das Abstimmungsergebnis. Ein Kästchen steht für zwei Kinder.

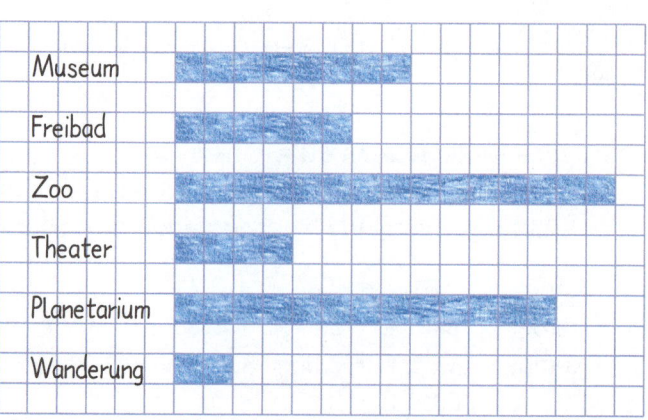

6 In der Klasse 3a wurde ein Klassensprecher gewählt.
Hierzu siehst du ein **Kreisdiagramm.**

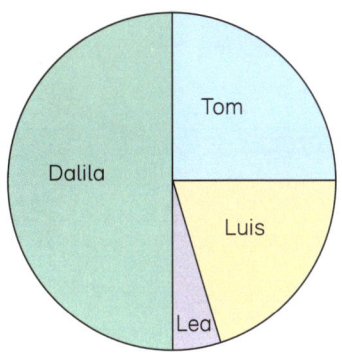

a) Welche Kinder standen zur Wahl?

b) Wer erhielt die wenigsten Stimmen?

c) Wer wurde Klassensprecher?

d) Wer erhielt mehr Stimmen als Luis?

e) Wer bekam halb so viele Stimmen wie Dalila?

f) 24 Kinder haben gewählt.
Wie viele Stimmen erhielt Tom?

7 Die Klasse 3b hat ebenfalls einen neuen Klassensprecher gewählt.

Welches Kreisdiagramm passt?

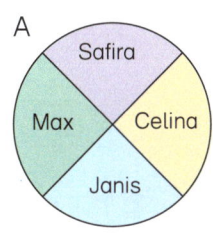 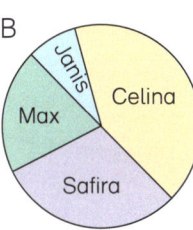 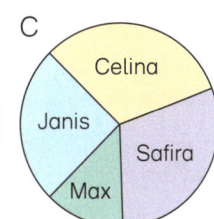

Celina hat die meisten Stimmen.

Max bekam weniger Stimmen als Safira.

Janis erhielt die wenigsten Stimmen.

8 Die Kinder der 3. Klassen der Ahornschule wurden nach ihrem Schwimmabzeichen befragt.

Ordne zu.

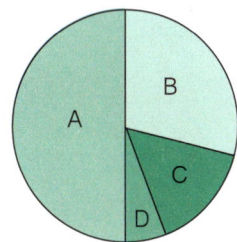

Die Hälfte der Kinder haben schon das Seepferdchen.

Die wenigsten Kinder haben kein Abzeichen.

Es haben mehr Kinder Bronze als Silber.

A	Seepferdchen
B	
C	
D	

9 Wie viele Kinder sind es jeweils?

a) insgesamt 24 Kinder

b) insgesamt 30 Kinder

c) insgesamt 200 Kinder

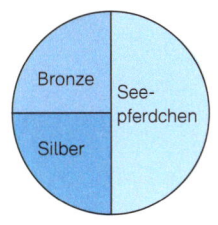 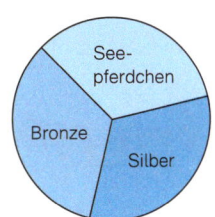 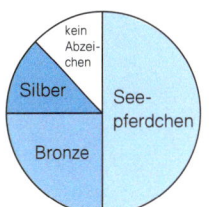

10 Erfindet Rechengeschichten mit passenden Zahlen zu diesen Kreisdiagrammen.

a)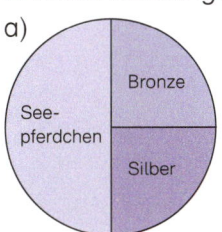

b)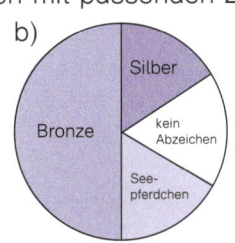

c)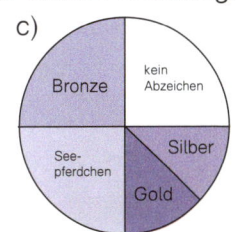

d)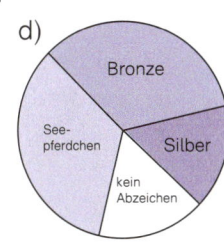

6 bis 10 Begriff „Kreisdiagramm" klären. 7 und 8 Daten einem Kreisdiagramm entnehmen. Daten einem Diagramm zuordnen.

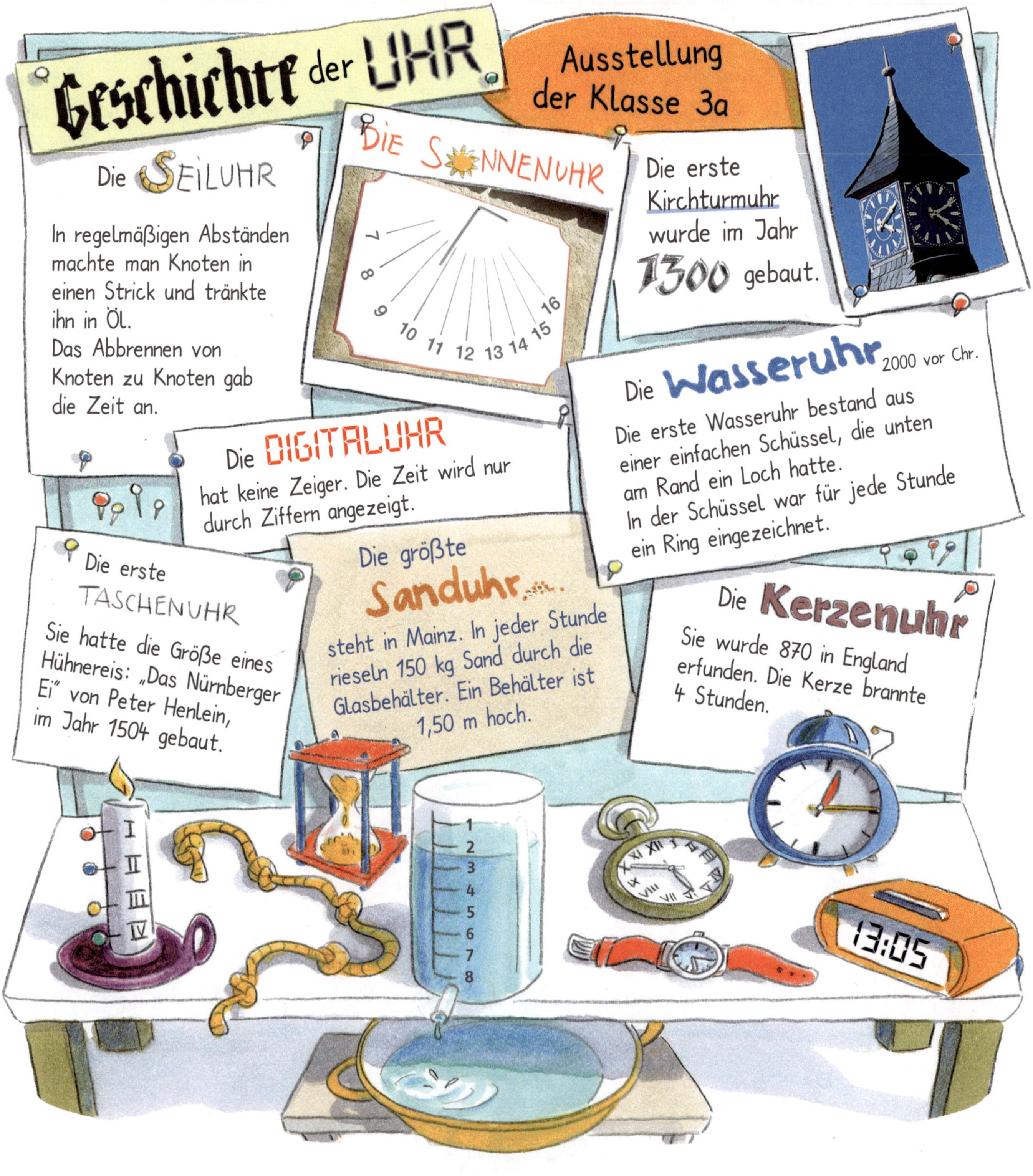
Geschichte der UHR
Ausstellung der Klasse 3a
Die SEILUHR
In regelmäßigen Abständen machte man Knoten in einen Strick und tränkte ihn in Öl. Das Abbrennen von Knoten zu Knoten gab die Zeit an.
DIE SONNENUHR
7 8 9 10 11 12 13 14 15 16
Die erste Kirchturmuhr wurde im Jahr 1300 gebaut.
Die Wasseruhr 2000 vor Chr.
Die erste Wasseruhr bestand aus einer einfachen Schüssel, die unten am Rand ein Loch hatte. In der Schüssel war für jede Stunde ein Ring eingezeichnet.
Die DIGITALUHR
hat keine Zeiger. Die Zeit wird nur durch Ziffern angezeigt.
Die erste TASCHENUHR
Sie hatte die Größe eines Hühnereis: „Das Nürnberger Ei" von Peter Henlein, im Jahr 1504 gebaut.
Die größte Sanduhr
steht in Mainz. In jeder Stunde rieseln 150 kg Sand durch die Glasbehälter. Ein Behälter ist 1,50 m hoch.
Die Kerzenuhr
Sie wurde 870 in England erfunden. Die Kerze brannte 4 Stunden.
I II III IV
1 2 3 4 5 6 7 8
13:05

1 Kannst du die Zeit ablesen?

a) auf der Digitaluhr
b) auf der Kirchturmuhr
c) auf dem Wecker
d) auf der Sonnenuhr
e) auf der Taschenuhr

2 Wann wurden die Uhren erfunden?

a) die Kerzenuhr
b) die Kirchturmuhr
c) die Taschenuhr
d) die Wasseruhr

3 Wie funktionieren die verschiedenen Uhren? Erklärt die Vor- und Nachteile.

Eine Uhrenausstellung organisieren. Informationen aus dem Internet nutzen.

1 Ordnet die Bilder nach Leas Tagesablauf. Notiert die Uhrzeiten. Es entsteht ein Lösungswort.

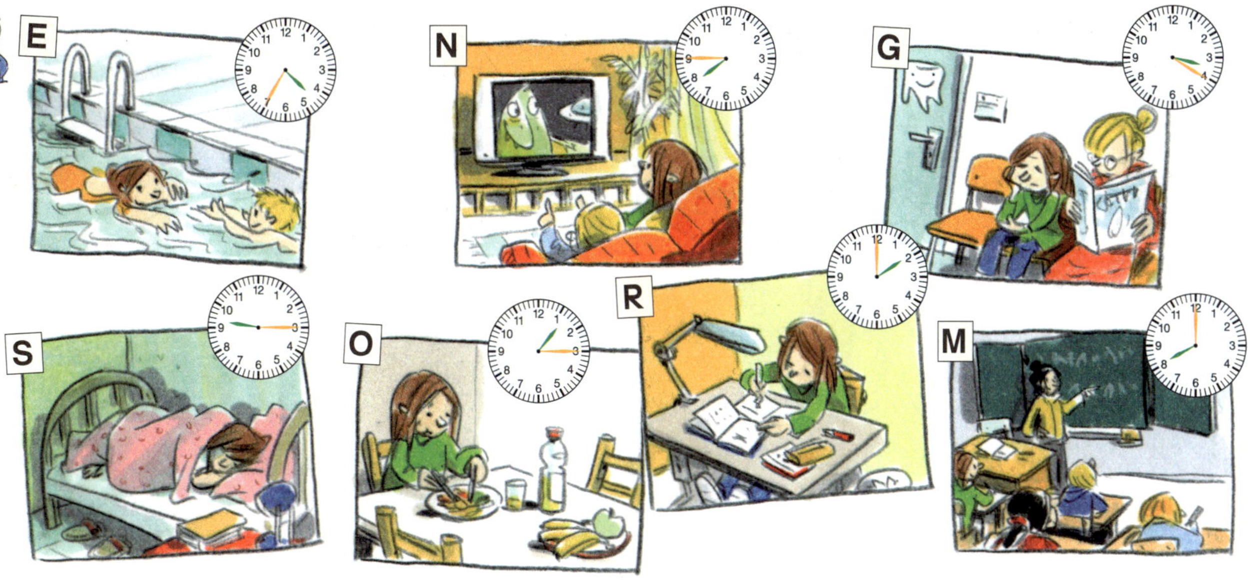

E **N** **G**

S **O** **R** **M**

2 Wie spät ist es?

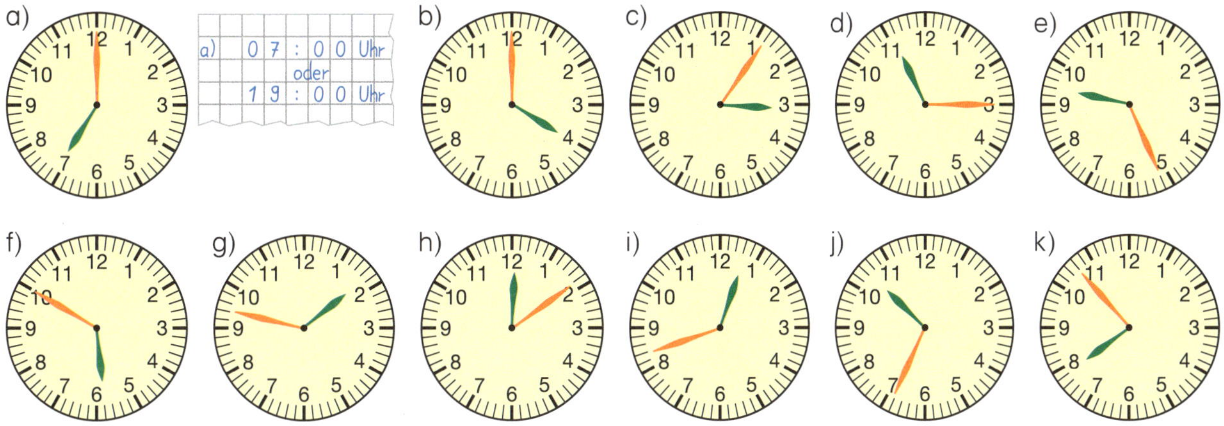

a)

| a) | 0 | 7 | : | 0 | 0 | Uhr |
| oder |
| 1 | 9 | : | 0 | 0 | Uhr |

b) c) d) e)

f) g) h) i) j) k)

3 Wie spät ist es?

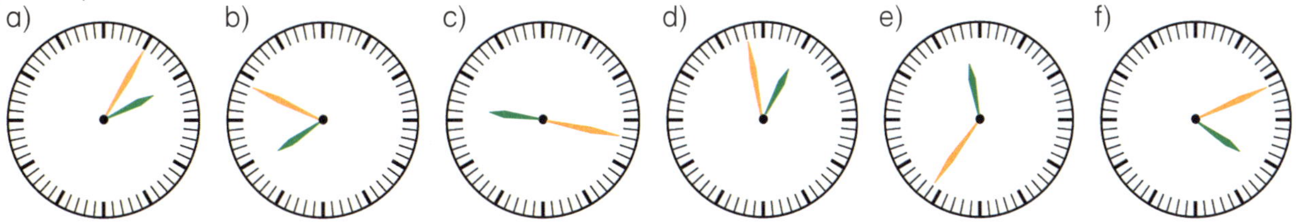

a) b) c) d) e) f)

4 **Kann das stimmen?**

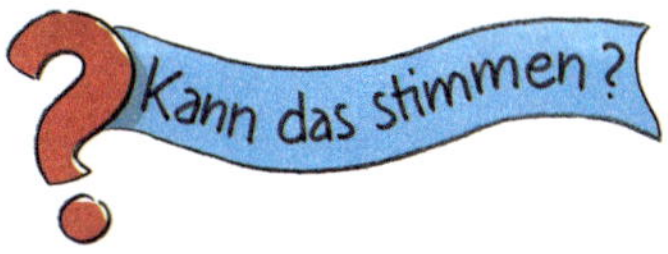

a) Auf meiner Uhr ist es 14:63 Uhr.

b) Die Kindersendung „Lilaleo" startet um 23:45 Uhr.

c) Unsere Schule beginnt mit dem Unterricht um 07:55 Uhr.

W

5 a) 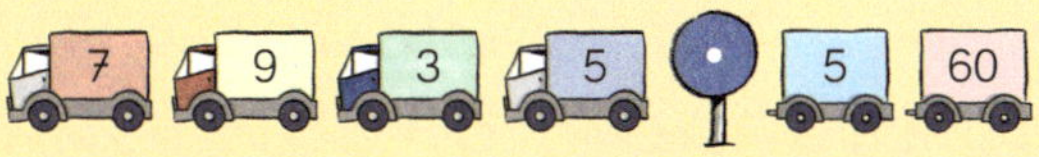 7 9 3 5 • 5 60

b) 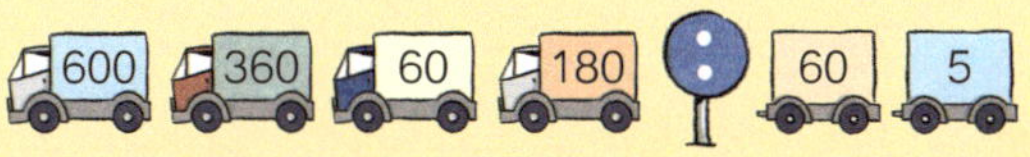 600 360 60 180 • 60 5

1 Stunde hat 60 Minuten
1 h = 60 min

1 Wie viele Minuten sind seit 10:00 Uhr jeweils vergangen?

$\frac{1}{4}$ h = ___ min $\frac{1}{2}$ h = ___ min $\frac{3}{4}$ h = ___ min   1 h = ___ min

2 Wie viel Zeit ist jeweils vergangen?

a)

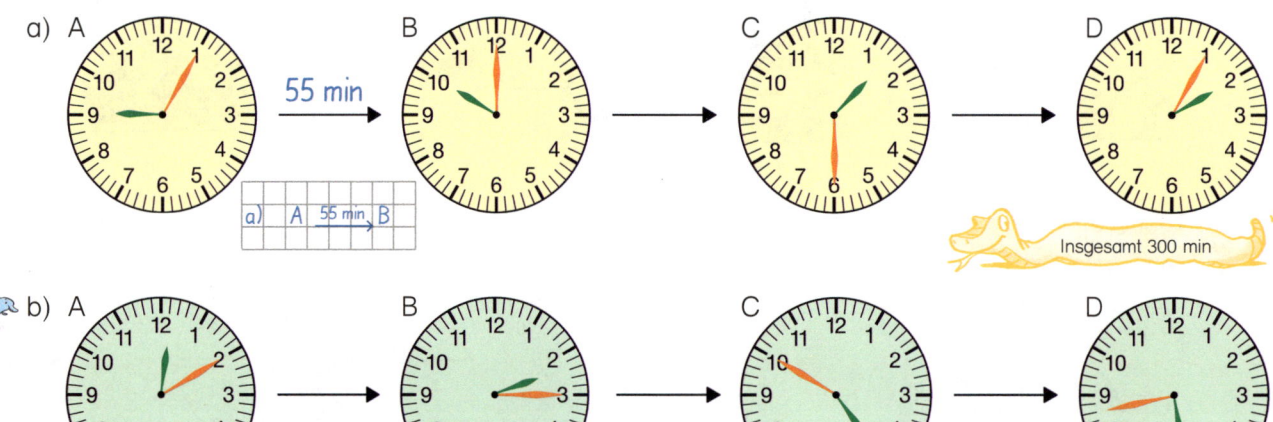

Insgesamt 300 min

b)

Insgesamt 333 min

3 In wie vielen Minuten treffen sich die Kinder?

a) Es ist jetzt fünf vor drei.
Dann treffen wir uns um viertel nach drei.
Meinst du viertel vier?

b) Es ist jetzt viertel vor fünf.
Ich komme um halb sechs zu dir.
Meinst du dreiviertel fünf?

c) Es ist jetzt zehn nach zwei.
Du kannst um drei kommen.

d) Es ist jetzt _____ .
Ich komme um _____ zu dir.

4 Wie viele Minuten sind es?

a) 1 h 10 min
2 h 20 min
3 h 30 min
4 h 40 min
6 h

b) 1 $\frac{1}{2}$ h
2 $\frac{1}{4}$ h
3 $\frac{3}{4}$ h
4 $\frac{1}{4}$ h
5 $\frac{1}{2}$ h

5 Wie viele Stunden und Minuten sind es?

a) 135 min
90 min
100 min

b) 180 min
200 min
210 min
250 min
290 min

c) 600 min
1200 min
1000 min
500 min
750 min

a) | 1 | 3 | 5 | min | = | 2 | h | 1 | 5 | min |

3 d) Offene Aufgabe.

1 Die Tabelle zeigt, wie viel Zeit Enno in dieser Woche für seine Hausaufgaben gebraucht hat.

	Beginn	Ende	Dauer
Montag	14:30 Uhr	15:30 Uhr	h
Dienstag	13:20 Uhr	14:15 Uhr	min
Mittwoch	15:15 Uhr	16:05 Uhr	
Donnerstag	13:05 Uhr	14:10 Uhr	
Freitag	–	–	
Samstag	10:25 Uhr	11:10 Uhr	

a) An welchem Tag beginnt Enno am frühesten mit den Hausaufgaben?

b) An welchem Tag beendet Enno seine Hausaufgaben um 16:05 Uhr?

c) An welchen Tagen startet Enno vor 14:00 Uhr mit den Hausaufgaben?

d) Wie lange dauern jeweils die Hausaufgaben?

e) Wie viel Zeit verbringt Enno in der gesamten Woche mit den Hausaufgaben?

f) In der letzten Woche benötigte Enno an zwei Tagen 10 min mehr und an einem Tag 15 min weniger Zeit. Wie viel Zeit brauchte er insgesamt für seine Hausaufgaben?

2 Wie lange sitzt du an deinen Hausaufgaben? Notiere eine Woche lang deine Zeiten in einer Tabelle. Vergleiche in deiner Klasse.

	Beginn	Ende	Dauer
Montag			
Dienstag			

3 Caroline hat ihre Lieblingssendungen notiert.

Sendung	Beginn	Ende	Dauer
Kindernachrichten	18:50 Uhr	19:15 Uhr	
Wissensshow	16:35 Uhr	17:10 Uhr	
Quiz	14:25 Uhr	14:55 Uhr	
Hier kommt Willi	18:25 Uhr	19:15 Uhr	

a) Berechnet jeweils die Dauer.

b) Welche Sendung dauert am längsten?

c) Welche Sendung dauert doppelt so lange wie „Kindernachrichten"?

d) Findet weitere Fragen und beantwortet sie.

4 Notiert in einer Tabelle die Sendungen, die euch interessieren.

Sendung	Beginn	Ende	Dauer

W

5 Rechne auf deinem Weg.

a)	b)	c)	d)	e)	f)
$42 : 3$	$68 : 2$	$60 : 4$	$65 : 5$	$72 : 6$	$171 : 3$
$57 : 3$	$86 : 2$	$68 : 4$	$80 : 5$	$108 : 6$	$156 : 6$
$69 : 3$	$94 : 2$	$96 : 4$	$90 : 5$	$126 : 6$	$279 : 9$
$126 : 3$	$106 : 2$	$136 : 4$	$110 : 5$	$150 : 6$	$189 : 7$
$168 : 3$	$118 : 2$	$152 : 4$	$160 : 5$	$198 : 6$	$184 : 8$

12 13 14 15 16 17 18 18 19 21 22 23 23 24 25 26 27 31 32 33 34 34 38 42 43 47 48 53 56 57 59

1 und **3** Daten einer Tabelle entnehmen. **2** und **4** Daten in einer Tabelle darstellen. Kopiervorlage.
4 Offene Aufgabe. **5** Im Kopf oder halbschriftlich lösen.

1

2

Abflughafen Leipzig/Halle			
Zielort	Abflug	Ankunft	Flugdauer
Nürnberg	06:35 Uhr	07:25 Uhr	
Düsseldorf	07:00 Uhr	08:05 Uhr	
Dortmund	09:10 Uhr	10:10 Uhr	
Frankfurt	11:20 Uhr	12:22 Uhr	
München	16:40 Uhr	17:40 Uhr	
Köln/Bonn	17:20 Uhr	18:21 Uhr	

a) Berechne jeweils die Flugdauer.

b) Findet ihr heraus, welche Zielorte es im Flugnetz sein könnten?

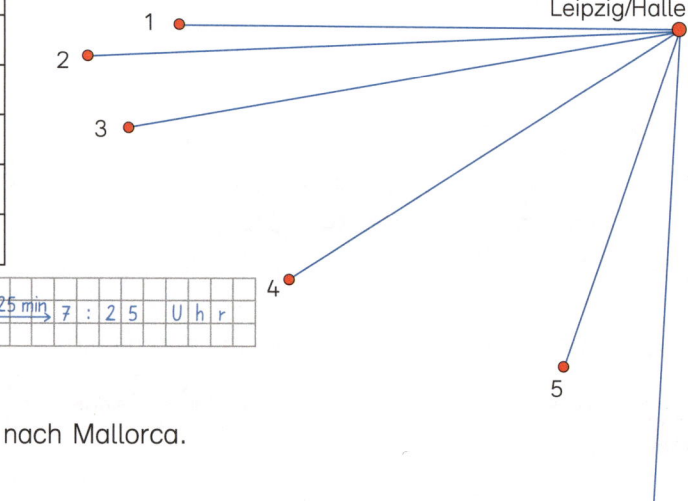

3 a) Tim fliegt in den Ferien mit seiner Mutter nach Mallorca.
Das Flugzeug startet um 11:20 Uhr.
Der Flug dauert 2 Stunden 25 Minuten.

b) Familie Krull will auf die Insel Kos fliegen. Der Abflug ist um 17:35 Uhr.
Die Familie muss 90 Minuten vorher am Flughafen sein.

4 a) Kathi fliegt mit ihrem Vater nach Teneriffa. Der Flug wurde von 07:00 Uhr auf 07:25 Uhr verschoben. Das Flugzeug sollte eigentlich um 12:35 Uhr auf der Insel landen.

b) In New York ist es jetzt 10:00 Uhr, in Deutschland sechs Stunden später.
Das Flugzeug startet in Frankfurt um 18:00 Uhr. Der Flug dauert acht Stunden.
Zu welcher Uhrzeit landet es in New York?

5 Kann das stimmen? In einer halben Stunde landen wir. Dann zeigt die Uhr 11:65.

W

6  a)  b)  c)

2 b) An der Flugdauer orientieren. Evtl. Deutschlandkarte verwenden.

1 Beschreibt die verschiedenen Uhren. Wozu benutzt man sie jeweils?

A Sanduhr   B Wanduhr   C Stoppuhr

Wenn man eine kurze Zeitdauer angeben will, verwendet man die Einheit **Sekunden**.

> **Einheiten der Zeit**
> 1 Minute hat 60 Sekunden
> 1 min = 60 s

2

Nenne alle Vornamen der Klasse.

Nils, Pia, Carlo ...

14 + 36 =
8 · 9 =
7 + 21 =
98 − 16 =

Wie lange kannst du mich ansehen ohne zu blinzeln?

a) Schätzt zuerst. Messt dann mit der Stoppuhr, wie lange ihr dafür braucht.
b) Findet weitere Tätigkeiten, die ihr in wenigen Sekunden erledigen könnt.

3 Wie viele Sekunden sind jeweils vergangen?

a)

12 : 10 Uhr 0 s   12 : 10 Uhr 20 s

b)

c)   d)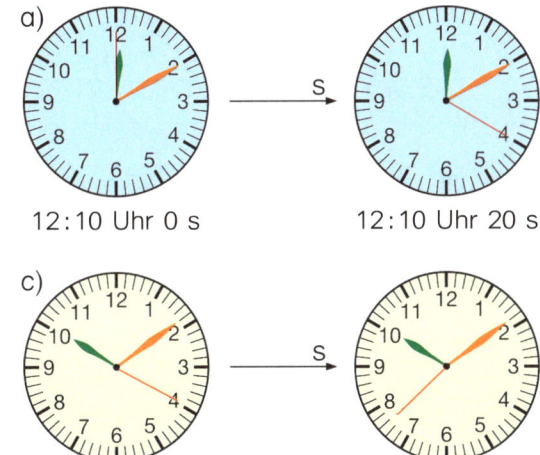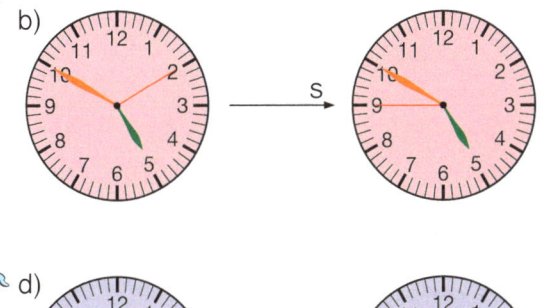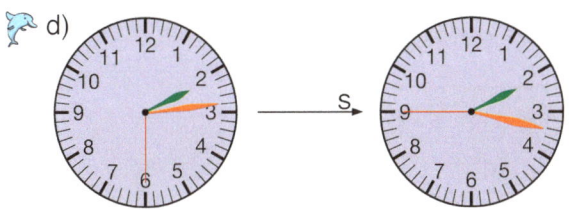

4 Wie viele Sekunden sind es?

a) 8 min	b) 1 min 5 s	c) $\frac{1}{2}$ min
5 min	9 min 45 s	$2\frac{1}{2}$ min
2 min	3 min 10 s	$4\frac{1}{2}$ min
7 min	4 min 32 s	$8\frac{1}{2}$ min

5 Wie viele Minuten und Sekunden sind es?

a) 130 s	b) 210 s	c) 535 s
100 s	385 s	420 s
110 s	250 s	470 s
150 s	465 s	666 s

1

| Berlin Hbf → Waren (Müritz) 152 km ||||
ab	Zug	an
04:41	R E	06:27
06:41	R E	08:24
07:41	R E, R B	09:30
08:41	R E	10:24
09:41	R E, R B	11:30
10:41	R E	12:24
11:41	R E, R B	13:30

a) Frau Schmidt aus Berlin möchte mit ihren Kindern zur Radtour nach Waren. Sie will um 07:41 Uhr starten. Wie lange dauert die Bahnfahrt nach Waren?

 b) Wie lange brauchen die anderen Züge nach Waren?

Radrundfahrt
Seen und Wälder
6 Tage
Flache Strecken.
Insgesamt 250 km.

1. Tag: **Waren** (Müritz) - Röbel
2. Tag: Röbel - Plau
3. Tag: Plau - Lübz
4. Tag: Lübz - Krakow
5. Tag: Krakow - Malchow
6. Tag: Malchow - **Waren**

Erwachsene 239,-
Kinder 198,-

2 Frau Schmidt bezahlt für die Bahnfahrt (hin und zurück) für sich, ihre beiden Kinder und die Fahrräder zusammen 66,00 €. Sie hat die Radrundfahrt „Seen und Wälder" gebucht. Wie viel bezahlt sie insgesamt?

3 Familie Krüger hat für die Radrundfahrt „Seen und Wälder" 676 € bezahlt. Wie viele Familienmitglieder sind mitgefahren?

4 Die Freunde aus Hamburg haben für die „Seen und Wälder"-Fahrt zusammen 956 € bezahlt. Wie viele Personen waren es?

5 Berechne.

a)

Abfahrt	08:48	09:09	08:24	10:54	11:12	07:41	09:25	10:48
Fahrzeit	1h 40 min					10 min	1h 10 min	3h 25 min
Ankunft	10:28	10:54	11:30	14:15	16:08			

b)

Abfahrt	09:05	11:15	10:20	08:12	06:43	07:18	12:16	09:32
Fahrzeit						25 min	2h 15 min	1h 30 min
Ankunft	11:35	12:28	13:46	09:43	08:14			

W

Setze fort.

6 a) 8, 5, 10, 7, 12, 9, …   d) 30, 24, 31, 25, 32, …   g) 20, 11, 26, 17, 32, …
b) 10, 6, 14, 10, 18, 14, …   e) 40, 46, 38, 44, 36, …   h) 22, 14, 33, 25, 44, …
c) 10, 4, 13, 7, 16, 10, …   f) 50, 58, 49, 57, 48, …   i) 41, 32, 60, 51, 79, …

7 a) 153 / 129 | 348 / ___
b) 215 / 434 / 896
c) 779 / 252 / 498
d) 677 / 545 / 887
e) 996 | 854 / 332 / ___

1 Abkürzungen klären. 2 Auch die Bahnkosten für die eigene Familie feststellen unter www.bahn.de.
6 Jeweils die Regel erkennen. Der Regel entsprechend beliebig weit fortsetzen.

8

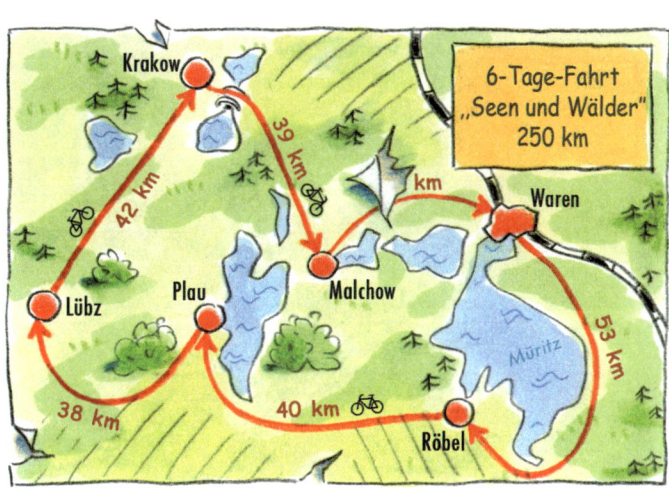

6-Tage-Fahrt „Seen und Wälder" 250 km

Krakow · 42 km · 39 km · km · Waren · Lübz · Plau · Malchow · 38 km · 40 km · Röbel · Müritz · 53 km

Wie lang ist die Strecke Malchow–Waren?

9 Am zweiten Abend in Plau rechnet Tobias aus, wie viel Kilometer es noch bis zum Ende der Fahrt sind.

Lösungsskizze:

250 km		
53 km	40 km	Rest

10 In Lübz möchte Laura wissen, wie weit es noch bis Waren ist. Zeichne eine Lösungsskizze, bevor du rechnest.

11 Am vierten Tag kann Herr Dix nicht mehr auf dem Sattel sitzen. Er radelt nur die Hälfte der Tagesstrecke mit. Wie viel Kilometer fährt er mit dem Bus?

42 km	
Rad	Bus

12 Frau Schmitz meint: „Die ganze Strecke hätten wir auch in fünf Tagen schaffen können." Wie viel Kilometer wären das an jedem Tag?

250 km				
1. Tag	2. Tag	3. Tag	4. Tag	5. Tag

13

Abfahrt	07:43	06:58	08:36	09:41				
Fahrzeit	12 min	20 min	45 min	2 h 35 min	1 h 19 min	2 h 10 min	4 h 23 min	6 h 45 min
Ankunft					11:06	12:15	14:15	18:17

14 Welcher Text passt zu dieser Lösungsskizze?

50 €					
8 €					

B Oma hat 50 € Taschengeld mitgegeben. 8 € davon gab Laura für eine Hörspielkassette aus. Der Rest soll für 6 Tage eingeteilt werden.

A Jasmin erhält für ihre Reise von Oma 50 € und von Opa 8 €.

C Tobias hat von Oma 50 € mitbekommen. Davon gibt er jeden Tag 8 € aus.

Frage – rechne – antworte.

W

15 a)  180  270  150 300 • 30 3 b) 560 350 280 490 • 70 7

1 a) Beschreibe das Foto.
b) Wo kannst du Spiegelbilder sehen?

Überlege:
Wo ist das Original,
wo ist das Bild?

2 Beschreibe die Spiegelbilder. Probiere mit einem Spiegel.

a)

b)

c)

d)

e)

f)

g)

h)

i)

 3 Führe selbst Versuche mit Spiegelbildern durch.

1

Die Kinder wollen schaukeln. Was wird passieren?

2 a) Der Stuhl ist achsensymmetrisch gebaut. Warum ist das wichtig?
b) Zeigt euch die Symmetrieachsen der anderen Gegenstände. Prüft mit dem Spiegel.

Symmetrieachse

c) Sucht weitere Beispiele.

3 Zeige bei den Buchstaben die Symmetrieachsen. Prüfe mit dem Spiegel.

A B C D E H I K M O T U W X

4 a) Lies die Wörter mit dem Spiegel.

b) Findest du weitere Wörter mit einer Symmetrieachse?

1 und **2** Symmetrie in der Umwelt wahrnehmen und die Funktionalität beschreiben.

1 Figuren können auch mehrere Symmetrieachsen haben. Prüfe mit dem Spiegel.
Zeichne die Figuren und trage die Symmetrieachsen rot ein.

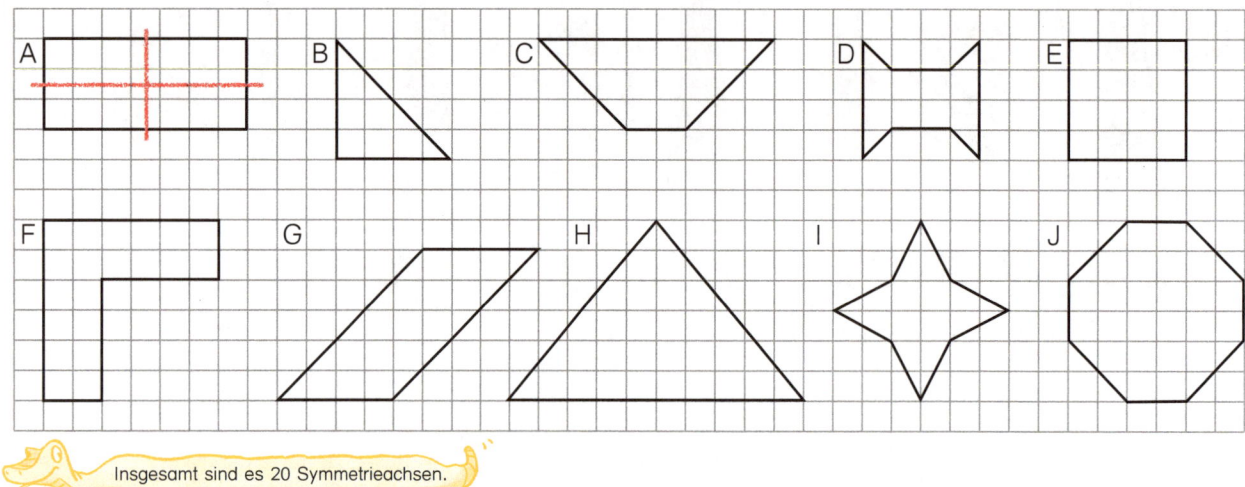

Insgesamt sind es 20 Symmetrieachsen.

2 In welchen Figuren sind Symmetrieachsen falsch eingezeichnet?

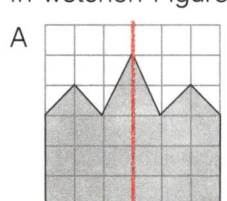 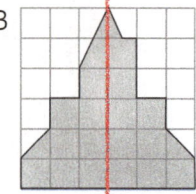 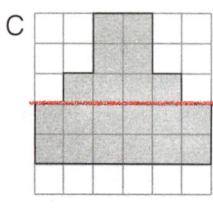 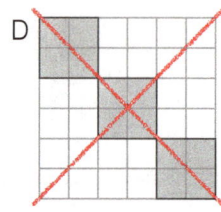 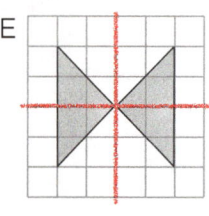

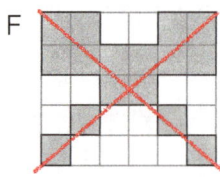 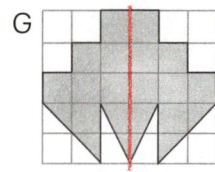 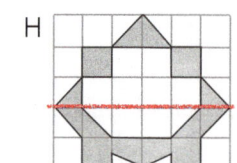 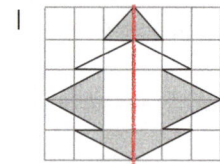 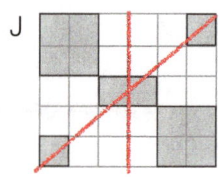

3 Spiegele nacheinander. Zeichne und prüfe mit dem Spiegel.

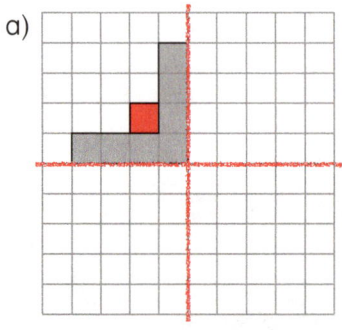 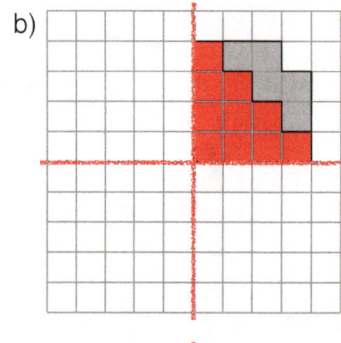 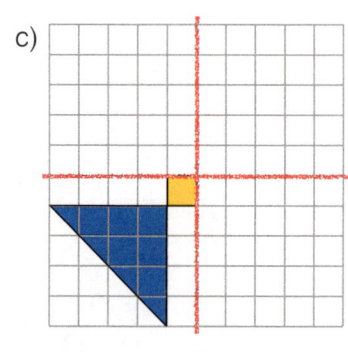

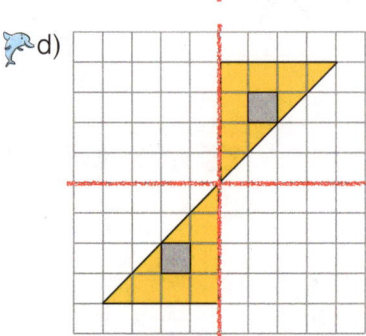 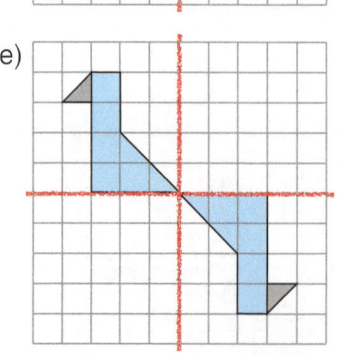 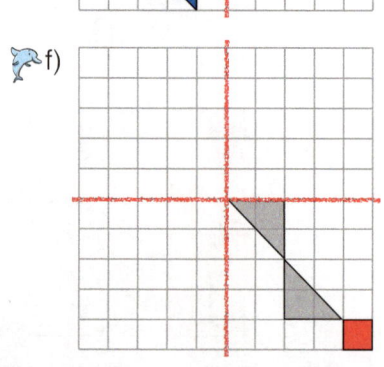

Erfinde eigene symmetrische Muster.

1 Eine Figur hat keine Symmetrieachse. **2** Bei fünf Figuren sind falsche Symmetrieachsen eingezeichnet.
3 Diff.: Herausfinden, dass zweimaliges Spiegeln zur Drehsymmetrie führt.

1

Beschreibe das **Bandornament**.
Finde in deiner Umwelt weitere Beispiele.

> Bandornamente entstehen durch
> wiederholtes Verschieben einer Figur.
> Das Muster ist schubsymmetrisch.

2 Setze das Bandornament fort. Übertrage in dein Heft.

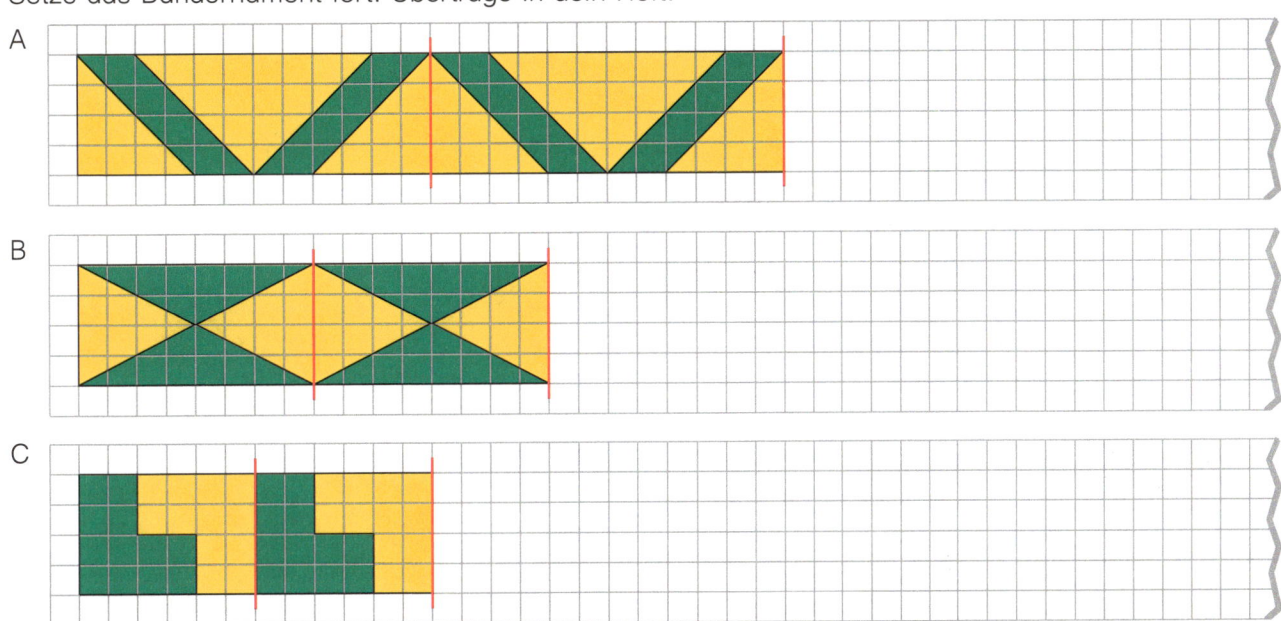

3 Die Kinder haben die Bandornamente fortgesetzt. Entdeckst du Fehler?

4 Setze das Bandornament fort. Übertrage in dein Heft.

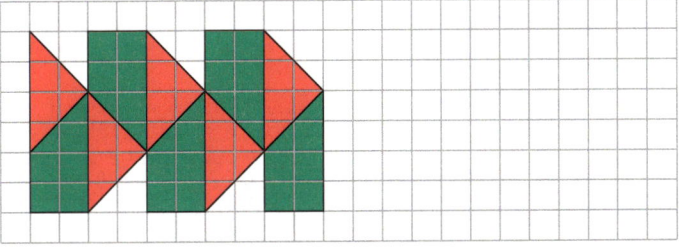

Erfinde eigene Bandornamente.

3 Diff.: Das Bandornament richtig zeichnen.

1 Welche Formen sind in den Parkettmustern enthalten?
Zeichne die Muster jeweils in die Mitte einer Heftseite.
Setze in alle Richtungen fort.

A

B

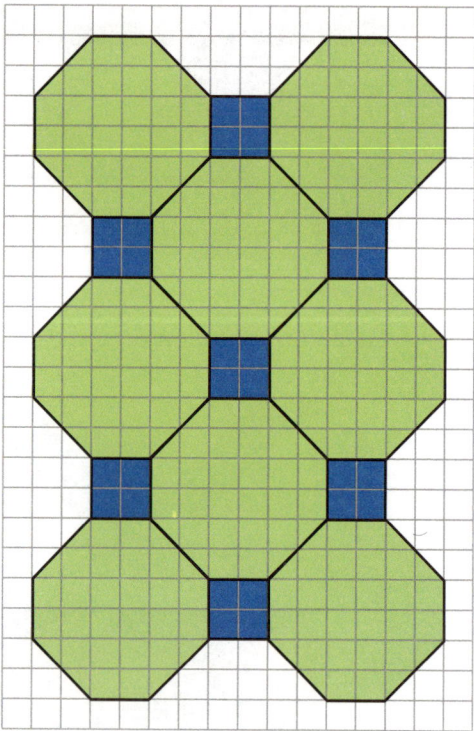

2 a) Findest du Parkettmuster in deiner Umgebung? Zeichne sie.
b) Erfinde eigene Muster.

W

3 Rechne halbschriftlich oder im Kopf.

a) 216 + 250   b) 345 + 30   c) 473 + 20   d) 307 + 102   e) 360 + 46
226 + 250   345 + 50   473 + 30   307 + 103   457 + 33
266 + 250   345 + 60   473 + 40   307 + 105   285 + 42
266 + 254   345 + 66   473 + 49   307 + 115   476 + 45

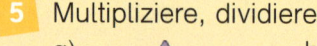

327   375   395   405   406   409   410   411   412   422   466   476   490   493   503   513   516   520   521   522   540

4 a) 548 − 30   b) 560 − 35   c) 857 − 44   d) 684 − 230   e) 792 − 570
548 − 38   560 − 25   857 − 36   684 − 235   308 − 250
548 − 48   560 − 55   857 − 62   684 − 352   577 − 305
548 − 51   560 − 65   857 − 78   684 − 543   605 − 408

43   58   141   197   222   272   332   449   454   495   497   500   505   510   518   525   535   779   795   813   821

5 Multipliziere, dividiere.

a)   35   7   b)   48   8   72   c)   6   d)   36   4   16   e)   9
    5   8   9   4   7   5

6 a)    b)

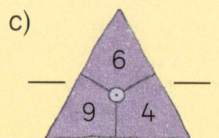 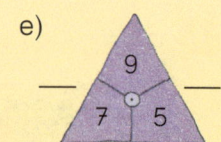

6 b) Eine Aufgabe ist nicht lösbar.

1 A B

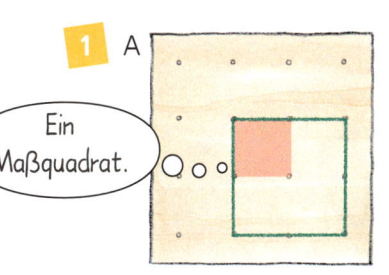 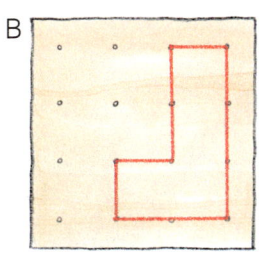

Ein Maßquadrat.

Spanne die Figuren.
Sind sie gleich groß?
Vermute vorher.
Prüfe mit Maßquadraten.

2 Welche Figuren sind gleich groß? Vermute. Prüfe mit Maßquadraten.

A und H (4 Maßquadrate)

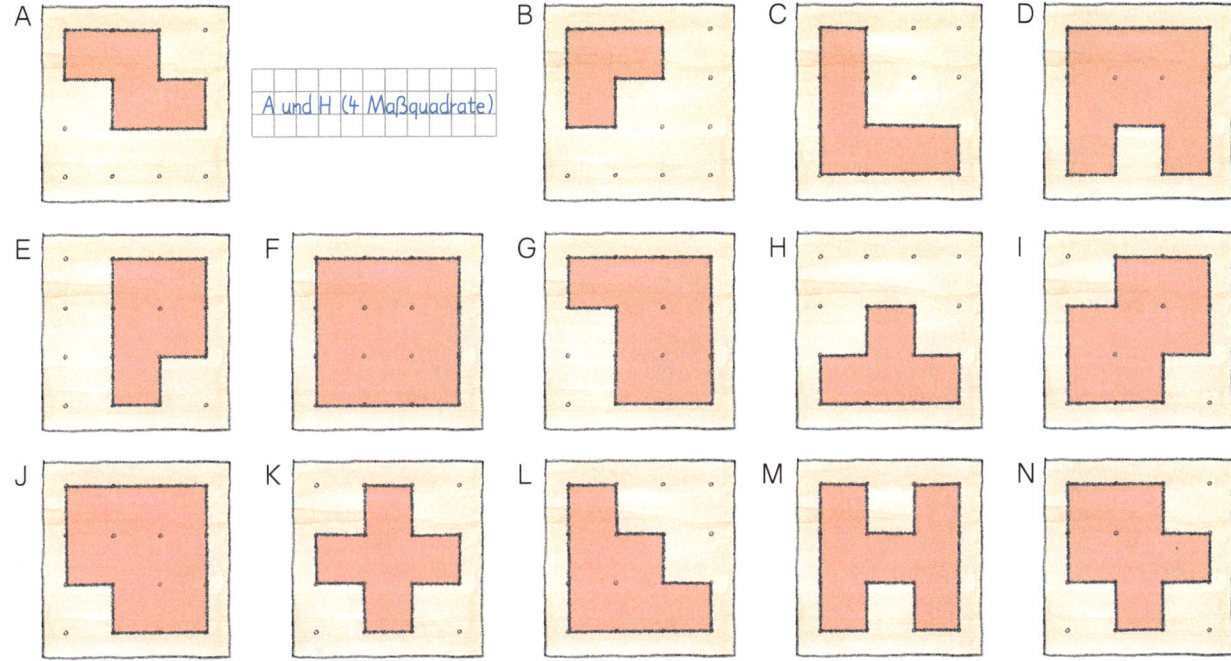

3 Wie groß sind die Figuren? Spanne und lege mit Maßquadraten und Maßdreiecken. Zeichne.

Zwei

nd so groß wie ein aßquadrat.

A

insgesamt 8 Quadrate

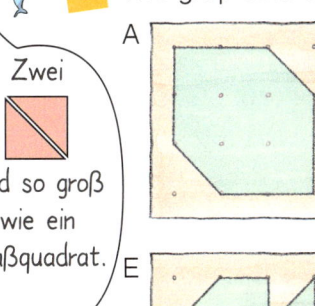
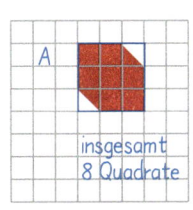
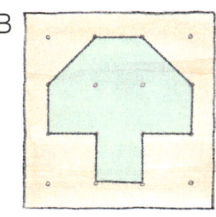
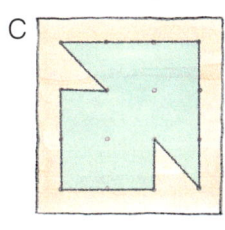
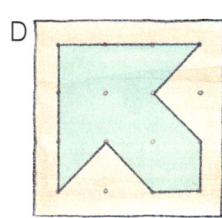

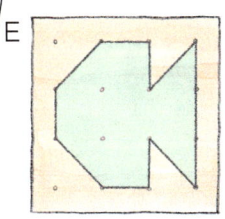
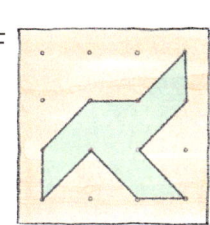
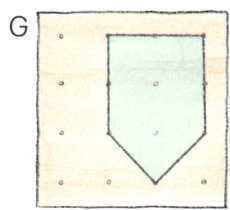
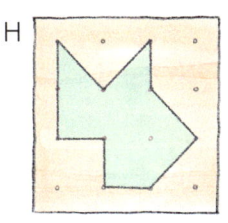
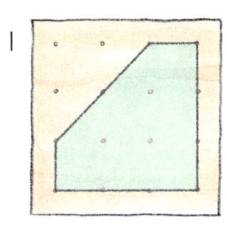

4 Welche Figur ist nicht genauso groß wie die anderen?

A B C D E

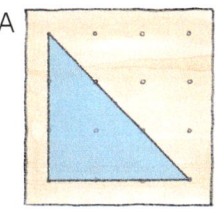
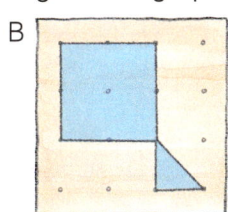
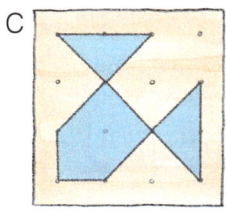
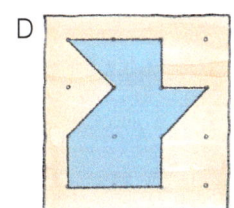
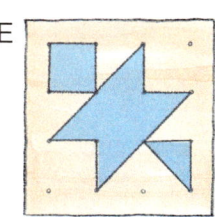

2 Figuren auf dem Geobrett spannen, mit Maßquadraten auslegen und zeichnen.
Kopiervorlage nutzen. Diff.: Weitere Figuren spannen und zeichnen.
4 Kopfgeometrie oder Spannen und Auslegen.

1

Ich merke mir: 1 Liter

Wie viel Wasser fassen die Gefäße?
Messt eure Eimer, Gießkannen und anderen Gefäße. Schätzt vorher.

2 Schätze:
a) Wie viel Liter trinkst du wohl an einem Tag?
b) Wie viel Wasser verbrauchst du insgesamt an einem Tag.

3

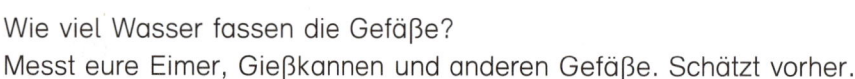

Täglicher **Wasserverbrauch** pro Person

44 l	41 l	15 l	9 l	8 l	6 l	5 l	2 l
Toilette	Dusche	Hände waschen	Zähne putzen	Wäsche waschen	Essen zubereiten	Geschirr spülen	Blumen gießen

a) Wie viel Wasser verbraucht eine Person am Tag?
b) Berechne den Wasserverbrauch deiner Familie am Tag.

4

In 1 min 9 Liter

Tim putzt seine Zähne täglich dreimal je 2 Minuten.
Während dieser Zeit lässt er das Wasser laufen.
Berechne die Wassermenge in einer Woche.

Wie kann Tim sparen?

5

In 1 min 12 Liter

Kirsten duscht jeden Tag 5 Minuten.
Wie viel Wasser verbraucht sie
in einer Woche?

Wie kann Kirsten sparen?

Wie lange duschst du?

1 Messen durch Umschütten. Vor- und Nachteile nichtstandardisierter und standardisierter Einheiten erfahren. Die Milchtüte als realistische Bezugsgröße für das Hohlmaß 1 l einprägen.
3 Aktuelle Durchschnittswerte. Angaben aus dem Schaubild entnehmen.

1   Welches der beiden Gläser enthält mehr Saft? Schätzt und begründet.

a)   b)   c)   d)

2 Wie viel Milliliter Wasser sind im Becher?

ein Liter	halber Liter	viertel Liter	dreiviertel Liter
$1\,l =$ 1000 ml	$\frac{1}{2}\,l =$ _____	$\frac{1}{4}\,l =$ _____	$\frac{3}{4}\,l =$ _____

3 Ordne zu.

10 l   5 l

$\frac{1}{2}\,l$ 1 l $\frac{1}{4}\,l$

100 l

4 Ergänze im Heft zum vollen Liter.

750 ml	320 ml	$\frac{1}{4}\,l$	427 ml	637 ml	1000 ml	$\frac{1}{2}\,l$

W

5 Wie viel Stunden und Minuten sind es?

a) 145 min   b) 100 min   c) $1\frac{1}{2}$ h
   70 min   240 min $2\frac{1}{2}$ h
   110 min   250 min $3\frac{1}{2}$ h

| a) | 1 | 4 | 5 | min | = | 2 | h | 2 | 5 | min |

6 Wie viele Tage sind es?

a) 1 Woche   b) 2 Wochen   3 Tage
   2 Wochen   1 Woche   3 Tage
   4 Wochen   3 Wochen   1 Tag
   10 Wochen   7 Wochen   10 Tage
   6 Wochen   5 Wochen   5 Tage

7 a)  48 56 96 8 4 2   b)  72 90 108 126  9 6 3

1 Subtrahiere. Sind alle Aufgaben lösbar?

a) 847	b) 874	c) 748	d) 748	e) 784	f) 748	g) 784
− 487	− 487	− 708	− 87	− 78	− 487	− 487

h) 639	i) 639	j) 639	k) 528	l) 528	m) 528	n) 528
− 396	− 243	− 693	− 275	− 527	− 572	− 253

 1 8 40 243 253 261 275 297 360 387 396 661 706

2 Schreibe untereinander und addiere.

a) 537 + 312 + 145
537 + 312 + 45
537 + 312 + 5

538 + 312 + 6
538 + 12 + 46
538 + 2 + 346

b) 346 + 4 + 568
346 + 47 + 68
346 + 479 + 8

578 + 257 + 2
578 + 57 + 29
578 + 7 + 292

c) 324 + 7 + 408
417 + 53 + 266
805 + 109 + 25

430 + 205 + 270
87 + 98 + 815
333 + 87 + 579

461 596 664 736 739 833 837 854 856 877 886 894 905 918 939 954 994 999 1000

3 Miss die Strecken. Schreibe passende Multiplikationsaufgaben.

a)
b)
c)
d)
e)
f)

a) 4 · 9 mm = 36 mm

g)
h)
i)
j)
k)
l)

4 Zeichne Strecken und halbiere.

a) 5 cm
b) 3 cm
c) 7 cm
d) 9 cm

e) 6 cm 4 mm
f) 4 cm 4 mm
g) 1 cm 4 mm
h) 3 cm 4 mm

i) 11 cm
j) 12 cm
k) 13 cm
l) 14 cm

Ist der Bleistift gut gespitzt?

a) 5 cm
2 cm 5 mm cm mm

5

a) 20 : 2	b) 35 : 4	c) 14 : 2	d) 15 : 10	e) 15 : 2
20 : 3	35 : 5	22 : 3	23 : 9	23 : 3
20 : 4	35 : 6	30 : 4	27 : 8	29 : 4
20 : 5	35 : 7	30 : 5	28 : 7	31 : 5
20 : 6	35 : 8	32 : 6	31 : 6	33 : 6
20 : 7	35 : 9	40 : 7	40 : 5	43 : 7

1 Zwei Aufgaben sind nicht lösbar. **5** Dividieren mit und ohne Rest.

1

Du darfst diese 12 Stäbe umlegen.

a) Aus dem Quadrat sollen vier gleich große Quadrate werden.

b) Aus dem Quadrat sollen ein Rechteck und ein Quadrat entstehen.

2 Jetzt darfst du immer nur zwei Stäbe umlegen.

a) Aus den Rechtecken sollen drei gleich große Quadrate werden.

b) Aus dem Dreieck sollen zwei gleich große Dreiecke werden.

c) Aus den Parallelogrammen sollen drei gleich große Dreiecke werden.

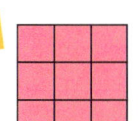

3

Welche zwei Figuren kannst du jeweils zu diesem Quadrat zusammensetzen?

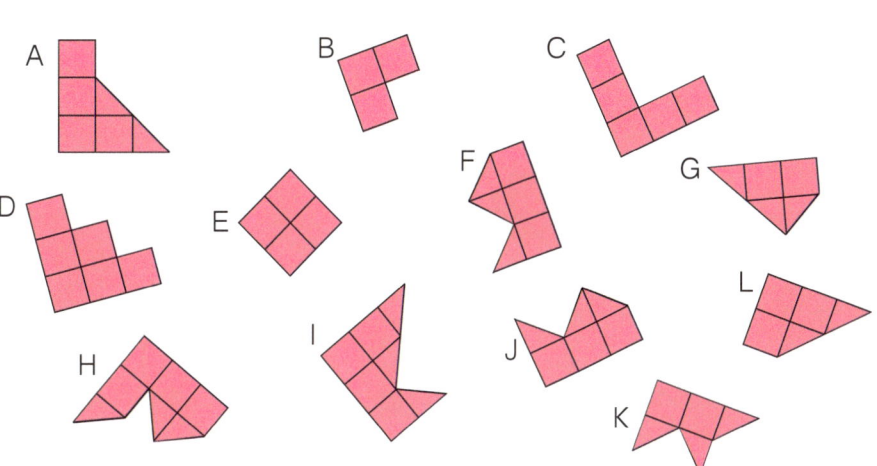

4 Die Körper sind aus blauen und roten Steckwürfeln gebaut.
Alle äußeren Steckwürfel sind blau, alle Steckwürfel im Inneren sind rot.

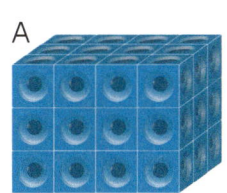
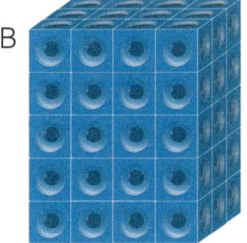
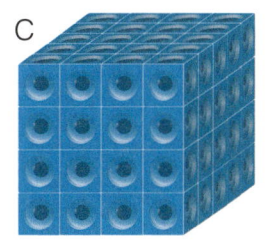
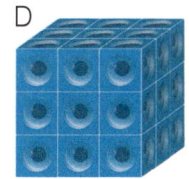

a) Aus wie vielen Steckwürfeln bestehen die einzelnen Körper?

b) Wie viele Steckwürfel sind jeweils rot? Wie viele Steckwürfel sind jeweils blau?

Gruppenarbeit: Baut und prüft nach.

W

5 Zeichne diese Strecken. Schreibe immer die Länge dazu.

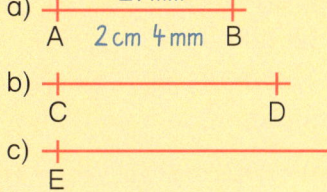
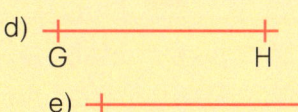
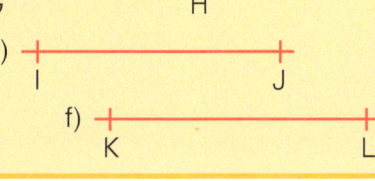

a) 24 mm — A 2 cm 4 mm B

d) G — H

g) M — N

b) C — D

e) I — J

h) O — P

c) E — F

f) K — L

i) Q — L

1

Lisa fliegt mit ihrem Vater nach Mallorca. Das Flugzeug startet um 14:15 Uhr. Der Flug dauert $2\frac{1}{2}$ Stunden.

2

Daniel hat montags von 07:55 Uhr bis 13:05 Uhr Unterricht. Wie viel Stunden und Minuten ist er in der Schule?

3

Bello wird am Tag dreimal ausgeführt. Jeder Gang dauert 30 Minuten. Wie lange wird Bello insgesamt in einer Woche ausgeführt?

4

Lina geht mit ihren Eltern ins Kino. Der Eintritt kostet für Erwachsene 8,50 €, Kinder zahlen die Hälfte. Wie viel kostet der Kinobesuch insgesamt?

5

Herr Grün pflanzt Obstbäume. Der Abstand zwischen dem ersten und dem letzten Baum beträgt 21 m. Alle 3 m wird ein Baum gepflanzt. Wie viele Bäume benötigt er? Zeichne eine Skizze.

6

Bauer Otto zäunt seine rechteckige Wiese ein. Die Wiese ist 150 m lang und 120 m breit. Das Tor ist 3 m breit. Wie viel Meter Zaun braucht er? Zeichne eine Skizze.

7

Frau Vogel kauft für den Winter drei Beutel mit je zwölf Hirsestangen. Wie lange kann sie füttern, wenn die Vögel jede Woche vier Hirsestangen vertilgen?

8

Lisa und Lara wiegen zusammen 70 kg. Lisa wiegt 5 kg mehr als Lara.

9

Tom kauft drei Tennisbälle zu je 5 €, einen Tennisschläger und Turnschuhe. Er muss 240 Euro bezahlen. Der Tennisschläger ist doppelt so teuer wie die Schuhe.

10

Anna, Tim und Ali sind zusammen 30 Jahre alt. Ali ist zwei Jahre jünger und Anna fünf Jahre älter als Tim. Wie alt sind die Kinder?

Eigene Sachaufgabenkartei erstellen.

1 a) Addiere immer die vier Zahlen in den gefärbten Quadraten.
b) Wie heißen die entsprechenden Aufgaben im zweiten Hunderter? Rechne.

1. Hunderter

1	2	3	4	5	6	7	8	9	10
11	12	13	14	15	16	17	18	19	20
21	22	23	24	25	26	27	28	29	30
31	32	33	34	35	36	37	38	39	40
41	42	43	44	45	46	47	48	49	50
51	52	53	54	55	56	57	58	59	60
61	62	63	64	65	66	67	68	69	70
71	72	73	74	75	76	77	78	79	80
81	82	83	84	85	86	87	88	89	90
91	92	93	94	95	96	97	98	99	100

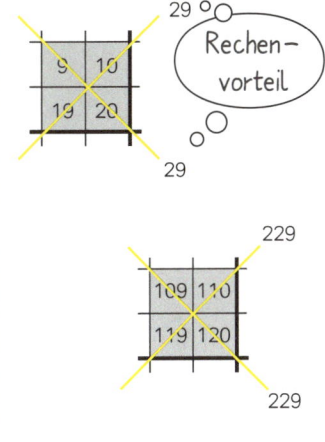

Rechenvorteil

2. Hunderter

101	102	103	104	105	106	107	108	109	110
111	112	113	114	115	116	117	118	119	120
121	122	123	124	125	126	127	128	129	130
131	132	133	134	135	136	137	138	139	140
141	142	143	144	145	146	147	148	149	150
151	152	153	154	155	156	157	158	159	160
161	162	163	164	165	166	167	168	169	170
171	172	173	174	175	176	177	178	179	180
181	182	183	184	185	186	187	188	189	190
191	192	193	194	195	196	197	198	199	200

Fällt dir etwas auf?

 2 Vermute, welche Ergebnisse du bei den entsprechenden Aufgaben im dritten Hunderter erhältst.

3 Suche im ersten Hunderter
das passende Quadrat zur
a) Summe 30 b) Summe 50
c) Summe 70 d) Summe 310

zum Knobeln

4 Suche im zweiten Hunderter
das passende Quadrat zur
a) Summe 430 b) Summe 450
c) Summe 750 d) Summe 778

 5

1	2	3
11	12	13
21	22	23
31	32	33

1	2	3	4
11	12	13	14
21	22	23	24
31	32	33	34

1	2	3	4	5
11	12	13	14	15
21	22	23	24	25
31	32	33	34	35

1	2	3	4	5	6
11	12	13	14	15	16
21	22	23	24	25	26
31	32	33	34	35	36

Setze fort.

a) Addiere jeweils die vier Zahlen.
Vergleiche die Ergebnisse.

b) Kennst du schon das nächste Ergebnis?
Begründe.

 6 Addiere jeweils die Zahlen in einer gefärbten Reihe.
Wie verändern sich die Ergebnisse? Begründe.

a)

1	2	3	4	5	6	7	8	9	10
11	12	13	14	15	16	17	18	19	20
21	22	23	24	25	26	27	28	29	30
31	32	33	34	35	36	37	38	39	40
41	42	43	44	45	46	47	48	49	50
51	52	53	54	55	56	57	58	59	60
61	62	63	64	65	66	67	68	69	70
71	72	73	74	75	76	77	78	79	80
81	82	83	84	85	86	87	88	89	90
91	92	93	94	95	96	97	98	99	100

Findest du vorteilhafte Rechenwege?

b)

1	2	3	4	5	6	7	8	9	10
11	12	13	14	15	16	17	18	19	20
21	22	23	24	25	26	27	28	29	30
31	32	33	34	35	36	37	38	39	40
41	42	43	44	45	46	47	48	49	50
51	52	53	54	55	56	57	58	59	60
61	62	63	64	65	66	67	68	69	70
71	72	73	74	75	76	77	78	79	80
81	82	83	84	85	86	87	88	89	90
91	92	93	94	95	96	97	98	99	100

1 Ergebnisse im 1. und 2. Hunderter vergleichen.

1 Schreibe die Zahlen als Folge auf und setze fort.

a)
150
100 200
250

b)
333
444 555

c)
204
408 102

d)
40
80 20
160

e)
605
603 601
607

f)
707 505
606
808

a) ... 50, 100, 150, 200, 250, 300, ...

2 Setze die Zahlenfolgen fort.

a) 50, 100, 150, ... 500
b) 20, 40, 60, ... 200
c) 70, 140, 210, ... 700

d) 80, 160, 240, ... 800
e) 60, 120, 180, ... 600
f) 40, 80, 120, ... 400

g) 90, 180, 270, ... 900
h) 30, 60, 90, ... 300
i) 75, 150, 225, ... 750

3 Setze die Zahlenfolgen fort.

a) 50, 70, 90, ... 350
b) 100, 125, 150, ... 450
c) 500, 530, 560, ... 800

d) 800, 760, 720, ... 200
e) 500, 485, 470, ... 275
f) 1000, 975, 950, ... 600

g) 10, 120, 230, ... 1000
h) 900, 845, 790, ... 350
i) 56, 68, 80, ... 200

4 Wie geht es weiter?

a)
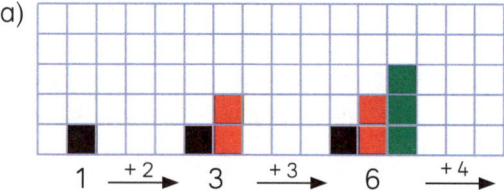
1 $\xrightarrow{+2}$ 3 $\xrightarrow{+3}$ 6 $\xrightarrow{+4}$

b)
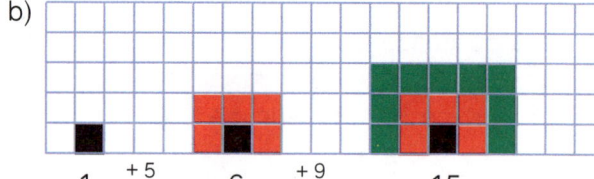
1 $\xrightarrow{+5}$ 6 $\xrightarrow{+9}$ 15 $\longrightarrow$

c)
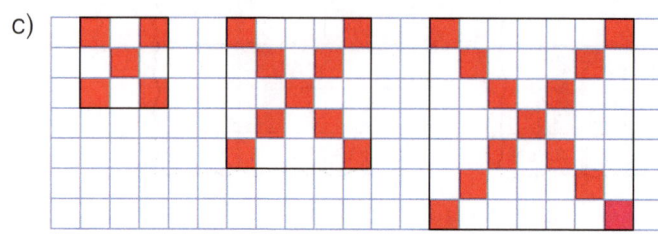

Wie viele weiße und rote Kästchen haben die Figuren jeweils?

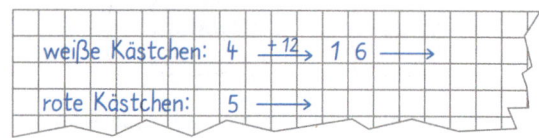

| weiße Kästchen: | 4 | $\xrightarrow{+12}$ | 1 6 | $\longrightarrow$ |
| rote Kästchen: | 5 | $\longrightarrow$ | | |

5 Wie geht es weiter?

a) 50, $\xrightarrow{+10}$ 60, $\xrightarrow{+20}$ 80, $\xrightarrow{+30}$ 110, ... 600

b) 100, $\xrightarrow{+5}$ 105, $\xrightarrow{+10}$ 115, $\xrightarrow{+15}$ 130, ... 375

c) 200, $\xrightarrow{-10}$ 190, $\xrightarrow{+50}$ 240, $\xrightarrow{-10}$ 230, $\xrightarrow{+50}$ 280, ... 480

d) 2, $\xrightarrow{\cdot 2}$ 4, $\xrightarrow{\cdot 2}$ 8, $\xrightarrow{\cdot 2}$ 16, ... 1024

6 Finde die Regel. Wie geht es weiter?

a) 60, 80, 65, 85, 70, 90, ___ , ___ , ___ , ___ , 85
b) 4, 9, 16, 25, ___ , ___ , ___ , ___ , 100
c) 90, 89, 86, 81, 74, ___ , ___ , ___ , ___ , 9

d) 3, 4, 6, 10, 18, 34, ___ , ___ , ___ , 514
e) 5, 10, 6, 12, 8, 16, ___ , ___ , ___ , ___ , 36
f) 1, 1, 2, 3, 5, 8, 13, 21, ___ , ___ , ___ , 144

W

7 a)    b)

6 f) Diese Regel wurde von Leonardo von Pisa, genannt Fibonacci, entdeckt.
Deshalb spricht man hier von der Fibonacci-Folge.

1

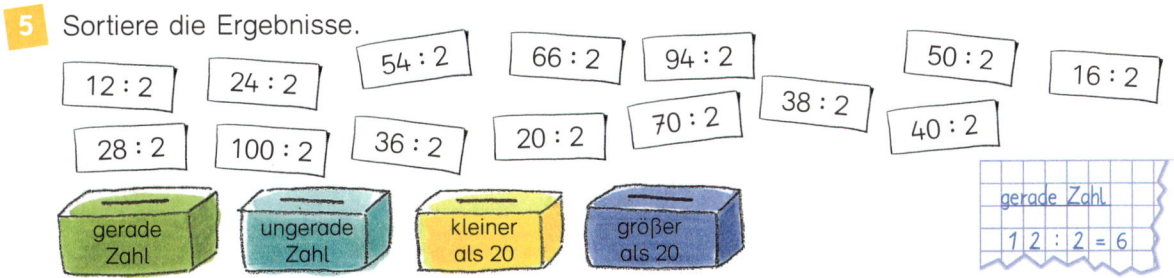

Zwischen 400 und 500?

8 an der Zehnerstelle?

Größer als 500?

Zehnerzahl?

Ratezahl 490

Zahlenraten
Es sind nur Fragen erlaubt, die mit „ja" oder „nein" beantwortet werden können.

a) Sucht solche Fragen.
b) Wie viele Fragen benötigt ihr, um eine dreistellige Zahl zu erraten?

2 Welche Zahlen bleiben hier noch übrig?

a) Spiel-anfang — Kleiner als 500? — nein — Zehnerzahl? — ja — Größer als 600? — nein

b) Spiel-anfang — Zwischen 300 und 400? — ja — Gerade Zahl? — nein — Kleiner als 350? — ja

3 Wer hat hier nicht aufgepasst? Begründe.

a) Klasse 3a:
   Johannes: „Größer als 500?" nein
   Tobias: „Zwischen 250 und 500?" nein
   Michi: „4 Hunderter?" nein
   Sofie: „Größer als 150?" ja

b) Klasse 3b:
   Ines: „Zehnerzahl?" ja
   Lara: „Zwischen 500 und 1000?" ja
   Christine: „Kleiner als 800?" nein
   Maria: „Kleiner als 700?" nein

4

10 : 4   17 : 4   20 : 4   11 : 4   15 : 4   21 : 4   6 : 4   40 : 4

13 : 4   26 : 4   32 : 4   30 : 4   28 : 4   14 : 4   12 : 4   32 : 4

Rest 0   Rest 1   Rest 2   Rest 3

Rest 0
20 : 4 =

a) Ordne die Aufgaben den Schachteln zu.
b) Suche für jede Schachtel noch drei Aufgaben.
c) Weshalb kann hier nicht Rest 4 bleiben?

5 Sortiere die Ergebnisse.

12 : 2   24 : 2   54 : 2   66 : 2   94 : 2   50 : 2   16 : 2

28 : 2   100 : 2   36 : 2   20 : 2   70 : 2   38 : 2   40 : 2

gerade Zahl   ungerade Zahl   kleiner als 20   größer als 20

gerade Zahl
12 : 2 = 6

5 Alle Ergebnisse (bis auf eines) passen jeweils in zwei Schachteln.

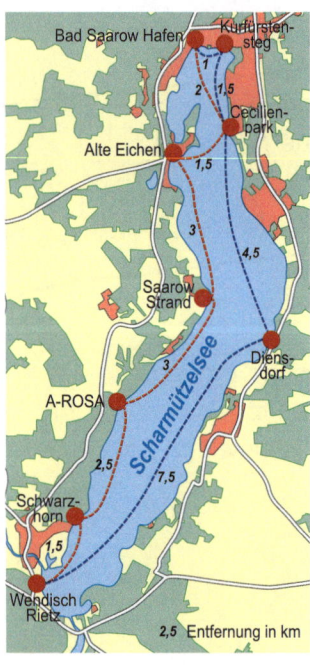

1 Welcher Text passt zu dieser Skizze?

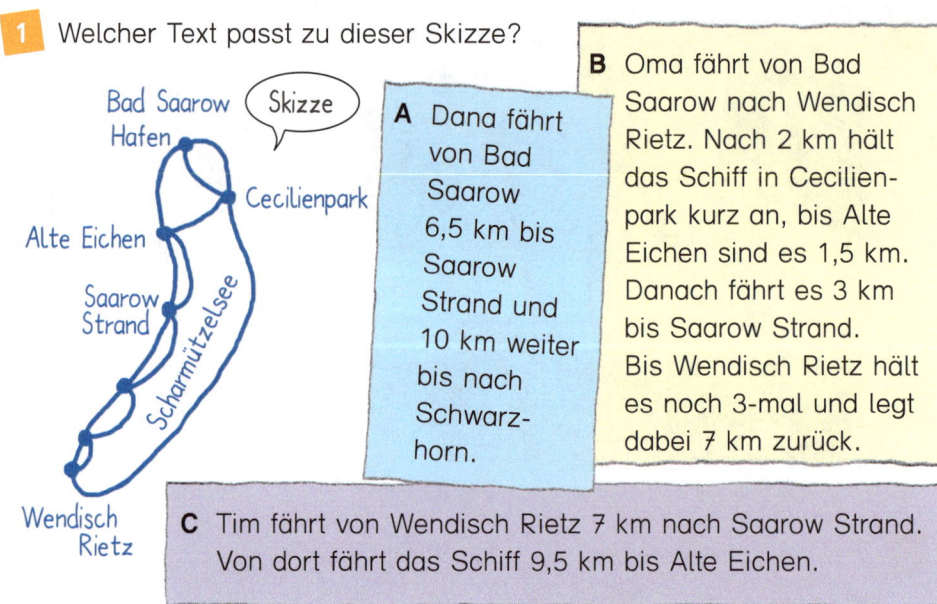

A Dana fährt von Bad Saarow 6,5 km bis Saarow Strand und 10 km weiter bis nach Schwarzhorn.

B Oma fährt von Bad Saarow nach Wendisch Rietz. Nach 2 km hält das Schiff in Cecilienpark kurz an, bis Alte Eichen sind es 1,5 km. Danach fährt es 3 km bis Saarow Strand. Bis Wendisch Rietz hält es noch 3-mal und legt dabei 7 km zurück.

C Tim fährt von Wendisch Rietz 7 km nach Saarow Strand. Von dort fährt das Schiff 9,5 km bis Alte Eichen.

Frage – rechne – antworte.

2 Zeichne jeweils eine Skizze wie in Aufgabe 1.

a) Kilian fährt mit dem Schiff von Diensdorf 4,5 km bis Cecilienpark. Von dort fährt das Schiff 1,5 km weiter bis Kurfürstensteg.

b) Lea fährt von Bad Saarow 3,5 km bis Alte Eichen und 10 km weiter bis nach Wendisch Rietz.

c) Malte startet in Alte Eichen und fährt 3 km nach Saarow Strand, dann 3 km bis nach A-ROSA. Nach weiteren 2,5 km steigt er in Schwarzhorn aus.

Frage – rechne – antworte.

3 Welcher Text passt zu dieser Lösungsskizze?

27 €				
9 €	9 €	4,50 €	4,50 €	0 €

A Tims Eltern bezahlen eine Rundfahrt auf dem See. Sie nehmen 27 € mit. Ein Erwachsener bezahlt 9 €. Auf dem Schiff kaufen die Eltern noch für alle ein Eis für je 4,50 €.

B Lucy kauft ein Spiel für 27 €, zwei CDs für je 9 € und zwei Stifte für je 4,50 €.

C Familie Weiß bezahlt für die Rundfahrt auf dem See für die beiden Erwachsenen je 9 € und für die beiden 8-jährigen Zwillinge jeweils 4,50 €. Der 2-jährige Sohn kann umsonst mitfahren.

4 Welcher Text passt?

42 €			
14 €			

B Oma hat 42 €. Sie kauft vier Bücher. Jedes Buch kostet 14 €.

C Lea hat 42 € Taschengeld gespart. Sie gibt 14 € aus.

A Leas Großeltern bezahlen für eine Rundfahrt 42 €. Die Erwachsenen bezahlen je 14 € und die beiden Enkel jeweils die Hälfte.

2 Skizzen analog zu **1** zeichnen. Diff.: Eigene Aufgaben schreiben. Dazu Lösungsskizzen zeichnen.

1 Familie Buttermann fährt zur Uroma nach Cottbus.
Die Fahrtstrecke beträgt 273 km.
Nach 126 km machen die Buttermanns eine Pause.
a) Wie viel km müssen sie dann noch fahren?
b) Auf dem Rückweg halten sie nach 98 km an.
   Wie weit ist es noch bis nach Hause?

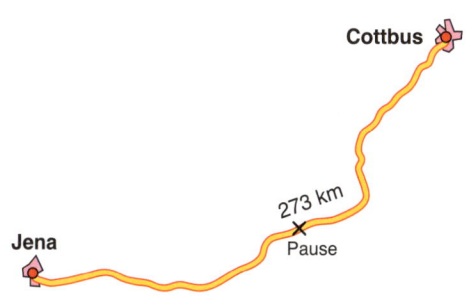

2 Nach der Schule kaufen viele Kinder beim Bäcker um
die Ecke ein Pizza-Brötchen. Das Schaubild zeigt,
wie viele Pizza-Brötchen der Bäcker in der letzten Woche
verkauft hat. Lies aus dem Schaubild ab:
a) Wie viele Pizza-Brötchen hat der Bäcker
   am Freitag verkauft?
b) An welchem Tag hat der Bäcker
   die meisten Pizza-Brötchen verkauft?
c) An welchem Tag waren es am wenigsten?
d) Kann es stimmen, dass der Bäcker in dieser Woche
   ungefähr 250 Pizza-Brötchen verkauft hat? Begründe.

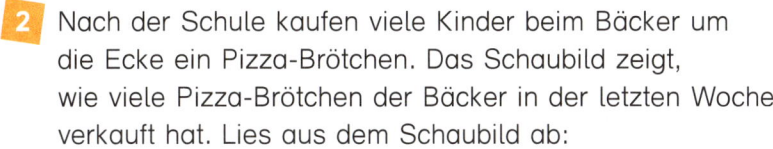

3 Oma kauft für ihre beiden Enkel zwei neue Schreibtischstühle.
Zusammen kosten sie 300 €.
Der kleinere Stuhl ist 40 € preiswerter als der größere.
a) Wie teuer sind die Schreibtischstühle?
b) Wie teuer wären die Schreibtischstühle,
   wenn der kleinere Stuhl 50 € preiswerter als der größere wäre?

4  Kann das stimmen?

A „Ein Kilo Federn ist leichter als ein Kilo Steine."

B „Die Masse eines Würstchens kann man nicht mit einem Lineal messen."

C „Vier Kinder wiegen zusammen 100 kg."

D „Tilo wechselt einen Schein in drei kleinere Scheine. Jetzt hat er mehr Geld als vorher."

E „Es gibt einen Körper, der keine Ecken hat."

F „Eine halb leere Flasche enthält zwei Gläser Wasser, eine ganz leere Flasche enthält vier Gläser Wasser."

G „Ich bin das kleinste Mädchen, aber nicht das kleinste Kind in der Klasse."

H „In der Klasse 3a ist Ali das größte Kind und Lisa das kleinste. Tim ist größer als seine Klassenkameradin Lisa und größer als Ali."

I „Ein Kind braucht für den Schulweg 20 Minuten. Zwei Kinder brauchen für den gleichen Weg 40 Minuten."

J „Katja strickt einen 2 m langen Schal. Der Wollfaden, der dafür gebraucht wird, ist auch 2 m lang."

K „Die Länge eines halben Tages misst man mit dem Maßband."

L „Ein halb volles Glas enthält genauso viel Wasser wie ein halb leeres Glas."

4 Sieben Aussagen können nicht stimmen.

1 Frau Böhme fuhr in der vorigen Woche dreimal von Zwickau nach Dresden zur Arbeit, jeweils 231 km hin und zurück.
Wie viel Kilometer fuhr sie dabei insgesamt?

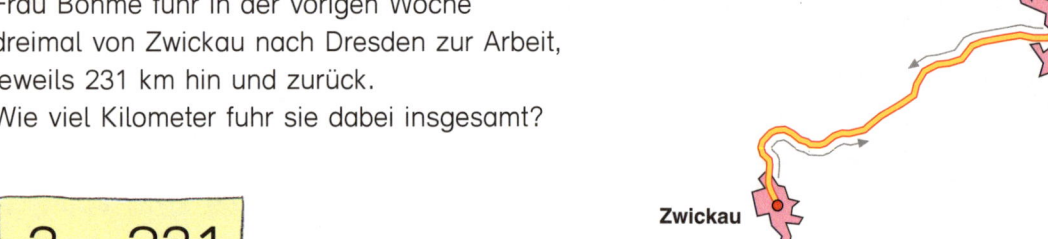

Dresden

Zwickau

Rechen-konferenz

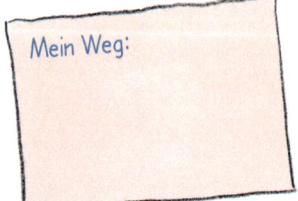
Mein Weg:

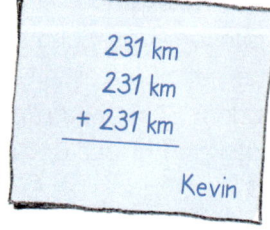
231 km
231 km
+ 231 km

Kevin

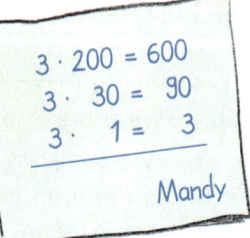
3 · 200 = 600
3 · 30 = 90
3 · 1 = 3

Mandy

2 Beim schriftlichen Multiplizieren braucht man nur das kleine Einmaleins.

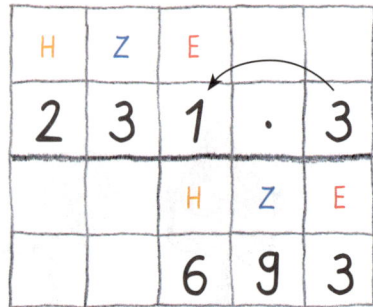

H	Z	E
2	3	1 · 3
	H Z E	
	6 9 3	

Rechne
von rechts nach links:

3 · 1 E = **3** E, schreibe 3
3 · 3 Z = **9** Z, schreibe 9
3 · 2 H = **6** H, schreibe 6

Der kleinere Faktor steht rechts.

3 Multipliziere schriftlich. Beginne mit den Einern.

a) 2 1 3 · 3 — 9

b) 1 2 0 · 4

c) 3 0 4 · 2

d) 3 2 1 · 3

e) 2 0 1 · 4

f) 2 3 2 · 3

g) 4 3 4 · 2

h) 1 0 3 · 3

🐝 i) 2 1 1 · 4

🐝 j) 4 1 4 · 2

🐝 k) 1 0 1 · 6

🐝 l) 1 2 2 · 4

🐝 m) 4 2 1 · 2

🐝 n) 3 2 2 · 3

🐝 o) 1 1 1 · 5

205 309 480 488 555 606 608 639 696 804 828 842 844 868 963 966

4 Überschlage zuerst, rechne dann genau, vergleiche.

a) 212 · 4

a)	Ü:	2 0 0 · 4 = 8 0 0
		2 1 2 · 4
		8 4 8

b) 101 · 5

c) 403 · 2

d) 301 · 3

e) 423 · 2

f) 332 · 3

g) 424 · 2

h) 111 · 7

🐝 i) 221 · 4

🐝 j) 587 · 0

🐝 k) 413 · 2

🐝 l) 313 · 3

🐝 m) 303 · 3

🐝 n) 210 · 4

🐝 o) 110 · 5

🐝 p) 432 · 2

5
Schnelles Rechnen

Übt das kleine Einmaleins.

6 · 7   42   7 · 8

1 In der vorigen Woche fuhr Herr Lehmann
dreimal von Leipzig nach Torgau,
jeweils 124 km hin und zurück.
Wie viel Kilometer fuhr er dabei insgesamt?

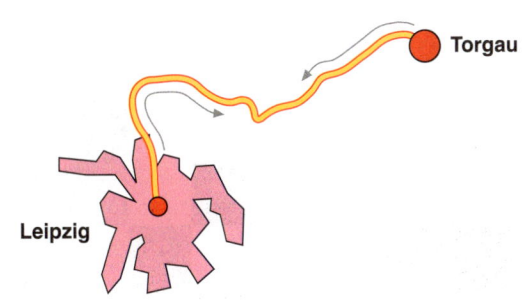

Torgau

Leipzig

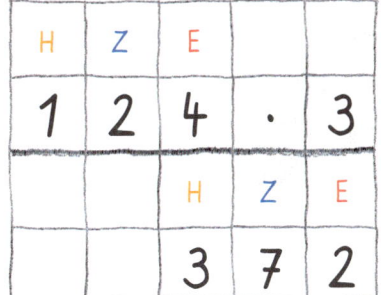

H	Z	E		
1	2	4	·	3
		H	Z	E
		3	7	2

3 · 4 E = 1**2** E, ○ ○ ● ○ ○ ○ (schreibe 2, merke 1)

3 · 2 Z = 6 Z, 6 Z + 1 Z = **7** Z ○○○ (schreibe 7)

3 · 1 H = **3** H, ○ ○ ● ○ ○ ○ (schreibe 3)

2 Multipliziere schriftlich.

a) | 2 | 1 | 7 | · | 3 |
   | | | | | 1 |

b) | 1 | 2 | 3 | · | 4 |

c) | 2 | 3 | 2 | · | 4 |

d) | 3 | 2 | 5 | · | 3 |

e) | 4 | 8 | 3 | · | 2 |

f) | 1 | 1 | 4 | · | 5 |

g) | 1 | 1 | 8 | · | 6 |

h) | 1 | 0 | 9 | · | 7 |

i) | 1 | 1 | 7 | · | 8 |

j) | 2 | 1 | 5 | · | 4 |

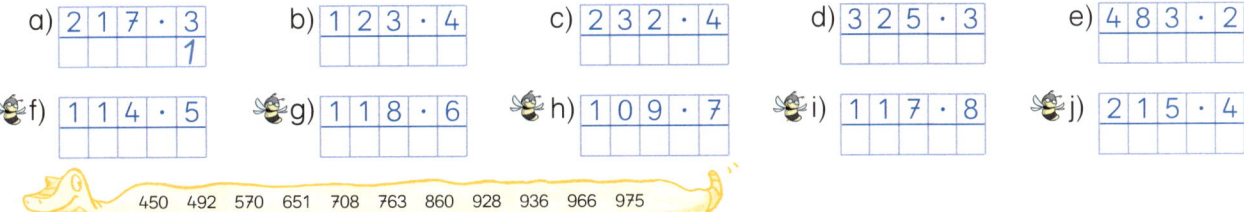

450 492 570 651 708 763 860 928 936 966 975

3 Überschlage zuerst, rechne dann genau, vergleiche.

a) 121 · 8
b) 242 · 4
c) 273 · 2
d) 317 · 3

a) Ü: 100 · 8 = 800
   121 · 8
   968

e) 112 · 7
f) 438 · 2
g) 328 · 3
h) 131 · 5

i) 219 · 2
j) 228 · 3
k) 152 · 4
l) 141 · 6

m) 117 · 5
n) 109 · 6
o) 243 · 4
p) 131 · 7

4 Zehn Kinder haben falsch gerechnet. Prüfe und erkläre.

| 1 | 1 | 3 | · | 5 |
| | | 5 | 6 | 5 |
Cindy

| 2 | 1 | 4 | · | 3 |
| | | 6 | 3 | 2 |
Mandy

| 2 | 0 | 7 | · | 4 |
| | | 8 | 0 | 8 |
Kevin

| 4 | 2 | 8 | · | 2 |
| | | 8 | 5 | 6 |
Oleg

| 1 | 5 | 3 | · | 3 |
| | | 3 | 5 | 9 |
Lena

| 1 | 1 | 9 | · | 4 |
| | | 4 | 7 | 6 |
Lili

| 1 | 0 | 7 | · | 5 |
| | | 5 | 3 | 5 |
Alex

| 1 | 0 | 9 | · | 5 |
| | | 5 | 0 | 5 |
Mark

| 2 | 1 | 7 | · | 4 |
| | | 8 | 2 | 8 |
Marie

| 2 | 1 | 8 | · | 4 |
| | | 8 | 7 | 2 |
Ali

| 2 | 7 | 1 | · | 3 |
| | | 6 | 1 | 3 |
Paul

| 3 | 2 | 5 | · | 2 |
| | 6 | 5 | 0 | |
Anne

| 2 | 1 | 5 | · | 3 |
| | | 6 | 3 | 5 |
Lisa

| 1 | 2 | 1 | · | 6 |
| | | 7 | 2 | 6 |
Dana

| 5 | 8 | 7 | · | 0 |
| | | 5 | 8 | 7 |
Alf

| 1 | 2 | 1 | · | 7 |
| | | 8 | 4 | 7 |
Sven

| 4 | 3 | 6 | · | 2 |
| | | 9 | 7 | 2 |
Pia

| 1 | 1 | 6 | · | 6 |
| | | 6 | 9 | 6 |
Tom

| 1 | 1 | 4 | · | 7 |
| | | 7 | 9 | 8 |
Ronja

| 3 | 7 | 4 | · | 2 |
| | | 6 | 4 | 8 |
Niklas

Die Seiten 134 und 135 sind nur für Sachsen relevant. Alle Aufgaben mit Übertrag.
1 Alternativer Spruch. „2 hin, 1 im Sinn."

Gerhard Richter: „4900 Colours: Version II"

Gerhard Richter

wurde 1932 in Dresden geboren. Der Künstler gestaltete dieses Bild aus vielen farbigen Quadraten.

Nach welchem Muster sind die Quadrate angeordnet?

1 a) Sucht diese Ausschnitte im Bild.

A   B   C   D

b) Stellt euch weitere Suchaufgaben.

2 Welche Möglichkeiten gibt es, die drei Farben in einem Feld anzuordnen?

Zum Beispiel:

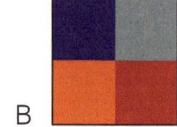  

a) Du darfst die Farben nur einmal verwenden.

b) Du darfst die Farben zweimal verwenden.

c) Du darfst die Farben dreimal verwenden.

3 Heidi legt immer drei verschiedenfarbige Quadrate nebeneinander.

a) Wie viele Möglichkeiten gibt es, die Quadrate in einer Reihe anzuordnen?

   Zum Beispiel: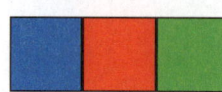

b) Wie viele Möglichkeiten gibt es, vier Quadrate nebeneinander anzuordnen?

   Zum Beispiel: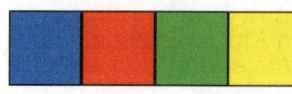

2 Kombinationen legen, ins Heft zeichnen oder aufschreiben. Systematisch vorgehen.
Nicht alle Möglichkeiten müssen gefunden werden.

Die Kinder haben mit einem Würfel
Zufallsbilder gestaltet.

1 a) Welchen Würfel haben die Kinder benutzt? Begründet.

 1    2    3   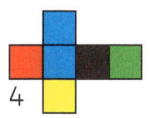 4    5    6

Karin

Gustav

Isabell

Lutz

Jana

Peter

b) Gestaltet mit farbigen Quadraten eigene Zufallsbilder.

2 Zu welchen Zufallsbildern passen die Aussagen? Begründet.

> A „Es ist **möglich,** dass ich gelb würfele."
> B „Ich würfele **sicher** gelb."
> C „Es ist **unmöglich,** dass ich gelb würfele."
> D „Es ist **wahrscheinlich,** dass ich gelb würfele."

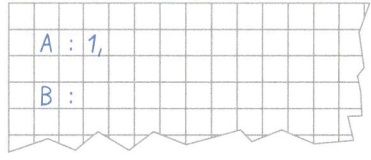

A : 1,

B :

3 Sicher, möglich oder unmöglich? Entscheidet und begründet.

> A „Ich **kann** gelb würfeln."
> B „Ich würfele **oft** rot."
> C „Ich würfele **nie** grün."
> D „Ich würfele **nie** blau."
> E „Ich würfele beim nächsten Mal **wahrscheinlich** rot."

1 a) Würfel mit farbigen Flächen bekleben.

1

Kaufleute benutzten im Mittelalter die Rechenbretter, um ihre Geschäfte zu machen und die Preise für Waren auszurechnen.

Welche Zahl ist am Rechenbrett dargestellt?

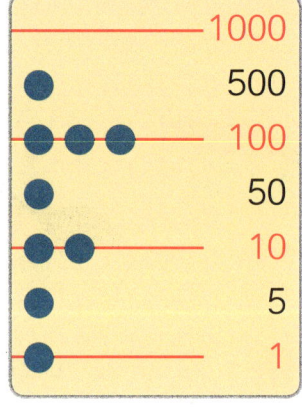

2 a) | 364 | 436 | 643 | 463 | 34 |

b) | 1043 | 431 | 340 | 1430 | 314 |

3  Nimm zwei Plättchen.
Wie viele Zahlen kannst du damit am Rechenbrett darstellen?

4 Addieren mit dem Rechenbrett. Lege nach und erkläre die Rechenschritte.

a) 224 + 52 = _____

Immer fünf Einer werden zu einem Fünfer zusammengefasst.

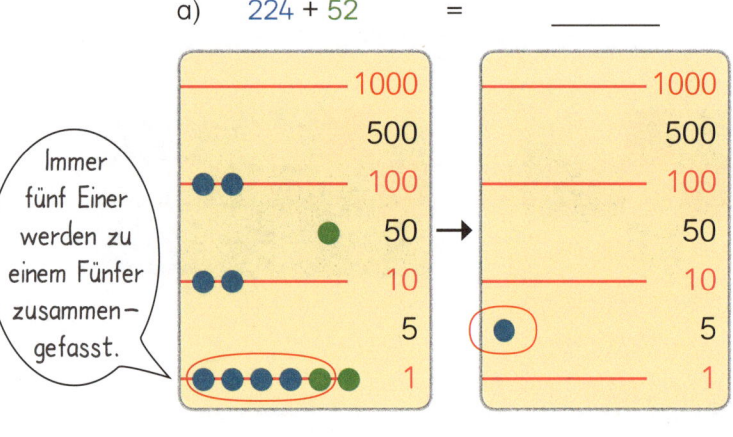

b) 632 + 121 = _____

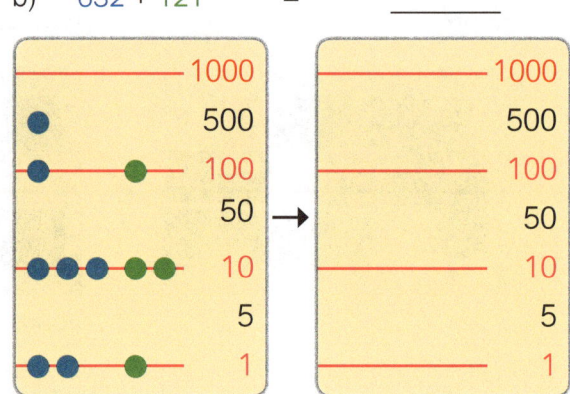

c) 316 + 107 = _____

Immer zwei Fünfer werden zu einem Zehner zusammengefasst.

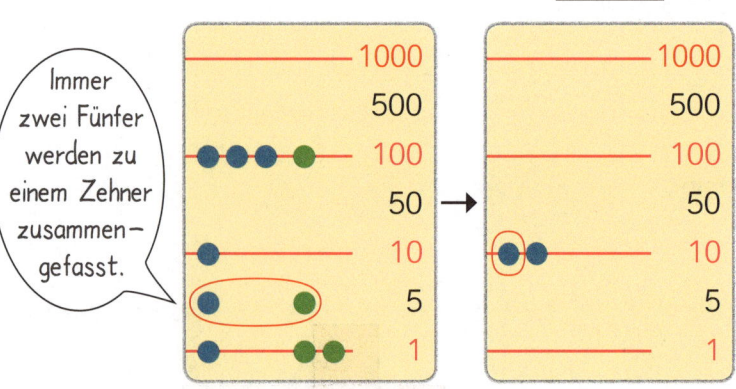

d) 657 + 126 = _____

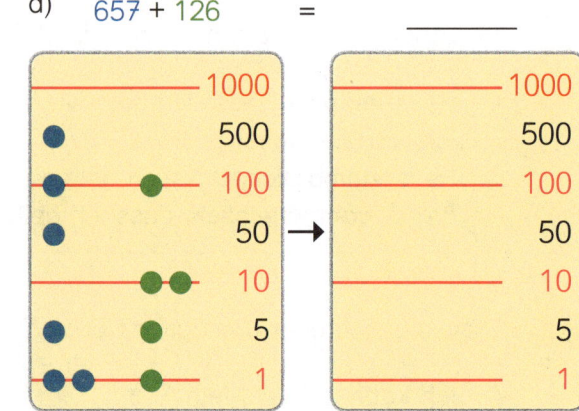

5 Zeichne ein Rechenbrett. Lege die Summanden, fasse zusammen und bilde die Summe.

| 572 + 64 | 76 + 288 | 308 + 152 | 99 + 124 | 786 + 232 | 451 + 263 |

1

Zahlenkarten: 2, 5, 6, 10, 11, 13, 14, 15

Lege die Zahlenkarten so auf die Felder, dass sich in jeder Spalte, in jeder Reihe und in den beiden Diagonalen die Summe 34 als Zauberzahl ergibt.

16	3		
			8
9		7	12
4			1

Bereits vor 500 Jahren zur Zeit von Adam Ries waren Zauberquadrate bekannt.

Albrecht Dürer: „Melencolia" (1514)

2 In diesen Zauberquadraten fehlen Zahlen. Ergänze.

a)

17			14
6	11		9
10		8	
	16		2

Zauberzahl 38

b)

	2		12
	9		7
		6	11
	14	13	0

Zauberzahl ____

c)

13	8	12	1
		11	
3			
16	5		4

d)

15	10		6
	5		
			7
1	8	13	12

e)

32		4	26
		22	16
18		14	24
		28	

f)

			39
15		33	24
		21	36
	45	42	3

3 Sind das Zauberquadrate? Prüfe.

a)

16	2	8	10
1	7	9	15
6	12	14	4
11	13	3	5

b)

16	26	18	40
38	20	28	14
36	22	30	12
10	32	24	34

c)

32	6	4	26
10	20	22	16
18	12	14	4
8	30	28	2

d)

28	24	12	40
18	14	34	30
16	36	32	20
38	26	22	10

4 Hier wurde ein Zauberquadrat zerschnitten. Füge es richtig zusammen. Die Zauberzahl ist 38.

14	3
4	17

5	16
15	2

8	13
10	7

11	6
9	12

3 Zwei Quadrate sind Zauberquadrate.

4 Mehrere Lösungen sind möglich, evtl. Vorlage erstellen, zerschneiden und probieren.

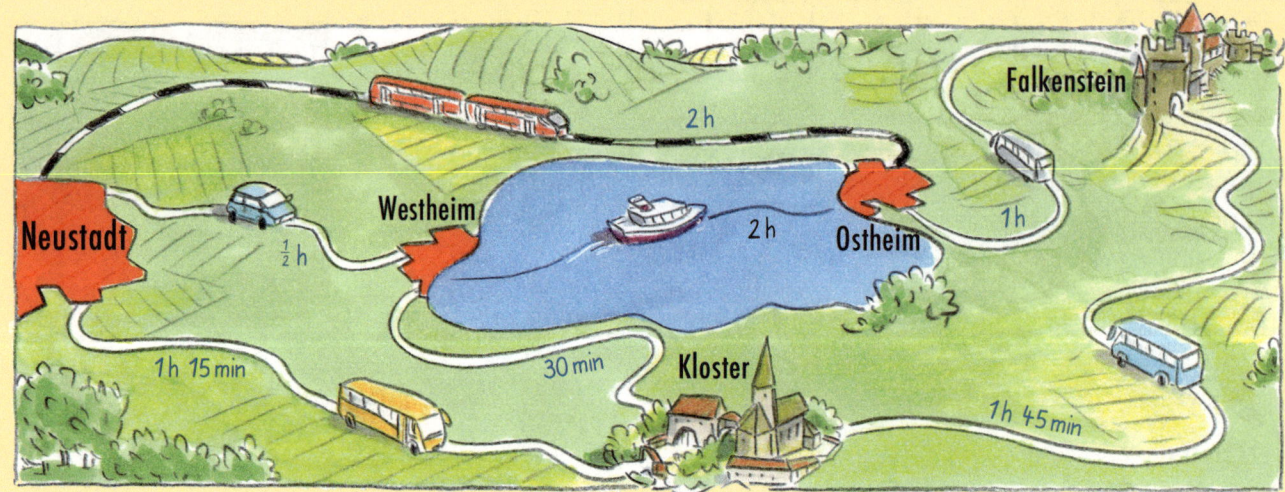

1 Familie Böhm aus Neustadt plant eine Reise nach Falkenstein.

a) Welche Strecke würdest du empfehlen? Begründe.

b) Welche Strecke hat die kürzeste Fahrzeit?

c) Welche Strecke dauert am längsten?

2

Nächste Fähre:

Westheim – Ostheim

Wie lange müssen sie noch warten?

a) 13:00 b) 13:50 c) 14:00 d) 14:30   14:55

f) 15:01 g) 15:15 h) 15:31

13:00 —3h→ 16

3
a) Abfahrt Neustadt 09:30 Uhr
Ankunft Ostheim _____ Uhr

b) Abfahrt Neustadt 10:35 Uhr
Ankunft Westheim _____ Uhr

c) Abfahrt Falkenstein 18:20 Uhr
Ankunft Kloster _____ Uhr

d) Abfahrt Neustadt 09:45 Uhr
Ankunft Kloster _____ Uhr

e) Abfahrt Kloster 11:15 Uhr
Ankunft Falkenstein _____ Uhr

f) Abfahrt Kloster 20:35 Uhr
Ankunft Neustadt _____ Uhr

4 In Ostheim bietet das Hotel „Zur Linde" einen Familienpreis: eine Nacht für 87 €.

a) Berechne die Kosten für: 2 Nächte, 3 Nächte, 4 Nächte, 5 Nächte, 6 Nächte, 7 Nächte.

b) **Sonderangebot: 1 Woche 555,– €.** Wie viel spart eine Familie bei einer Woche?

5
a) 19,25 € – 4,10 €
28,75 € – 8,95 €
34,45 € – 7,80 €

b) 22,20 € – 4,60 €
10,75 € – 10,50 €
36,30 € – 12,55 €

c) 135,00 € – 148,50 €
279,00 € – 32,90 €
475,00 € – 89,90 €

d) 250,00 € – 278,50 €
108,00 € – 9,85 €
321,00 € – 55,55 €

0,25 € 10,00 € 15,15 € 17,60 € 19,80 € 23,75 € 26,65 € 98,15 € 246,10 € 265,45 € 385,10 €

6  zum Knobeln

5 6 7   Verwende immer diese drei Zahlen.

a) $7 \cdot 6 + 5 = 47$

b) $\square \cdot \square + \square = 37$

c) $\square \cdot \square + \square = 41$

d) $\square \cdot \square - \square = 23$

e) $\square \cdot \square - \square = 37$

f) $\square \cdot \square - \square = 29$

g) $\square \cdot \square - \square + 11 = 40$

h) $\square \cdot \square - \square + 13 = 50$

i) $\square \cdot \square - \square + 17 = 40$

1 bis **3** Notwendige Informationen der Karte entnehmen. **5** Schriftlich subtrahieren. Zwei Aufgaben sind nicht lösbar.
6 Nicht nur probieren, sondern auch eine Strategie (Umkehroperationen von rechts nach links) entwickeln.

7 Rechne halbschriftlich oder schriftlich.
Wie viel Kilometer sind in einer Woche (5 Arbeitstage) zu fahren?
a) Frau Maier muss jeden Tag 78 km fahren.
b) Herr Vogt fährt an jedem Arbeitstag 105 km.
c) Herr Kruse hat täglich 216 km zu fahren.
d) Frau Müller fährt täglich 97 km.

Ich fahre zur Arbeit.

8
a)	b)	c)
3 · 0,70 €	7 · 0,20 €	6 · 0,50 €
3 · 0,90 €	7 · 0,40 €	9 · 0,50 €
3 · 0,60 €	7 · 0,80 €	8 · 0,50 €
3 · 0,40 €	7 · 0,10 €	7 · 0,50 €
3 · 0,80 €	7 · 0,60 €	3 · 0,50 €

9
a)	b)	c)
1,60 € : 4	1,80 € : 6	3,20 € : 8
2,00 € : 4	3,60 € : 6	3,00 € : 5
2,80 € : 4	7,20 € : 6	3,60 € : 9
4,00 € : 4	1,20 € : 6	3,50 € : 7
3,20 € : 4	2,40 € : 6	3,40 € : 2

10 Ordne nach der Länge.

a) 555 cm | 55 m | 5 mm | 0,05 m

b) 6 cm | 6 mm | 2 m | 0,04 m | 5 m 9 mm

11 < oder = oder >

a) 250 g ◯ $\frac{1}{2}$ kg
b) 550 g ◯ $\frac{1}{2}$ kg
c) 1 kg ◯ 500 g
d) 1 kg ◯ 1000 g

12 Zeichne Bild und Spiegelbild.

a)
b)
c)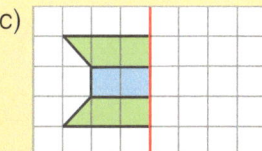

13
A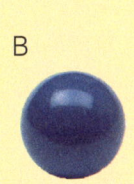
B
C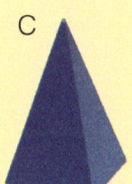
D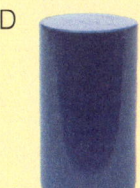
E
F

a) Wie heißen die Körper?   b) Wie viele Ecken, Kanten und Flächen haben sie?

14 zum Knobeln   Geheim!
Suche passende Ziffern.

a) OMA[4]
+OPA
‾‾‾‾‾‾
PAAR

b) PAPA
+MIMI
‾‾‾‾‾‾
AHAH

c) PISA
+TEST
‾‾‾‾‾‾
OOPS

15 zum Knobeln   Die großen Glaswürfel sollen mit kleinen Würfeln gefüllt werden. Wie viele kleine Würfel fehlen noch?

A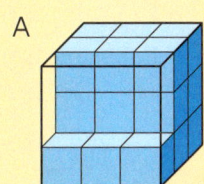
B
C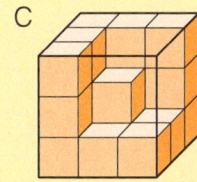

14 Mehrere Lösungen. Lösungshilfe: Für A zunächst die Ziffer 4 einsetzen.

Die Zahlen bis 1 000

| 7 | 6 | 2 |

762 bedeutet

| 7 | 0 | 0 | 6 | 0 | 2 |

700 + 60 + 2

| 5 | 0 | 4 |

504 bedeutet

| 5 | 0 | 0 | 4 |

500 + 4

Nachbarzahlen

| 761 | 762 | 763 |

Nachbarzehner

| 760 | 762 | 770 |

Nachbarhunderter

| 700 | 762 | 800 |

Zahlen runden

Beim Runden auf Zehner wird immer der näher gelegene Nachbarzehner gesucht. Ab 5 wird aufgerundet.

abrunden   aufrunden

380   385   390

384 ≈ 380   385 ≈ 390

Beim Runden auf Hunderter wird immer der näher gelegene Nachbarhunderter gesucht. Ab 50 wird aufgerundet.

abrunden   aufrunden

400   450   500

449 ≈ 400   450 ≈ 500

Multiplizieren und Dividieren mit Zehnerzahlen

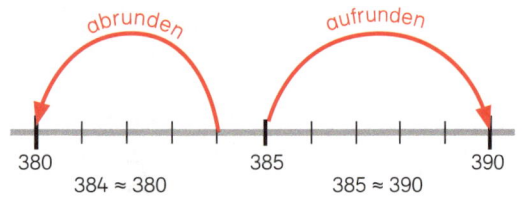

$6 \cdot 30$

$6 \xrightarrow{\cdot 3} 18 \xrightarrow{\cdot 10} 180$

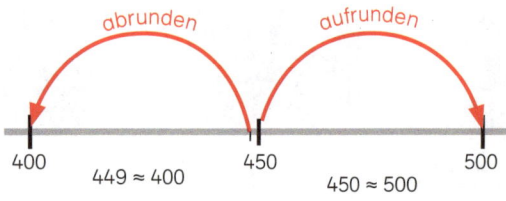

$240 : 80$

$240 \xrightarrow{:10} 24 \xrightarrow{:8} 3$

Schriftliches Addieren

	5	7	8
+	1	4	6
		1	1
	7	2	4

Einer: 8 plus 6 gleich 14
schreibe 4, übertrage 1

Zehner: 7 plus 4 plus 1 gleich 12
schreibe 2, übertrage 1

Hunderter: 5 plus 1 plus 1 gleich 7
schreibe 7

Schriftliches Subtrahieren

	7	5	9
−	2	1	7
	5	4	2

Einer: 9 minus 7 gleich 2, schreibe 2
Zehner: 5 minus 1 gleich 4, schreibe 4
Hunderter: 7 minus 2 gleich 5, schreibe 5

	6	5̶ 4	2̶ 12
−	2	1	7
	4	3	5

Einer: 2 minus 7 geht nicht. Streiche einen Zehner weg und tausche ihn in 10 Einer. 12 minus 7 gleich 5. Schreibe 5.

Zehner: 4 minus 1 gleich 3. Schreibe 3.
Hunderter: 6 minus 2 gleich 4. Schreibe 4.

Überschlagsrechnungen

Wir runden die Zahlen.

Und rechnen im Kopf.

564 + 328
Ü: 560 + 330 = 890
oder
Ü: 600 + 300 = 900

824 − 331
Ü: 820 − 330 = 490
oder
Ü: 800 − 300 = 500

Halbschriftliches Multiplizieren

5	·	6	5			
5	·	6	0	=	3	0	0
5	·		5	=		2	5
					3	2	5

Halbschriftliches Dividieren

9	6	:	4			
8	0	:	4	=	2	0
1	6	:	4	=		4
					2	4

Längen

10 mm	=	1 cm
100 cm	=	1 m
1000 m	=	1 km

mm = Millimeter; cm = Zentimeter; m = Meter;
km = Kilometer

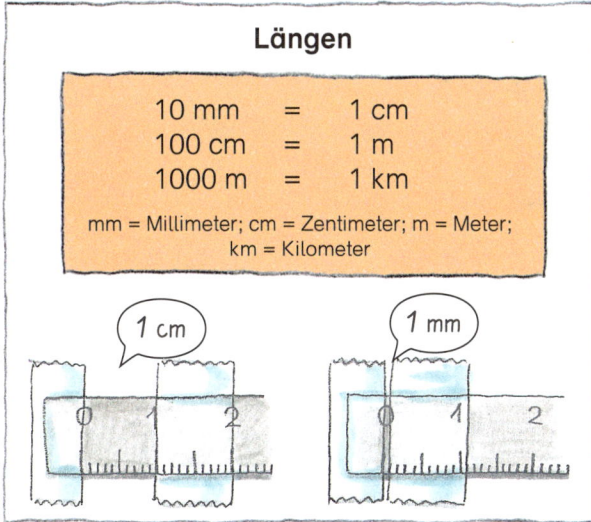

Zeit

60 s	=	1 min
60 min	=	1 h
24 h	=	1 Tag

s = Sekunde; min = Minute; h = Stunde

09:12 Uhr vormittags oder 21:12 Uhr abends	14:47 Uhr nachmittags oder 02:47 Uhr nachts	19:24 Uhr abends oder 07:24 Uhr morgens

Einheiten der Masse

1000 g	=	1 kg
1000 kg	=	1 t

g = Gramm; kg = Kilogramm; t = Tonne

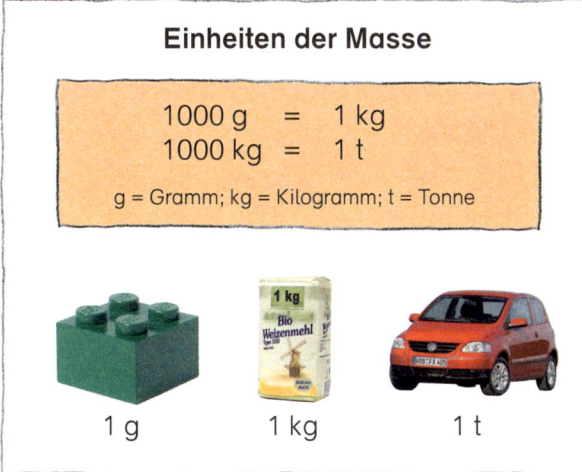

1 g   1 kg   1 t

Rechnen mit Geld – Kommaschreibweise

3 € 75 ct = 3,75 €

Das Komma trennt € und ct.

Komma unter Komma schreiben.

$$\begin{array}{r} 5,60\,€ \\ +\;2,20\,€ \\ \hline 7,80\,€ \end{array} \qquad \begin{array}{r} 3,70\,€ \\ -\;2,10\,€ \\ \hline 1,60\,€ \end{array}$$

Würfelnetze

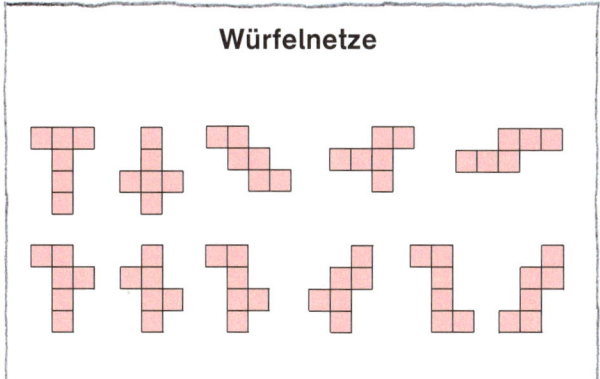

Körper

	Name	Ecken	Kanten	Flächen
	Kugel	–	–	1
	Zylinder	–	2	3
	Quader	8	12	6
	Kegel	1	1	2
	Würfel	8	12	6
	Prisma	6	9	5
	Pyramide	5	8	5

Symmetrische Figuren

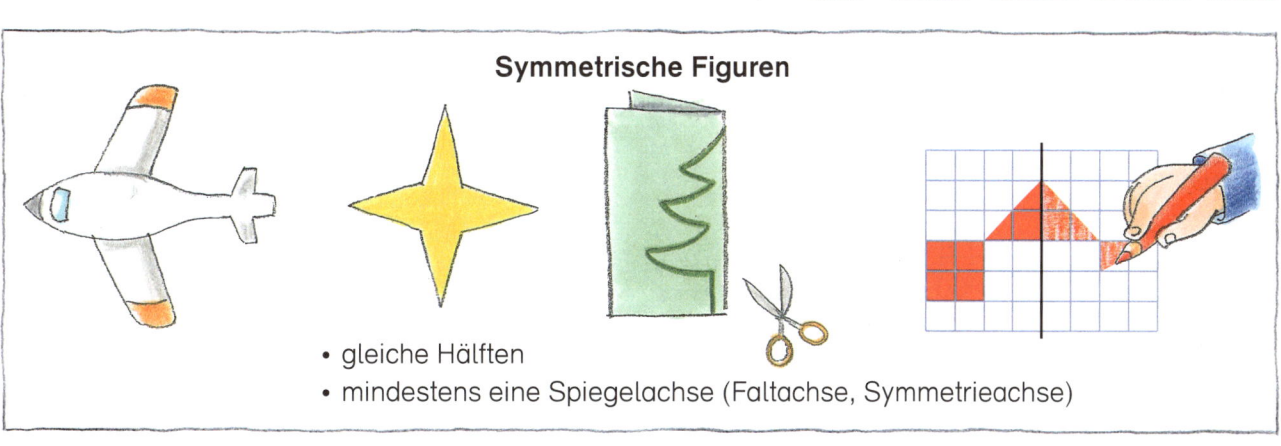

• gleiche Hälften
• mindestens eine Spiegelachse (Faltachse, Symmetrieachse)

Fachbegriffe

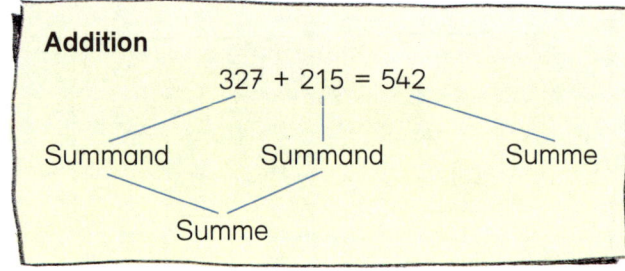

Addition

$$327 + 215 = 542$$

Summand   Summand   Summe

Summe

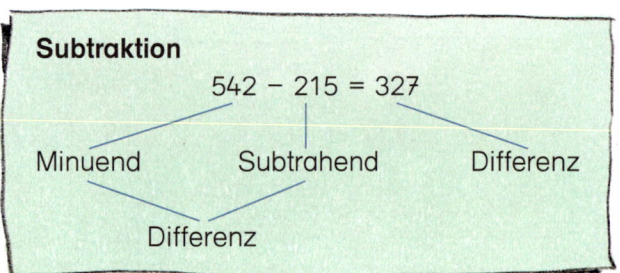

Subtraktion

$$542 - 215 = 327$$

Minuend   Subtrahend   Differenz

Differenz

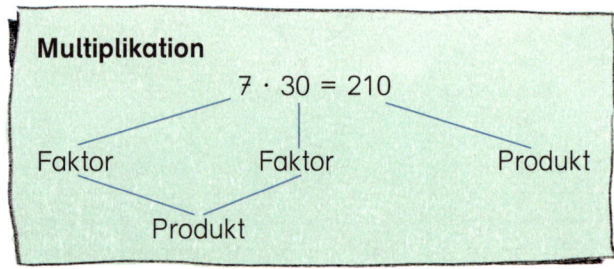

Multiplikation

$$7 \cdot 30 = 210$$

Faktor   Faktor   Produkt

Produkt

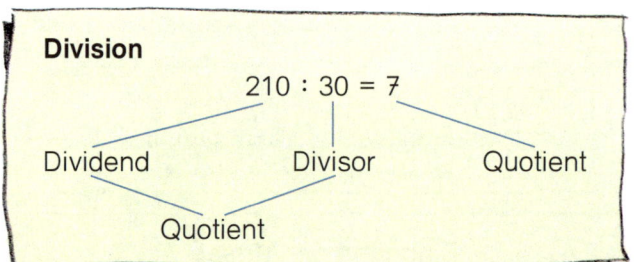

Division

$$210 : 30 = 7$$

Dividend   Divisor   Quotient

Quotient

Teilbarkeitsregeln

Eine Zahl ist durch 2 teilbar, wenn sie gerade ist. Alle geraden Zahlen sind durch 2 teilbar.

Eine Zahl ist durch 5 teilbar, wenn sie an der Einerstelle eine 5 oder 0 hat.

Eine Zahl ist durch 10 teilbar, wenn an der Einerstelle eine 0 steht.

Eine Zahl ist durch 100 teilbar, wenn an der Zehner- und Einerstelle jeweils eine 0 steht.

Flächen

Quadrat

– vier Ecken
– vier gleich lange Seiten
– vier rechte Winkel

Rechteck

– vier Ecken
– gegenüberliegende Seiten gleichlang
– vier rechte Winkel

Parallelogramm

– vier Ecken
– gegenüberliegende Seiten gleichlang und parallel

Rauminhalt

ml = Milliliter
l = Liter

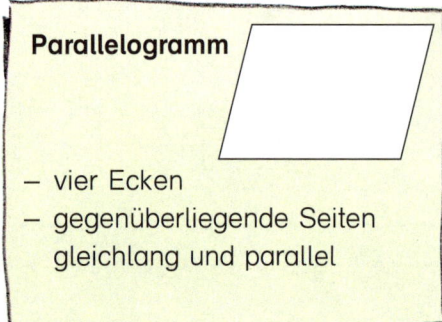

1 l

$1000 \ ml = 1 \ l$

$500 \ ml = \frac{1}{2} \ l$

$750 \ ml = \frac{3}{4} \ l$

$250 \ ml = \frac{1}{4} \ l$